本书是教育部人文社会科学研究规划基金项目"教学实践自主
（项目编号：15YJA880103）的最终成果

教学实践的
自主变革

张华龙 著　　　Initiative Reform of Teaching Practice

科学出版社

北 京

内 容 简 介

　　我国基础教育课程改革正处于国家推进深及教学实践主体自主变革的转型阶段，需要面对并解决变革性教学实践的性质、自主变革理论、实践主体自主变革能力及行动路向等一系列理论与实践问题。

　　本书立足马克思主义实践观论析变革性教学，基于实验学校和附属学校的实践探索、一线教师的理性反思深入研究学校自主变革理论、教学实践范式、自由自觉教学生活的形成之道，提出了趋向变革性教学实践常态化的方略。

　　本书对中小学教师、教育教学管理者，以及教育学领域的学者、研究生、本科生有重要的参考价值。

图书在版编目（CIP）数据

教学实践的自主变革 / 张华龙著. —北京：科学出版社，2018.11
ISBN 978-7-03-059246-0

Ⅰ. ①教⋯　Ⅱ. ①张⋯　Ⅲ. ①教学改革-研究　Ⅳ. ①G420

中国版本图书馆 CIP 数据核字（2018）第 251108 号

责任编辑：朱丽娜　柴江霞 / 责任校对：何艳萍
责任印制：张欣秀 / 封面设计：润一文化
编辑部电话：010-64033934
E-mail: edu_psy@mail.sciencep.com

科学出版社 出版
北京东黄城根北街 16 号
邮政编码：100717
http://www.sciencep.com
北京建宏印刷有限公司 印刷
科学出版社发行　各地新华书店经销
*
2018 年 11 月第　一　版　开本：720×1000　B5
2020 年 1 月第二次印刷　印张：15 1/4
字数：288 000
定价：89.00 元
（如有印装质量问题，我社负责调换）

序　言

我们置身于一个大变革的时代。从生产方式到社会生活，从现实文化到教育教学，全方位的变化贯穿着一个时代的主题——创新。

"创新是引领发展的第一动力，是建设现代化经济体系的战略支撑。"（习近平，2017）建设知识型、技能型、创新型劳动者大军，学校教育责无旁贷，教学实践的创新将成为教师教学生活的新常态。

2001年6月，教育部印发《基础教育课程改革纲要（试行）》。之后，研制义务教育及高中课程设置方案、课程标准，编写教科书，培训中小学教师，我国新一轮基础教育课程改革全面铺开。10多年来，在教育行政部门的强力推进下，课程过于注重知识传授的倾向及课程实施过于强调接受学习、死记硬背、机械训练的状况发生了根本性的转变。学校管理者和一线教师从最初的被抛入者到探索研究者，对教学新方式的运用越来越娴熟。贯彻三维课程目标的"合作""探究""自主"课堂体现了教学实践形态的变革。

我们已初步完成了教学实践之形的转变，但依然面临着一系列问题，例如，地区教育行政部门强制推行教学模式、课堂教学简单套用三维课程目标、教学过程重现程式固化现象、教师教学工作机械重复、学生课业负担不减反增等。很多教师理解、领会课改新理念，遵循课标要求，运用新教学方式，智慧生成的教学近在眼前却依旧无力企及。这一步之遥正是变革性教学实践的特质所在，也是当前教学实践变革进一步深化的方向。沿着国家推进的课程改革方向，实践主体有自己的思想、意志和明确的实践目标，能够结合具体情境探索、设计、实施富有成效的实践方案，课程与教学才可能具备智慧的灵动、生成的丰盈、创新的品格。这是主体内心驱动的实践活动，是自主变革的教学实践。

为什么以前的教学可以循规蹈矩，今天的教学实践需要自主和创新？自主和创新的教学实践是怎样的？学校如何实现自主变革？教师如何才能自主驾驭创新的教学实践？这些是教学实践走向自主变革需要面对、思考和回答的问题。

基于马克思主义实践观考察教育现象，教学是改造个体主观世界最基本的实践活动。逻辑上，教学实践的性质取决于主观世界的性质。

人是历史中的人。个体的主观世界总是与所处的社会历史发展水平相一致的，具有历史的规定性。人也是现实中的人。个体的主观世界伴随社会生活的变化而变化，具有现实的规定性。在社会生产力发展缓慢、代际社会生活变化细微的古代社会，历史文化水平与现实文化水平没有显著的差异，主观世界的历史规定性与现实规定性几乎重合，个体继承前人积累下来的知识经验就达到了社会实践主体的要求，改造主观世界的教育教学实践承担着历史文化传承的使命。在近代以来的工业化社会，现实文化水平高于历史文化水平，两者呈现剪刀差的趋势：社会发展速度越快，现实与历史文化间的水平落差越大。个体获得种族知识经验、达到历史文化水平只是站在了前人的肩膀上，成为社会实践主体还需要达到时代文化的高度。主观世界的现实规定性对应于动态创新的当下文化，赋予当代教育教学文化创新的新使命。

主观世界历史规定性与现实规定性的结构关系决定了教学实践必然由规训、形式化的授受式教学走向创生、智慧化的变革性教学。

教学性质的这一嬗变肇始于19世纪末的新教育运动，并于20世纪上半叶拉开序幕。在致力于文化重建的进步主义运动中，美国教育家杜威建构了"现代教育理论"，教学实践的重心从知识授受转变为"做中学"，完成了从教师到学生、从书本到经验、从课堂到活动的转向。教育教学实践的这次变革到20世纪50年代就中止了。没有解决好系统知识还原成为直接经验的问题固然是原因之一，从社会历史适切性来说，这次变革则过于超前了。工业社会技术革新的主体是科学家、发明家、技术人员等少部分社会精英，一般社会成员获得知识技能以适应机器大工业生产的需要，知识传授、技能训练的基础教育依然有其历史存在的合理性。

虽然"现代教育理论"与实践是美国特定历史条件下的产物，但它与其后出现的建构主义、后现代主义一起，分别在教育学、心理学、哲学领域为知识经济时代教育教学实践的历史性变革奠定了基础。

后现代主义洋溢着超越现代的情绪，颠覆了工具理性的知识观；建构主义诠释知识的建构性质，揭示认知结构同化、顺应的图式建构方式，以及人的心理发展"文化—历史"的内化机制。两者赋予历史文化传承意义建构、知识转化的创新品质，规避了杜威课程与教学论中"教材心理化"的缺陷。教育教学的文化传承与文化创生两大使命由此得以无缝衔接、互生互建，理论上论证了创新型的变革性教学实践的可能性与可行性。

　　互生互建体现为现实文化的经验化与历史文化的主体化之间的"共生"关系。一方面，历史文化成果融入生命体、重新获得主观属性必须建立在现实文化个体经验化的基础上；另一方面，现实文化的经验化有了历史文化主观意义的基础，主体才能真正实现"自我生成"的规定性。三维课程目标取向及其倡导的学习方式已充分体现了历史文化成果主体化的内在变革意蕴，但是，其要真正转化为实践主体的变革意志，使教学过程充盈建构与体悟、反思与研究的灵智，则学校、教师层面的变革还有待于进一步探索和深化。

　　学校变革是教学实践走向自主变革关键的一环。

　　20世纪90年代以来，很多学者主持、众多学校参与的学校变革实验与理论出现了，其中影响较大的有主体教育的实验与理论、新基础教育的实验与理论、新教育实验与理论等。这些变革性的理论及实践探索造就了一批学校整体性课程与教学改革的先行者。我国中小学校有25万多所，基础教育改革深化涉及每一所学校，能够参与专家引领的实验学校只是很小的一部分。多数学校没有捷径，只有立足资源优势，发挥学校主体的主观能动性，才能探索出一条适合自身发展的道路。进入21世纪后，学校的变革成为基础教育改革的主战场。一批顾及今天、立足明天的实验学校、示范学校如雨后春笋般破土而出。它们有明确的办学理念，有学校发展蓝图，有清晰的培养目标，有独特的课程体系。现实中，还有一些学校正在探索、建构自己的自主变革理论。它们的改革历程为更多学校探索并坚定有本校特色的教改之路指明了方向，同时也提供了可资借鉴的范例。

　　学校的自主变革理论需要实践的检验，在互生互建过程中逐步完善。自主变革理论达到成熟阶段，相对应的学校教学实践也将进步到范式的层次。当然，理论指引实践不是学校教学实践范式形成的唯一路径。现实中的很多学校沿着从实践到理论的路线悄悄地发生了变革。它可能起始于某位教师有成效的课堂教学改革，也可能起步于学校的课题研究。一些学校的自主变革从教学改革入手，鼓励教师开展课堂教学改革的研究，走的也是从实践到理论的路线：研磨教学案例，提炼教学模式，形成教学范式。

　　无论是理论指引实践还是从实践到理论，教学实践走向自主变革意味着教师的教学生活发生改变，面临教师专业发展的问题。

　　课程改革之初，体现国家意志的课程改革纲要、课程设置、各科课程标准、新版教科书、继续教育制度、"自主、合作、探究"学习方式等搭建了教学生活的全新场景。被抛入新场景的教师处于"身不由己"的状态，还不是自己教学生活的主宰者。从"身不由己"到"自由自觉"，不只是国家意志内化为教师个体的意志，现实教学生活场景也将按照教师的意志得到改造。

　　自由自觉的教学生活由教师个体内部力量所驱动，取决于教师个人实践理论的状态。

　　教师个人实践理论是教师个人在教育实践中形成的关于教育教学的观念系统，包括显性理论和默会理论两个部分，是教师个人经验、传授的知识和价值观凝聚、融合的结果。通常情况下，个人实践理论的形成主要有两个途径：一是通过经验反思实现实践经验的概括和升华；二是接受的公共理论经过自身实践的检验且被证实是有效的。前者受制于特定的实践情境，超越主体能力所及的情境范畴就会出现理论有效性的问题；后者受制于接受的公共理论，复杂的实践情境不一定都能够找到适切理论的支持。超越两者局限的唯一途径是实践主体进一步从根底上洞察教育教学现象及其实践问题，形成自己的教育哲学观。

　　从实践经验到个人实践理论，教师的专业发展通常会经历"高原期"，出现暂时停滞不前的现象。他主的教学生活中积累的经验形成定式，称为"经验定式高原期"。滞留于"无需意识控制的自动化水平"，教学实践处于重复性的程式化状态。自由自觉的教学生活脱离社会实践，容易出现个人实践理论的固化现象，即"理论定式高原期"。能否逾越"经验定式高原期"，进入第二次专业成长期，能否突破"理论定式高原期"，进入第三次专业成长期，与主观倾向、教学环境以及发展空间等方面的改变直接相关。教师专业发展的进阶之道在于破旧立新——对教学新生活的不懈追求。这是创新这一时代主题对教学实践主体的诉求，以及教学实践对时代诉求做出的回应。

　　以上是我站在研究者立场对现阶段教学实践问题的省察与思考，地气或有不足，期望以我所思引发教学实践主体的些许启悟，抵近接地气的最后一步，助力变革性教学实践成为学校、教师常态化的教学生活。

张华龙

2018 年 1 月

前　言

我国新一轮课程改革历时 10 多年才进入深化的阶段,这在历史上还是第一次。课程改革深化什么?深化的学校课程与教学是什么样的?它会像以前的课程改革一样有一个结束的时间点吗,抑或永远在路上?教师将面临哪些新的挑战,如何才能拥有自由自觉的教学生活?《教学实践的自主变革》就是对这些问题所作的系统的思考。

本书之所以关注教学实践,原因有二:一者,课程改革需要通过教学实践才能全面展开,教学实践的变革决定着课程改革的成败;二者,教学作为社会实践活动之一有自身发展的规律,在社会转型的今天,教学实践的变革是必然的。自主变革则进一步诠释当下教学实践的性质,回应深化走向的问题。

全书遵循从理论到实践、从历史到现实的逻辑,各章的结构关系如下。

第一章和第二章是关于教学实践演化规律的理论认识。运用历史唯物主义方法论,从文化与教育人类学视域考察教学实践的发展过程,由原生教学活动、授受式教学实践到变革性教学实践的历史脉络清晰可见:人类最初的教与学现象有社会实践主体间经验的交流和代际知识经验传承两个维度;国家产生之后,代际知识经验传承演化为自觉的授受式教学实践;近代,授受式教学实践形式化日趋完善,同时出现了以"做中学"为代表的生活化新取向;最近半个多世纪,两者逐步从对峙趋近调和,教学实践走向传承与创新合和互生的内在变革之路——常态化的变革性教学实践。

第三章论析变革性教学实践的理论取向,是理论与实践、历史与现实的接合点。杜威的经验教学是教学理论的一大转折,虽然"教材心理化"的缺陷削弱了实践变革的指导力,但它开启了聚焦创新的理论路线。秉持"继承中的创新、创新中的继承"的信念,立足马克思主义实践观,吸收建构主义、后现代主义等心理学、哲学领域的研究成果,建构以实践为核心的变革性教学理论,是深化教育教学改革的必然要求，也是当下教学理论研究热点所在。

第四章、第五章、第六章论及学校及其教学实践的变革、教师教学生活的变化。学校和教师都是教学实践的主体，自主变革意味着学校和教师首先必须有自己的思想和意志——学校自主变革理论、教师个人实践理论。这一部分沿着从学校组织到教师个体的思路，通过呈现并分析具有代表性的综合性教育实验和学校变革案例阐明学校自主变革理论的形成与发展机制，解析教学实践范式的形成路线及未来走向，最后聚焦教师的教学生活、个人实践理论以及专业发展"高原期"的逾越，破解实践主体成长为智慧型、专家型教师的困惑及难题。

概而言之，本书前半部分回答为什么教学实践要进入自主变革状态的理论问题，揭示当下教学实践变革的方向；后半部分探讨中小学校的教学实践如何自主变革的现实问题，呈现并论析可资选择、借鉴的变革路线及实践范式，期望能够对学校管理者、中小学教师课程与教学改革的进一步深化提供一些启示。

张华龙

2018 年 3 月

目　录 ■ 教学实践的自主变革

第一章
教学实践形态的演化

实践是人类特有的改造世界的方式，按实践对象可区分为改造客观世界的实践活动与改造主观世界的实践活动（鲁洁，1998）。教学实践的任务是改造个体的主观世界，实现类属性与个体属性之间的转化。

类属性泛指一个物种的种群属性。动物界的进化遵循用进废退原则，通过改变生理结构获得新的性能，并以本能的形式表现出来。它说明，动物的类属性是一种生物属性，被每一个个体先天所拥有。人类脱离动物界之后，进化的方式发生了根本性变化：在生物进化的基础上出现了社会进化。以生理结构改变为标志的生物进化非常缓慢，以文化积淀为标志的社会进化则要快得多。由此，人类进化的主要方式已经由生物进化转向社会进化。文化是后天实践的产物，表征着人类所特有的类属性——社会属性。人类个体与动物个体一样遗传性地获得类的生物属性，但不能先天获得类的文化属性。个体获得类的文化属性是通过人类社会的内存机制得以实现的，这个机制就是教育教学活动。

人类文明史就是一部文化演进的历史。不同历史阶段的文化属性存在很大的差异，教学实践形态也呈现出相应的特征。

第一节 原生教学活动

原生教学活动泛指人类社会初期自在的教与学的社会活动。它包含以下两层意思：其一，教学活动存在于社会生活和生产活动之中，是社会实践的一个有机组成部分；其二，教学内在于人类的生存和发展机制之中，是人类特有的、自在的生命活动形式。

一、隐含于社会实践的教学

2015 年，学者对东非的奥杜韦（Oldowan）文化进行了一项实验研究，研究结果有助于我们理解人类社会实践情境下语言和教学的产生过程。

250 万年前的奥杜韦文化是目前已知最古老的文化。表征奥杜韦文化的石器有刮削器、砍砸器、雕刻器、石球等。一些学者认为，奥杜韦石器的制作技术通过简单的动作模仿就可以传播；另一些学者认为，它的制作技术比较复杂，必须借助语言和教学才能有效传承下去。摩尔根（T. J. H. Morgan）等研究者设计了一个实验对此进行验证。该实验设置了 5 种学习石器制作的方法，包括反推（观察成品石器反推制作技术）、模仿（观摩打制石器动作学习制作技术）、基本教学（用放慢动作方式传授制作技术）、手势教学（利用手势传授制作技术）、言语教学（借助语言传授制作技术）；招募 184 名零基础的成年人为受试者，实验分为 5 个批次，分别对应一种学习石器制作的方法。每批受试者分成 4 个 5 人以下的小组和 2 个 6～10 人的大组，打制石器技术以"单链"方式在组内成员间依次往下传递。实验结果表明：教学，尤其是言语教学方式在传播技术上明显优于反推和模仿。手势教学和言语教学实验批次各组最后一名成员基本掌握了石器制作技术，其他实验批次后面的组员做不到这一点。研究结果同时也解释了奥杜韦文化一度停滞 70 多万年的历史现象：前期停留于模仿等低效的传播方式，原初语言（主要是符号交流）、教学方式出现后才催生了石器制作水平更高的阿舍利文化（Morgan et al., 2015）。

这个实验研究揭示了人类进化历程中的一个至关重要的节点——语言的产生及教学的出现。

一般认为，奥杜韦文化的石器是能人打制的，阿舍利文化的石器是直立人制造的。脑容量和左右脑的结构表明，直立人已经有了发声语言的能力。能人运用原初语言实现了"如此""这样"之类外显信息的形象化，直立人的发声语言把自己的所感所知转化成语音，实现了彼此之间思想的交流和共享。正是有了语言，个体的知识经验（如石器打制技术）才得以外化并为他人所知，在得到大家的认同和实践检验之后沉积为族群的知识经验。在这个过程中，个体借助语言外化知识经验是一种教的活动，他人听闻而知会，知会而行动，是一种学的活动。从发生学的逻辑意义上讲，人类初始的教学活动首先在社会实践主体之间展开，是能者或会者向未知实践者传播知识经验的过程，其结果是，共享的知识汇聚成族群知识经验。换句话说，人猿揖别之际，认识与改造客观世界的社会实践中有了教与学这种传播经验信息的方式，族群共享的文化才可能出现，它进一步通过教学活动传播到其他族群，最终成为日益丰富的人类族群文化。

二、表现为生命活动的教学

族群文化是人与动物的本质区别之一。动物在生存过程中也获得经验，如灵长类中的黑猩猩用枝条伸入树洞中蘸取蜂蜜，用树段或石块砸开坚硬的果壳，等等；动物通过身体行为或释放化学信息也能实现彼此间信息的传递，如蜜蜂通过舞蹈传递花源方向及距离，虎狮通过留下的抓痕或尿液气味宣示地盘，等等。动物界的这些行为或经验都是其生理结构及其性能显现的结果，或为本能，或在新环境中受特定因素的激发，性能得到极致的发挥。出现了语言教学这一社会性信息传播方式之后，人类不仅有个体层面的经验，还有汇集个体经验精华的智慧库。

在只有发声语言的启蒙年代，口耳相传的信息传播方式决定了族群文化只能承载于部落成员的生命体之中。实践主体拥有的族群文化与自我知识经验结合在一起，个体就有了精神结构及其性能——文化生命。它区别于具有生理结构及其性能的自然生命，是在后天的社会实践过程中形成的。随着个体生命的消失，依附于自然生命的知识经验也会消失。在文字产生之后，虽然一部分的族群经验可以游离于生命体之外，以符号形式留存于岩壁、竹简等物质载体之上，但它依然需要生命主体的意义诠释。不了解文字符号的意义，它表征的知识经验就无法显现出来。因此，人类族群的生存和发展必须解决文化生命代际传承的问题；否则，世世代代轮回于原始生命活动，人类就不可能从古猿的世界中摆脱出来。

代际文化生命的传承构成了原生教学活动的第二种形态——上所施下所效。对于仅仅拥有自然生命的人类新生代个体而言，生物界适者生存的法则同样支配着他们的命运。人类新生代个体在适应自然环境过程中能够获得经验，但在面对社会环境时，遗传自上一代的生理结构及其所具有的性能已不足以适应文化环境。因为人类族群文化汇集了无数个体的创造力，所以无论是经验的质还是经验的量，仅仅依靠个体自然生命的力量都是无法企及的。它意味着新生一代要适应文化环境就必须获得上一辈人的支持，通过上所施下所效，熟悉并遵循社会生活规范，掌握狩猎、采集或耕作等方面的知识与技能。这是上一辈文化生命延续到新生代的过程，也是新生代在机体发育过程中营建精神结构、构造文化生命的过程。

综上所述，人类原初的教学与族群文化的创生、传承直接相关。在远古时期，人类个体的力量无法抗衡恶劣的自然环境，群体生活成为必要的生存方式。个体获得新的经验后通过口耳相传方式分享给族群成员，极大地提高了群体的生存能力。族群文化创生的过程中有教、有学，包含了教学最基本的四个要素。它是隐含于社会实践主体间的教学现象，是一种外化型的教学；族群文化既存在于族群成员生命体中，也存在于实践主体本质力量对象化的世界——人化世界。在社会生活和生产过程中，新生代个体与族群成员、周遭世界交互作用，获得族群拥有的知识经验。这是发生于社会实践主体和新生代个体之间、在代际延续文化生命的教学现象，是一种内化型的教学。当新生代个体的文化生命达到族群文化水平（类的历史规定性）时，个体具备了实践主体特征，在参与社会实践过程中获得新经验，为族群知识经验添加新的内容。如此，个体知识经验、外化型教学、族群知识经验、内化型教学构成一个螺旋式上升过程（图 1-1）。

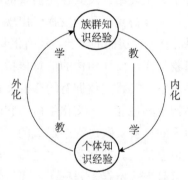

图 1-1　原生教学活动的运行过程

这是一个类与个体矛盾转化与解决的过程。当时，"人们并不具备把教育现象、教育活动从社会总体现象、总体活动中离析出来，并进行认识和控制的能力和条件"（胡德海，2006：168），这时的教与学只是一种原生态的教学活动，还不能被称为具有目的性的教学实践。

第二节　授受式教学实践

"在人类社会发展的最初阶段，知识的构成形态具有原始性，是以直接经验为主，并以感性的、现实的形态存在于社会实践过程之中的。"（毛礼锐，沈灌群，1995：38）经过漫长时间的积累，到原始社会后期，族群知识经验的总量和深度趋近感性形态的临界点。与此同时，社会物质生产先后出现了三次大分工，它细化了社会实践领域，促成了知识经验的专门化，加速了知识总量的进一步增长。以脑力劳动和体力劳动的分离为标志，人类知识经验的形态从感性跃升到理性。在知识经验专业化和理性化的背景下，因为无法继续维持类与个体知识经验螺旋上升的态势，原生教学活动孕育出有意识、有目的的教学实践。之后，历经奴隶社会、封建社会，授受式教学承担起传承历史文化的使命，成为学校教学实践的基本形态。

一、教学实践的产生

自在的原生教学活动隐含在人类早期笼统的社会实践之中。教学实践则意味着人类对社会实践中存在的教学活动有了认识，能够根据一定的需求自觉地展开教与学的活动。教学活动的这一分化过程与知识形态的演化、社会结构的复杂化直接相关。

在以血缘为纽带形成社会生产和生活单位的旧石器和新石器时代，生产资料公有，人们共同劳动、共同消费，感性的知识经验在社会生活和生产实践过程中交流或传授。我国相关历史资料中对此有很多记载，如嫘祖"教民育蚕，治丝茧以供衣服"，伏羲氏"错木取火"，宓羲氏"教民以猎"，燧人氏"教民以渔"，神农氏"教民以耕"，大巢氏"教之巢居"，等等。传授感性知识经验的原生教学只是因为男女自然分工的需要存在性别上的差异，本质上对所有社会成员来说都是平等的。社会大分工细化了社会生产实践的领域，以及与之相适应的生活方式。不同领域的感性知识经验先后孕育出理性形态，原生教学的母体之中萌生教学实践活动。这个过程依次经历了巫术教学、家学教学，以及伴随国家产生而形成的学校教学三个阶段。

（一）巫术教学

原始先民在适应或改造周围环境的过程中经常会遇到无法了解、无力抗衡的自然力量。人们直观地认为自然界存在一种神秘的超自然的力量，同时相信人也可能通过某种手段产生超自然的力量，按照自己的意愿支配自然或他人。这种原始宗教信仰就是最初的巫术，原始巫术产生之初，是人人可以施行的。"但超自然的巫术力量毕竟只存在于原始人虚妄的想象之中，施术者的成功只是偶尔的。普遍的无效和失败逐渐使原始人把特殊巫术力量（如治病、呼风唤雨等）的掌握推

归到那些具有特殊经历、受过专门训练的人们身上。这样在部落、氏族中就产生了与众不同的巫师。"（程德祺，1993：193）

巫师的出现促使原始宗教活动中的教学发生了新的变化。原始宗教活动有自然崇拜、图腾崇拜、鬼魂崇拜、祖先崇拜、巫觋占卜等多种形式。这些原始宗教活动通常与祭祀礼俗、神话传说、圣物圣地联系在一起，是社会生活的基本内容。每个部落或氏族成员都参与其中，传递、秉持族群的观念。这一层次是原始宗教活动中包含的原生教学活动。巫师产生之后，原始宗教活动出现了更深层次的一类教学活动——巫师的训练。巫师被认为是人与神之间的中介，除了拥有宗教知识外，还与原始的医学、数学、历史有一定联系，有施行巫术的特殊技能，担负着原始宗教的宣传、解释和执行等任务。选择具有特殊经历的人接受专门训练意味着教学活动有了一定的自觉性和目的性。这种巫术教学活动具备了教学实践的基本特征，但依然在社会生活过程之中进行。无论是教者（巫师）还是学者（具有特殊经历的人），"他们作为部落、氏族中的一员，与其他成员是平等的，并不脱离生产劳动，并不享受特殊待遇"（程德祺，1993：193）。可以说，巫术教学是原生教学活动这一母体中的教学实践胚胎。

（二）家学教学

家学的萌芽与部落显贵的世袭及对文化知识的垄断相关。

在第一次、第二次社会大分工之后，个体家庭开始成为社会的经济单位，出现了"氏族首长总是从每个氏族的同一家庭中选出的习俗，在这里也造成了最初的部落显贵"（马克思，恩格斯，1965：144）。进入部落联盟和民主军事制阶段后，"掠夺战争加强了最高军事首长以及下级军事首长的权力；习惯地由同一家庭选出他们的后继者的办法，特别是从父权制确立以来，就逐渐转变为世袭制，人们最初是容忍，后来是要求，最后便僭取这种世袭制了；世袭王权和世袭贵族的基础奠定下来了"（马克思，恩格斯，1965：188）。这一历史现象在我国的很多古籍中都有相关的记载，如"自幕至于瞽瞍，无违命。舜重之以明德，实德于遂，遂世守之"[①]，"契卒：子昭明立。昭明卒，子相土立"（司马迁，1994：11），"后稷卒，子不窋立"（司马迁，1994：16），等等。

氏族、部落首领一般都拥有管理生产、主持仪式、指挥作战、协调内外部关系等方面的知识技能。在部落显贵世袭制确立之后，这些知识技能也以世袭的方式被显贵家族所垄断，成为部落（联盟）公职人员的家学。史料云，"虞幕能听协

---

① ［唐］孔颖达，［清］阮元. 左传注疏. 阮刻本. 卷第四十四.

风，以成乐物生者也"（左丘明，2015：344），及至瞽瞍皆无违命；"昔在颛顼，命南正重以司天，北正黎以司地。唐虞之际，绍重黎之后，使复典之，至于夏商，故重黎氏世序天地"（司马迁，1994：989）。这些记载足以说明，候风知识是虞舜的世袭家学，观象授时知识是羲氏（重的后裔）的世袭家学，地理知识是和氏（黎的后裔）的世袭家学。

家学是一个家族维持其世代部落显贵地位的重要因素之一。也就是说，家学传承对于显贵家族而言是至关重要的。它必须通过父子相传的形式确保后代具备为君为官的资本和条件。就其实践性质而言，家学教学的主体主要从事脑力劳动且限于家族的内部成员，专门的教学内容为特定家族所独享，教学活动是家庭生活的一部分。考虑到家学教学还没有从家庭生活中分离出来，还不是一类独立的社会活动，我们可以把家学教学定性为萌芽状态的教学实践。

（三）学校教学

家学教学仅仅传授特定家族拥有的专门知识，显贵后裔获得社会管理方面的一般性知识技能必须有另外的途径——面向显贵阶层子弟有计划的教学活动。这个途径在氏族公社末期是通过现职公职人员或国老的胄子之教实现的。自舜以降，部落联盟就设置了专职的文化公职人员，负责教育胄子、教化百姓。据史料记载，"夔！命汝典乐，教胄子，直而温，宽而栗，刚而无虐，简而无傲"（冀昀，2007：13），"契，百姓不亲，五品不逊，汝作司徒，敬敷五教，在宽"（冀昀，2007：12）。在这里，舜赋予了夔和契教导胄子音乐歌舞、教化民众伦理五常之责。当时，具有教育性质的场所或机构有"成均"和"庠"等。"成均"为五帝之学，以乐教为主，"大司乐掌成均之法"（崔高维，2000a：48）。"庠"原为氏族养老的地方，因为老人有教导年轻一代的责任，"庠"自然兼备了以孝为主的教育功能。从"有虞氏养国老于上庠，养庶老于下庠"（崔高维，2000b：47）可推知，"上庠"与"成均"一样，当属胄子之教，只是层次与教学内容有所不同而已；"下庠"中庶老教导庶子，当属百姓之教。多数学者认为，"成均"和"庠"分别近似国学和乡学的前身。据此可推断，氏族公社末期的胄子之教应当是学校教学的萌芽。

进入奴隶社会后，维持国家机器运转需要一大批各级官吏，社会管理知识呈现理论化倾向。两者催生了培养各级官吏的专门机构——学校。奴隶社会的学校教学沿袭了氏族公社末期现职公职人员教导胄子的做法，表现出官师不分、学校机构与行政官府不分的特点。"所谓官师不分，指的是为师者必为官或退仕"（毛礼锐，沈灌群，1995：82）。《大戴礼记·保傅》对此有如下记载："昔者周成王幼，在襁褓之中，召公为太保，周公为太傅，太公为太师。保，保其身体；傅，傅其德义。师，导之教顺，此三公之职也。于是为置三少，皆上大夫也。曰少保、少傅、少师，是与太子宴者也。"（戴德，1985：26-27）在天子所设的大学里，"三老在学。王前巫而后史，卜筮瞽侑皆在左右，王中心无为也，以守至正"（崔高维，2000b：79）。其中的巫、史、卜筮、瞽侑皆为国家重臣，在朝名为疑（南学之师）、丞（北学之师）、辅（东学之师）、弼（西学之师）（毛礼锐，沈灌群，1995：81）。与上述的宫廷教育类似，国学由礼官大司乐主持，礼官之属的乐师、师氏、小胥以及司徒之属兼主王室武备的保氏、大胥充当教官；乡学由大司徒主持，各级行政官员及归老乡里的大夫或士充任教师。可见，这时候的学校教学是现职官吏的职责之一。

春秋末期，"天子失官，学在四夷"[①]。私学的创立完成了学校教育与自然形态教育的第二次分离，即学校教育从政治活动中分离出来成为一类独立的社会活动。私学是专门的教育教学场所，面向社会各阶层子弟，由专职的教师从事教学工作，以书面和口头语言传授间接经验。到了汉代，这种独立的教育教学过程为官学中的太学所继承。起初，博士官转化为太学的教官，主要从事太学的教学工作，只是部分地保留了作为咨询官吏的职能；以学术名流充任太学教官之后，虽有博士官名，实际上已是专职教师。至此，学校教育教学整体上从社会政治实践中脱离出来，成为真正意义上的教育教学实践活动。

二、古代教学实践的特点

与人类其他的社会实践一样，教学实践成为现实、客观的活动必须具备三个基本的要素：实践的主体、客体以及连接主客体的作为实践手段的工具。其中，主体是从事教学实践活动的人；客体是教学实践活动所要变革的对象；工具包括各种有形的教学材料、物质设施和无形的教学方法、组织形式等。从其基本要素的构成情况看，教学实践在产生之后相当长的历史阶段内归属文化传承的范畴，表现为授受式的教学理路。

（一）教学实践的主体：代表国家意志和文明成果的教育者

"在古代，一般都把教师施教和学生学习（接受教育）的双边活动称作教育。教学和教育在概念上尚未明确区分，多使用教育这个概念；有时便用教学这个概

---

① ［唐］孔颖达，［清］阮元. 左传注疏. 阮刻本. 卷第四十八.

念，其涵义也与教育相同或相近。"（李定仁，2004：6）教学实践的主体也就是教育实践的主体。

学校教育产生之后，教学实践的主体经历了从官师合一到专职教育者的过程。在官师合一的奴隶社会，各级官员作为国家意志、政治文明的集中体现者，执行国家政策、制度，管理社会秩序，同时也负责培养未来官吏。他们既是教学实践的主体，也是社会政治的主体，拥有两个方面的知识经验：一是社会政治及其相关文化，如商代的孝道、礼乐、书数以及军事方面的知识，西周的六艺等；二是个人的政治经验和学习经验。与之相对应，学校机构与行政官府不分，在社会政治生活中能够把两方面的知识经验有效地转递给学生。在学校教育独立化以后，专职的教师以社会文化代理者的身份担负传道、授业、解惑的职责。唐代韩愈在《师说》中言及"道之所存，师之所存也"，阐释了儒学成为社会统治思想之后为师者所应具备的境界——"礼"背后的"仁"之道。它意味着教学实践的主体是道之所存的文化生命体。宋明之后，韩愈所捍卫之"道"随着封建制度的衰弱而渐行渐远，事实上变成了与文化专制相适应的"礼之所存，师之所存"的状态。清雍正初年以帝王和国家名义确定"天地君亲师"的祭祀次序，在诠释其意义的时候特别突出"师"的地位和作用，与其说是重"师"，不如说是维护"师"所代理的儒道和礼制。之所以这样说，是因为以孔子等圣人为代表的"师"只是封建礼制的化身而已。

（二）教学实践的客体：统治阶级及少数庶民的子弟

随着阶级的产生和国家的建立，人类社会分化为作为社会管理者的贵族阶层和作为物质生产者的庶民阶层。贵族阶层子弟在世袭家学基础上还需要进入学校系统学习管理之术，这是未来胜任社会管理者角色所必须具备的基本素质。对于庶民阶层来说，小农生产的劳作模式世代沿袭，不经意之间，累积的知识经验在生产过程中就传递给了新生的一代；子孙的为人之道在家庭生活、家族关系、社会秩序中受到潜移默化的影响。只有在选士制度这一通道存在的情况下，少数立志光宗耀祖、期望进入政治集团的庶民子弟才可能进入私学或官学，成为教学实践的客体。

从原始社会的"选贤与能"到隋唐的科举制度，庶民子弟的就学机会与形式伴随着选士制度的变化而变化。

《礼记·王制》中对西周的选士制度有如下记载："命乡论秀士，升之司徒，曰选士。司徒论选士之秀者而升之学，曰俊士。"（崔高维，2000b：45）其意为，司徒命乡大夫考察荐举乡里的俊秀子弟并报送上来，称为选士；司徒审核后荐举入学，称为俊士。《春秋公羊经传解诂》中对西周的选士制度有更详细的记述："其有秀者，移于乡学；乡学之秀者，移于庠；庠之秀者，移于国学，学于小学。诸侯岁贡小学之秀者于天子，学于大学，其有秀者，命曰造士。"（转引自：毛礼锐，沈灌群，1985：88）这里的"秀者"就包括了乡大夫从乡里荐举进来的优秀的庶民子弟。进入封建社会后，选士制度逐步为等级制所取代。以唐朝官学为例，学生按出身门第高低、父祖官位品级进入相应学校。少数庶民子弟只能进入中央专设学校中的四门学和专门性质的学校，以及州学、县学等地方官学。

官学的招生名额不多，能够进入官学的庶民子弟更少。"有教无类"的私学为那些希望进入上层社会的庶民之子提供了机会。孔子首创私学，目的就是培养庶民子弟成为推行儒道的"士"，顺应诸侯争霸格局下的政治需要。孔子弟子子夏所说的"学而优则仕，仕而优则学"就是对此所做的概括。隋唐建立的科举制度为庶人直达庙堂提供了比较完备的通道，极大地激发了庶人读书的积极性。科举取士的择优标准是考试成绩。无论是官学出来参加应试的生徒还是社会考选参加应试的乡贡，在科举制度面前是平等的。从这个意义上说，在教育制度及教学实践层面，科举制度奠定了私学和官学相并列的格局。

（三）教学实践的过程：主体对客体单向度的改造

古代教学实践主客体的结构比较简单，主体与客体处于改造与被改造的单向度关系，两者呈现主客分立的状态。这种结构关系及其分立状态是由古代社会人们的生存方式所决定的。

"这个群体的延续具有了历史，这意味着群体所创立的约束、规范、暴力机制、权力关系等一切适应群体生存的社会状态的东西成为传统，这样群体本身的社会就具有了一种过去、现在和未来的延续性，社会成为更高的凌越人的存在，而且传统演变成一种重要的社会统治知识。一方面，这样的传统必须保持下去，因为这是进入期待性的社会未来的惟一能够依靠的东西，另一方面，还必须使每一个新生的社会成员同时具有社会所期待的规范性行为，使他们的社会行为达到社会需要的一致性。因此，在社会生活之外，社会不仅通过必要的方式和机构，使年轻一代习得规范，获得社会性训练，而且通过强制性惩戒使每个人遵守规范，避免越轨。随着群体的扩大和规范性的加强，规范的教育可能演变成强制、支配、役使、引诱、统治、处置、压迫、训练等，这些都是在规训的谱系中的。"（金生鈜，2004：19）

如此看来，生产力发展相对缓慢的古代社会为了维护其传统秩序，设置学校机构培养传统秩序的维护者，必须通过教学主体对客体传统知识的传递和伦理道德的规训才能实现。为落实学校教育这一目标，国家层面需要统管教学内容，以官方版本形式反映当政者的政治需求。这一举措在我国汉代确立独尊儒术文教政策之后表现得尤为明显：儒学经典"四书五经"成为学校教育基本内容，汉、唐、宋等大一统朝代分别编撰、使用儒学的官方版本《白虎通义》《五经正义》《十三经正义》等。在教学方式层面，教师往往"以学论教"，即以自己的治学经验教导学生。在古代学者的治学经验中，"朱子读书法"具有代表性，其内容包括循序渐进、熟读精思、虚心涵泳、切己体察、着紧用力、居敬持志等。从中可以看到，朱熹的读书法重在"居敬"的学习态度以及对儒学经典微言大义的领会，以此指导弟子"明明德""尊德性"。

宋代之前，教学实践在授受"明德"、规训伦理的基础上，还有更高的追求——修德养性以"安人"。这样的人通达"仁"境，"礼"不再是外在强制力量，而是其内在自觉的行为范式，其在孔门私学中被称为"志道"的君子，在孟子教育思想中被称为"大丈夫"。春秋战国之际，行道以重建礼制社会需要这样的人，在封建社会上升时期，儒学的权变也需要这样的人。孔子的启发式教学就是引导弟子在践行"礼"的过程中借内省而体悟"仁"道的方法。宋代以后，在文化专制的背景下，儒学教育放弃了内在精神境界的追求，停留于"明德"，"亲民"演化为教化，教学过程的授受、规训特点越来越突出，无论是官学还是私学，学校教育逐渐沦为科举考试的附庸。

第三节　变革中的教学实践

在古代社会生产力发展缓慢的背景下，政治结构的状况体现了一个国家或地区文明的程度。近代之后，机器大工业生产方式取代了小农经济下的手工作坊，技术革新极大地提高了生产力的水平。社会发展的重心从政治转移到经济，"知识就是力量"成为时代的强音。与此相对应，学校教育普及到所有适龄儿童，教学实践开启了崭新的变革历程。

近现代工业社会是科学技术主导的社会，但科学技术革新的使命是由少数精英分子承担的，对于绝大多数劳动者而言，只要能够操作、使用具有一定技术含量的生产工具，就能够胜任机器大工业生产的需要。为此，普及教育重在基本的科学文化知识的传授，授受教学以传统教育理论的新姿态获得合理、合法的诠释。同时，在社会变迁过程中，当人们置身于急剧变化的社会环境时，掌握既有的科学文化知识不足以应对现实或未来的挑战，授受教学的局限性突显出来。唯科学主义、工具理性带来的诸多社会问题促使人们重新思考和定位知识的性质、教育的价值，并质疑授受教学的合理性，于是就有了与传统教育理论相对应的杜威的"现代教育理论"，以及 20 世纪中叶之后教学实践变革过程中在两者之间游移的钟摆现象。

一、教学实践的形式化

近代学校教育的变革肇始于文艺复兴运动。文艺复兴运动是 14 世纪中叶至 16 世纪末叶欧洲新兴贵族阶层和资产阶级以复兴古希腊、古罗马文化的形式，掀起的反封建文化和天主教神学体系，创造资产阶级新文化的运动。在文艺复兴的旗帜下，与文学、艺术、哲学、科学、宗教、法律等多个方面成就相媲美，人文主义教育开创了以人为中心的世俗教育新面貌。哥白尼的日心说、哥伦布的地理大发现等一系列自然科学新成就，培根的科学认识论及知识观，以及人文主义教育思想与实践酝酿了 17 世纪集大成的夸美纽斯教育思想，为近代学校教育的科学化奠定了基础。

夸美纽斯在其教育代表作《大教学论》中开宗明义："它阐明把一切事物教给一切人们的全部艺术"，"使男女青年，毫无例外地，全都迅速地、愉快地、彻底地懂得科学，纯于德性，习于虔敬，这样去学会现世与来生所需的一切事项"（夸美纽斯，1999：扉页）。为此，"《大教学论》的主要目的在于：寻求并找出一种教学的方法，使教员因此可以少教，但是学生可以多学"（夸美纽斯，1999：扉页）。从教学实践的要素来看，夸美纽斯的教学理论与实践出现了如下几方面的新变化：首先，教学实践的客体由"有钱有势的人的子女"扩展到"一切城镇乡村的男女儿童"。限于兄弟会牧师的身份和历史的局限，夸美纽斯从先验论出发对此进行了论证："一切生而为人的人，生来都有一个同样的目的，就是他们要成为人，即要成为理性的动物，要成为万物的主宰及其造物主的形象。"（夸美纽斯，1999：37）他由此延伸出了普及教育的命题，即"人人应该受到一种周全的教育，并且应该在学校里面受到"（夸美纽斯，1999：40）。其次，教学组织形式、教学材料及方法得以重建。在教育教学如何展开的中观层面，夸美纽斯从机械唯物主义出发提出了教育适应自然原则，分析了教育活动的基本要素，并且像组装钟表一样进行了巧妙的重新组合，"它的顺序都是明晰地按年、按月、按日、按时安排的"（夸美纽斯，1999：扉页），这就是学年制和班级授课制（也称课堂教学）。在教学材料和方法方面，夸美纽斯依据感觉论及培根的知识论，运用直观教学的方法使学生学到"存在中的一切最重要的事物的原则、原因与用途"（夸美纽斯，1999：40）。夸美纽斯的教学理论及教学实践体系的新架构适应了即将到来的资本主义社会普及教育的需要，并为之提供了一个经济的、高效的知识扩大再生产的理想的方案。

学年制和课堂教学在欧洲推行一个多世纪之后，德国教育家赫尔巴特以实践哲学和心理学为基础，提出教学进程理论和形式阶段论，进一步发展和完善了课堂教学机制。赫尔巴特的心理学被称为观念心理学，也被称为统觉理论，他认为，意识中包括源自感觉的许多彼此相关的观念。意识阈把意识分为上意识和下意识两个部分。强度大于意识阈值的观念停留在上意识领域，强度小于意识阈值的观念处于下意识领域。新观念进入上意识领域，一方面与下意识领域中相关旧观念建立起联系，促使旧观念上升到上意识领域；另一方面与同类性质的观念聚集在一起，成为统觉团（apperception mass）。赫尔巴特把这种依靠旧观念同化新观念的过程称为统觉，它大体上包含三个环节：感官刺激、新旧观念的分析与联合、统觉团的形成。以此照应课堂教学，赫尔巴特提出三种教学方法，即单纯的提示教学、分析教学和综合教学，以及包括教学方法、教学形式等在内的教学过程四阶段理论，即明了（清楚明确地感知新教材）、联合（许多个别相关的观念联合为一般概念）、系统（已联合的许多集团观念的系统化）、方法（系统化的观念应用于实际问题的解决）。之后，以齐勒尔、斯托伊、莱因等为首的赫尔巴特学派发展了四阶段理论，提出了五段教学法，即准备、提示、联合、概括与运用，为近现代课堂教学提供了一个相对比较成熟的、可操作化的教学程式。

20世纪40年代，苏联教育学家凯洛夫在其编著的《教育学》中将教学过程演变为上课（综合课）的六个环节：①工作开始的组织（记录缺席的学生、迅速准备当前的工作）。②查阅家庭作业的完成。③讲解功课的题目与宗旨，确定其与已学功课的联系。④讲述并说明新教材。⑤巩固已经教过的教材。⑥详细说明新的家庭作业（凯洛夫，1950：176-177）。

凯洛夫编著的《教育学》传入我国以后，第三环节和第四环节合并，成为"课的结构"[①]的五个基本组成部分，即组织教学、检查复习、授受新教材、巩固新教材、布置课外作业（鲁洁，梁廉玉，1988：252），曾广泛运用于我国的中小学课

---

① 南京师范大学主编的《教育学》把课的结构界定为课的基本组成部分及各部分进行的顺序和时间分配。

堂教学之中。

德国人文主义教育学代表人物赫尔曼·诺尔在赫尔巴特100周年诞辰纪念会上讲道："教育学学派在其下几代渐渐地变得僵化起来，丧失了其缔造者所具有的强烈冲动，埋没在技术和纯粹的陈规俗套之中，这是所有教育学学派的命运。裴斯泰洛齐、福禄培尔是这样经历过来的，而赫尔巴特也是这样经历过来的。"（赫尔曼·诺尔，2002：395）赫尔巴特教育思想在教育学发展过程中尚且是如此命运，更不用说教学过程四阶段理论、五段教学法及提示、分析、综合教学方法在中小学课堂教学中的运用了。事实上，正如理论转化为实践是一个技术转化的过程一样，教学模式从缔造者推广到其他实践主体的过程，也必然有一个程式化、技术化的过程。在这个过程中，可操作的部分如果行之有效，就会被实践主体普遍地接受并贯彻到他们的教学实践之中，如五段教学法、课的结构等；其背后的哲学、心理学的理论依据及相关思想对于一般的实践主体来说是难以企及的理论高度，对于关注知识传授的教学过程而言也不是先决条件。由此，在实践过程中，技术化教学程式遗失背后的理论观念被运用得越熟练，行为的固化现象越明显。这种教学实践的形式化状态适应了普及教育的需求，能够有效地培养机器大工业生产方式下的技术工人及现有政治体制下的社会管理者，在近代社会和现代社会初期有其历史的合理性。

二、教学实践的生活化

人类最初的教学活动是在社会生活和生产过程中进行的。在政教合一的奴隶社会，教学实践的主客体局限于各级官吏和贵胄子弟，教学是社会政治生活的一部分。学校教育从社会政治生活中分离出来之后，学校成为授受理论化知识的学术世界。封建社会的学术以伦理道德为主，与每一个社会成员的社会生活休戚相关；"以学论教"的教学方式体现了教学实践中教师个人生活的内容。它表明学校这个学术世界与当时的现实社会生活本质上是相通的。到了近代社会，学术以科学文化知识为主，科学的进步、技术革新的新成果不可能快速进入学校这一学术世界，于是，学校教学实践在一定程度上开始游离于社会生活之外。另外，科学文化知识与学生个人生活既有关联也有分离，源自"缔造者"的教学模式客观存在于教师个人生活之外。也就是说，近现代形式化的教学实践要解决的问题依然是人类历史文化成果如何有效地内化为个体文化生命，在社会发展加快的情形下，教学实践滞后于社会生活、游离于师生生活之外的现象是必然的。

19 世纪末，欧洲国家和美国完成第二次工业革命，科学与技术的真正结合引起了社会生活的重大变化，在物质财富巨大增长的同时也出现了一系列的经济、政治、文化等问题。"物质力量不仅没能为社会服务，反倒成为社会进步的异化物。"（吴式颖等，1999：506）形式化的教育教学囿于历史文化的传承，脱离社会生活，游离于社会问题之外。在此背景下，欧洲国家和美国出现社会改革运动。这场教育变革从欧洲的新学校运动到美国的进步主义教育运动，波及英国、德国、法国、瑞士、比利时、荷兰、美国等主要资本主义国家，开创了与传统学校教育截然不同的教育教学的实践模式。

1889 年，英国教育家雷迪（Cecil Reddie）创办的阿博茨霍尔姆乡村寄宿学校被视为欧洲新学校的典范，拉开了新学校运动的序幕。雷迪指责当时的教育死教书本知识，只是为过去造人，远离现代社会生活。针对传统教育中知识中心、书本中心的弊端，雷迪的新学校设置了体力和手工活动、艺术和想象力课程、文学和智力课程，以及社会教育和宗教、道德教育课程。学生上午学习功课，下午参加体育锻炼和户外实践，晚上参加娱乐和艺术活动。此后，法国的德莫林（Edmond Demolins）、德国的利茨（Hermann Lietz）仿照雷迪的做法分别创办罗歇斯学校和乡村教育之家，意大利教育家蒙台梭利（Maria Montessori）建立儿童之家，比利时的德可乐利（Ovide Decroly）创办生活学校，德国的凯兴斯泰纳（Georg Kerschensteiner）创建劳作学校，各式新学校在欧洲各国纷纷建立起来，形成了广泛的新学校运动。这些新学校在教育教学上有如下一些共同的特征：第一，师生拥有自治权，师生关系体现出民主与合作、相互关心与支持的亲密无间的特点。第二，课程设置以儿童的兴趣为中心，与社会生活紧密相连，注重体育、手工劳动和工艺、园艺活动，德育寓于民主生活之中。第三，教学强调以儿童需要为基础，通过活动和劳作为儿童的身心发展提供适宜的环境与条件。这些特征体现了新学校以经验和兴趣为基础、以活动为中心的新型教学模式和方法。

在欧洲各国开展新学校实验的同时，美国进步主义教育之父帕克（Francis Wayland Parker）受欧洲自然主义思潮的影响，引进新教学方法的实验，先后在马萨诸塞州的昆西市和库克师范学校的实习学校开展了教育革新实验，践行"儿童必须是教育经验的中心，教育要使学校适应儿童，而不是使儿童适应学校"（赵厚勰，陈竞蓉，2012：73）的原则，以儿童为中心设置综合课程，强调以小组的形式开展教学。帕克在公立学校的这些革新措施被称为"昆西教学法"。

进步主义教育代表人物杜威在"昆西教学法"的基础上，在芝加哥实验学校进行了 8 年的教育实验，对以儿童为中心的教育路线进行了系统的理论建构，形成了以学生为中心、以经验为中心、以活动为中心的教学实践模式。杜威从实用主义经验论和机能心理学出发，对现代教育的本质作了全新的诠释：教育即生活，教育即生长，教育即经验的改造。教育即生活包含两层意思：其一，学校教育与儿童自己的生活相契合，满足儿童的兴趣和需要；其二，学校教育与现实的社会生活相契合，推动社会的变革与进步。与生活相契合的教育过程是机体与外部环境、内在条件与外部条件交互作用的、不断社会化的过程，同时也是一个儿童经验的不断重组与改造的过程，一个儿童主动、充分生长的过程。与生活相契合的课程则是活动性、经验性课程，即社会生活的基本类型，如园艺、印刷、纺织、绘画、阅读、书写等形式。学生依据自己的兴趣和需要自主选择活动内容，在做的过程中获得经验，即"做中学"。杜威也关注人类的历史文化，意识到"个人直接经验的范围是非常有限的。如果没有代表不在目前的、遥远的媒介物的介入，我们的经验几乎将停留在野蛮人的经验水平上。……所以，我们依靠文字，藉以获得有效的有代表性的经验或间接经验"（杜威，1990：246）。与传统教育不同，杜威把间接经验定性为提高新经验意义的工具，主张在"做中学"的过程中介入。为此，杜威提出"教材心理化"的策略，即把间接经验还原成为被抽象出来之前的直接经验形态，之后加以组织化，形成能够提供给有技能的、成熟的人的教材形式，以此弥补儿童原有直接经验的零乱和不足，形成完整的知识经验体系。对此，杜威自己也意识到"要解决这个问题是非常困难的，我们并没有解决好；这个问题到现在还没有解决，而且永远不可能彻底解决"（杜威，1981：323）。正是这一实践问题导致杜威教育思想指导下的美国初等教育的学生缺乏知识经验的完整性，教学很难达到预期的效果。

为了区别之前的教育路线，杜威"把以赫尔巴特为代表的教育思想和模式称为'传统教育'，把以自己为代表的教育思想和模式称为'进步教育'"（黄济，2004：235）。归属进步教育阵营的有影响的教育实验还有约翰逊的有机教育、沃特的葛雷制、帕克赫斯特的道尔顿制、华虚朋的文纳特卡制、克伯屈的设计教学法和拉格的社会课程等。在这些教育实验者中，克伯屈和沃特是杜威的学生。设计教学法是杜威活动教学的一种变式，即由学生根据自己的兴趣和需要设计学习单元，开展有目的的活动。设计的类型包括生产者的设计、消费者的设计、问题的设计、练习的设计等。每一类设计都必须符合以下要求：指向需要解决的实际问题；由学生负责计划和执行；包含能促进经验增长的活动。葛雷制是对杜威教育思想——把学校办成一个雏形社会的一种实验，其特色在于学校不仅设置科学实验室、工厂、商店和体育运动场，而且重视教室中的学术工作。教学采用二重编制法，即一部分学生在教室上课，另一部分学生在其他场所活动，两者上下午对调。因为利用现有设施提高了办学效率，这一教学制度在进步学校中得到广泛推广。在注重经验与活动的同时，华虚朋的文纳特卡制、拉格的社会课程对学术性课程与教学也进行了实践的探索。华虚朋的实验学校将课程与教学分为两个部分：其一是共同知识或技能，包括读、写、算等工具性学科，以学生自学为主，教师有针对性地指导，以考试成绩评判优劣；其二是社会性作业，包括木工、金工、纺织、绘画和雕刻等，以小组为单位展开活动。拉格的社会课程实验从认知和社会问题两个方面选择和编制，形成单元式的教材。认知方面从当代有影响的著作中精选概念，作为社会学科基本的学术性内容；社会问题方面则以中心论题形式展开，教学以问题为中心，运用概念进行分析。我们可以看到，沃特、华虚朋、帕克赫斯特、拉格等的教育教学实验立足现实社会生活，改造学科课程和课堂教学的形式，虽然依旧未能破解杜威直接经验系统化遇到的难题，但在学术性课程与活动性课程、教学的形式化与生活化、活动教学与课堂教学、儿童与社会关系的处理上摆脱了非此即彼的思维方式，为之后教育变革走向彼此调和的第三条道路提供了有益的启示。

三、教学实践变革中的钟摆现象

（一）两条经典教学实践路线的比较

新学校运动和进步教育的兴起作为对传统教育的反动，改变了学校教育的面貌，创生了一条崭新的教育理论路线，生活化的教学实践成为 20 世纪上半叶教育变革的主旋律，与传统教育理论为基础的形式化教学实践相比较，两者存在显著的区别。

1. 教学实践主客体的结构不同

传统教育理论源于近代工业革命前学校教育的实践，传统教育承担的社会使命是解决历史文化有效传承的问题。在这个传承过程中，实践的主体是传道授业者、历史文化的代言人——教师。从这个意义上说，教师闻道在先，是社会的化身，承担着新生个体社会化的重任，主导教学的内容、形式与方法；实践的客体是需要改造的对象——承接历史文化的学生。本质上，两者是改造与被改造的单向关系。它与一般社会实践主客体单向关系的区别在于实践的对象是成长中的个体，有自己的思想和感情。为了更有效地把社会历史文化内化到每一个新生代个体生命之中，了解学生身心特征、建立良好的师生关系、调动学生学习的积极性，采用启发式教学是必要的。良好的主客体单向关系应该是教师发挥主导作用，使学生处于积极的被改造的状态，即学生有强劲的学习动力和良好的学习态度，成为主动学习的"主体"。

进步教育理论源于近代工业革命所带来的巨大的社会变化。在原有价值体系崩溃、新的社会文化体系尚未建立之际，每一个社会实践主体都需要直面社会生活的转变，并负有重建社会价值体系的责任。因此，进步教育承担的社会使命是解决现实文化创生的问题。教学中的"道"变成了现实中理想的社会文化，教师失去了闻道在先、社会化身的优先地位，与学生一起置身于"道"之所存之地——现实的社会生活，同样经历着文化重建的过程。如此，学生在教学活动中获得了与教师并列的地位，与教师一起构成教学实践的复合主体。两者不同的地方在于学生还不具备独立实践的能力，需要在成人指导下才能有效参与教学实践。正是因为学生拥有了教学实践主体的身份，学生可以从自己的兴趣和需要出发决定学什么、如何去学，教师的主体身份由传统的主导者变成了指导者、顾问或合作者。

2. 教学材料、组织形式和方法各执一端

人类的知识经验有间接经验和直接经验两种形态。传统学校重在间接经验的传授，进步学校立足直接经验的获得。与之相对应，作为实践手段的教学材料、组织形式和方法泾渭分明，各成体系。

传统的教学内容由人们从人类文化遗产中精选出来，分门别类地编制成为学科课程，主要以文字符号的教科书形式表现出来。对于学生来说，以书本形式呈现的知识体系是历史文化的精华，具有客观性和普适性。历史证明，统一施教的课堂教学与知识体系的普适性相契合，是大面积知识扩大再生产最佳的组织形式；系统讲授作为课堂教学最基本的方法，用最少的时间传递最多的信息，实现了知识传授效益的最大化；教学的程式就像机器大工业生产的工序一样，确保了课堂教学质量最基本的要求。

与社会拥有的间接经验不同，直接经验为个体所特有。进步学校把直接经验作为教学的核心内容，书本和教室显然承载不了的内容只能以实践活动的形态表现出来。因为儿童的生活与经验具有"统一性和完整性"，所以就有了"代表社会活动的类型和基本形态"的课程，有了活动教学——"做中学"，以便学生从亲身经历中获得直接经验。学生依据自己的兴趣和需要选择活动的内容，教师给予必要的指导，这就是进步学校最基本的教学方法——个别教学。

人们通常从教学主体、教学内容、教学组织形式三个方面把传统教学与进步教学实践的特点概括为三个中心：传统学校以教师为中心、以书本为中心、以课堂为中心，进步学校以儿童为中心、以经验为中心、以活动为中心。它们定位的中心分处教育活动中的两个极端，20世纪50年代之后，以美国为代表的教育教学

改革继续在两者之间更替，就像老式钟表的钟摆一样，总是从一个极端摆向另一个极端。

（二）两条教学实践路线的更替

从发生学角度看，最初的教学是传递知识经验的社会活动，在社会生活和生产过程中进行；当知识经验上升到理性形态之后，理性知识无法在社会生活和生产过程中自在地传播，于是有了学校教育机构及其自觉的教学实践活动。古代社会的理性知识以政治管理知识、社会伦理规范、宗教知识为核心，以各领域专门性知识为辅，通过个别教学形式传授给未来的社会管理者。能够进入教学过程的感性的实践经验主要是教师治学的方法和心得，即"以学论教"的教学方法。在文艺复兴时期，一系列自然科学新成就提供了认识世界的新窗口，也是人文主义者反抗中世纪基督教及其联姻的世俗封建制度的有力的思想武器，成为人文主义新学校有特色的教学内容；在"知识就是力量"的新时代，为适应普及教育的要求，夸美纽斯总结了人文主义教育实践经验，提出了教育适应自然原则，建构了"把一切事物教给一切人们"的学年制和班级授课制。赫尔巴特进一步规划了兴趣课程体系，对课堂教学过程进行了阶段的划分。虽然教学对象、组织形式、教学方法变了，但本质上，教学依然是理性知识授受的活动，是以教师、书本、课堂为中心的形式化的教学实践。

工业革命之后的欧洲新学校及进步学校标志着人类教学实践活动的第一次重大的转折，具有划时代的意义。进步教育理论及其以学生、经验、活动为中心的教学实践路线反映了工业革命之后社会变革的要求，是作为解决一系列社会问题的良方建构起来的。欧洲新学校、进步学校之所以会在这个历史点位出现，根本原因在于生产方式的变革。文艺复兴时期也出现了社会巨变，但主要局限在意识形态领域，孕育的教学实践只触及形式的变革。工业革命建立在技术革新基础上，开启了创新社会的序幕。此时，技术和管理创新的担当者还只是少数社会精英，对精英教育提出了变革的要求，欧洲新学校运动顺应了这一趋势。美国在工业革命完成之后需要重建社会文化体系，文化创新的担当者扩展到了所有社会成员，这对形式化的大众教育提出了强烈的变革要求，进步学校及其生活化的教学实践就是这一要求的反映。30多年之后，新的社会文化体系渐趋稳定，生活化教学实践因为解决不了历史文化这一维度的问题，在"卫星危机"的冲击下，进步教育运动衰落，教育理论、教学实践重新回到传统的教育教学路线上。

1958年8月，美国国会颁布《国防教育法》，强调数学、科学、现代外国语的教学。1959 年 9 月，美国 35 位学者参与伍兹霍尔会议，讨论中小学数学与自然科学教育问题，规划中小学课程的改革。会后，会议主席布鲁纳出版《教育过程》一书，提出如下课程与教学改革意见：①学习任何学科，务必使学生理解该学科的基本结构；②任何学科的知识都可以用某种方式教给任何年龄的学生；③让学生像科学家那样去发现所要学习的结论。在它的指导下，20 世纪 50 年代末，美国中小学兴起结构主义课程与教学改革，并很快得到欧洲国家及其他不少地区的响应。结果表明，改革过程中课程内容过分追求高难度和现代化，以淘汰大多数学生的代价谋求少数优秀学生的快速成长，引发了社会各界的质疑和不满。20 世纪 60 年代，越南战争、种族矛盾等问题引起的社会动荡进一步加剧了美国学校教育的危机，教育改革的钟摆再次向进步教育一端摆动。

20 世纪 70 年代初，在"学校人性化"的呼声中，美国出现了课程与教学"人性化"的"自由学校"运动。"独立学习""论题选修""学生设计课程"取代了传统课程，学校取消年级制，采用个别化教学方式，学生自己选择学习内容，教师充当顾问角色。在"自由学校"运动期间，过分追求教育的个性化导致学生读、写、算基本能力严重匮乏，科学基础知识水平低下，中学生学业能力评估考试的成绩大幅度下滑，教育质量滑落低谷。

1983 年，美国国家高质量教育委员会发表《国家处在危险之中：教育改革势在必行》报告。该报告提出一系列旨在提高中小学教育质量的措施，"卫星危机"后编写的数学、科学教材被很多学校重新启用，选修课程缩减，学术课程标准的学时增加。2001 年，美国颁布的教育法案《不让一个孩子落后》进一步加强了基础学科及国家统一考试制度。到目前为止，美国与其他国家一样，教育教学实践距离传统路线一端更接近一些。

纵观教学实践变革的历程，其背后都有相应的教育理论的支持。传统教学实践以夸美纽斯、赫尔巴特的教育理论为基础，进步教学实践立足于杜威的实用主义教育理论，结构主义课程与教学改革深受要素主义教育思想的影响。不同阶段流行的教育理论又是那个时期社会政治、经济、文化要求的反映。上述教育理论与教学实践的根深植于美国社会的土壤，流派众多，纷繁复杂，虽然带有美国本土文化的烙印，但能够反映近现代全球教育变革的轨迹和趋势。从表面上看，教学实践的变革是在两条路线之间往复摆动，似乎是在两个极端之间有规律地更替，实际的情况是摆动的幅度依次递减，表明两条路线间呈现出调和的发展趋势。

两条路线的出现及其调和趋势是人类社会历史发展的必然结果。古代社会学校教育肩负的历史使命主要是知识的传递、道德的养成；近现代以科技革新为特征的生产方式决定了学校教育在文化传承基础上还需要承担起文化创新的使命。

传统教学实践满足了人类社会文化传承的需要，进步教学实践回应了近现代社会文化创新的要求。"传承"延续上一辈的文化生命，"创新"赋予实践主体解决新问题的能力，两者是基础与进阶的关系。进步教学实践重心转移到进阶层面，或把间接经验定性为深化新经验意义的工具，或在有限保留的学科与课堂中放弃教师主导地位，其结果是薄弱的基础无力支撑学生进阶的步伐。经历了几次更替之后，课堂教学涌现出合作学习、体验学习、基于问题的学习等一系列关注知识建构的学习原则和教学方式，在维持传统学术性课程架构的同时吸收进步教学实践的有效策略，预示着基础与进阶之间合理定位的教学实践路线已初具雏形。

1949 年以来，我国的学校教育深受凯洛夫教育思想的影响，践行传统教学实践路线。改革开放之后，经济体制与增长方式的转变推动了学校教育的变革。2001年 6 月，教育部印发《基础教育课程改革纲要（试行）》，在课程改革目标部分要求学生"具有初步的创新精神、实践能力、科学和人文素养以及环境意识；具有适应终身学习的基础知识、基本技能和方法；具有健壮的体魄和良好的心理素质，养成健康的审美情趣和生活方式"（中华人民共和国教育部，2001）。针对传统课程与教学实践的弊端，教育部在改革的具体目标上进一步明确要求"改变课程过于注重知识传授的倾向""改变课程结构过于强调学科本位、科目过多和缺乏整合的现状""改变课程内容'难、繁、偏、旧'和过于注重书本知识的现状""改变课程实施过于强调接受学习、死记硬背、机械训练的现状"等（中华人民共和国教育部，2001）。之后，相关部门根据纲要精神，研制义务教育、高中课程设置方案，以及各学科课程标准，编写教科书，培训中小学教师。在新课程改革全面铺开之后，一些理论和实践的问题陆续显现出来，如舶来理论与本土文化的疏离、课程专家与一线教师的冲突、教学实践中有形无魂的现象等。面对这些问题与现象，课程与教学领域出现了观点迥异的两大学术阵营之间的论辩——"钟王之争"。一方以北京师范大学王策三教授为代表，认为新课程改革另起炉灶，全面否定过去的教学体系，存在一股轻视知识的教育思潮，凯洛夫教育思想具有基本合理性，至今仍有意义；另一方以华东师范大学教授钟启泉为代表，认为新课程从科学世界与生活世界相统一的视角，加强课程内容与学生生活和现代社会发展的联系，大方向是不容置疑的，也是不可逆转的，凯洛夫教育思想的统治地位已宣告终结。这场论争"既是问题逻辑的自然展开，也是社会历史的特殊反映"（黄小莲，刘力，2009），既有国际视域与本土情境的冲突，也有历史传统与未来视界的融合，在学术思想层面呼应了"教师作为研究者"的要求，折射出当前我国课程与教学内在变革的基本特征。

至今，新课程改革已经历 10 余年，主要由国家统一推进。在进入深化阶段后，课程改革的重心将转移到教学内在变革的成效上来。具有内在变革性特征的教学实践被称为变革性教学实践，变革的主体不再是代表国家意志的课程专家或设计者，而是一线的教师。在这个意义上，教师的专业发展水平是新课程改革能否成功的关键，与学校教学文化的创新、教学范式的转型、自主变革的日常化直接相关。这些问题就是本书所要研究的主要内容。

第二章

走近变革性教学实践

　　教学实践的性质取决于教育目的——培养什么样素质的人，而人的素质要求总是与对应时代的生产方式相适应的，是特定社会历史发展水平的反映。形式化与生活化的教学实践分别是小农经济、机器工业时代的产物，在知识经济时代，教学实践一方面要延续上一代人的文化生命，另一方面要适应理论与技术创新所带来的社会新变化，甚至参与并推进社会文化的创新。这样的教学实践不但有其形，而且不失其魂。有灵魂就有生命，有灵动，有变化。本质上，创新社会的教学实践具有变革的特性，这既是社会历史发展的必然，也是主观世界的历史规定性与现实规定性的内在诉求。

第一节　主观世界的内在规定性

一、主观世界的范畴

　　主观世界是相对于客观世界而言的哲学范畴。客观世界包括自然界和人类社会中的物质现象，主观世界是人们在改造客观世界的实践过程中形成的。"在实践中改造主观世界是马克思主义实践观的题中应有之义。"（申永贞，2001）毛泽东在《实践论》一文中指出："无产阶级和革命人民改造世界的斗争，包括实现下述的任务：改造客观世界，也改造自己的主观世界——改造自己的认识能力，改造主观世界同客观世界的关系。"（毛泽东，1967：48）多数哲学教材提及主观世界，但没有对主观世界的范畴做出明晰的界定。一些学者在马克思主义实践观、毛泽东实践论的基础上对主观世界的范畴进行了哲学的思考，概括起来主要有以下几种观点。

1）主观世界是存在于每个人头脑里的精神，包括三个系列的精神因素：一是文化知识系列，是关于自然、社会和人们思维的知识；二是思想品德系列，包括政治观、人生观、道德观等；三是智慧才能系列，包括观察力、注意力等接受信息的能力，记忆力、思考力、想象力等储存和处理信息的能力，实际操作、模仿创造等运用知识解决实际问题的能力（桑志达，1984）。

2）主观世界是人们自己感觉、意识到的心理活动，包括三方面内容：一是思想道德，如世界观、立场、理想信念、意志道德等；二是文化知识，即关于自然、社会和思维的科学知识；三是智慧才能，主要指主体在改造客观世界的过程中所需要的有关素质和能力（邱耕田，1992）。

3）主观世界是指人们在长期的实践活动中形成的相对稳定的意识、观念系统，是人的头脑反映和把握物质世界的精神活动以及心理活动的总和、过程。根据主观世界在实践中发挥的作用和本身特性不同，主观世界分为素质部分、能力部分和理想部分（申永贞，2001）。

以上学者从哲学或心理学的语境阐释主观世界的基本范畴——精神或心理活动过程及结果，内容包括文化知识、才能、品德等。除了精神或心理活动，与主观世界相关的概念还有精神世界、人化世界、意义世界、文化生命等。厘清这些概念之间的关系有助于我们加深对主观世界的进一步认识。

主观世界与客观世界相对应，划分依据是主体对世界属性的认识；精神世界与物质世界相对应，划分依据是世界的存在形态。精神"指人的内心世界现象，包括思维、意志、情感等有意识的方面，也包括其他心理活动和无意识的方面"（辞海编辑委员会，1999：5478）。以精神形态存在的世界是主观世界，以物质形态存在的世界是客观世界。因此，主观世界与精神世界的范畴是一致的，是人的头脑反映和把握物质世界的意识活动及结果；客观世界与物质世界的范畴是一致的，包括自然存在和人的社会存在。主观世界以人的自然生命为载体，客观世界不以人的意志为转移。

意义世界是经过改造的对象或符号昭示于人的意蕴，包括物化意义、文化意义和生命意义。从发生学角度看，意义最初的存在是物化意义，即"物质对象之中所蕴含并折射出来的人化意蕴"（张华龙，2009：48）。人类面对可征服的自然环境对象时，通过改造对象使其朝着有利于人类生存的方向发生变化。对象的变化因此折射出实践主体改造客观对象的能力及智慧，体现了主体对客观对象的属性、关系、功能的认识；此外，当面对难以征服的自然环境对象时，先民把可以把握的自身力量的性质映射到自然界，赋予自在力量象征的意蕴，于是就有了图腾与崇拜,有了物灵意义。在语言与文字符号出现之后,人们以特定语词和符号指称客观对象,同时把自身的经验外化为游离于生命体之外的形式,成为一种可以不依附于特定物质对象的客观文化,这样就产生了文化意义。文化意义的出现标志着意义系统突破了"对象—意蕴"的简单模式,形成了介于物质世界和精神世界之间并贯通两者的"意指—符号—意谓"的系统结构。"意指"接近英文中significance 一词,表征符号对相关存在物及其客观属性的指向;"意谓"接近英文中 meaning 一词,反映符号所昭示于人的意义,即对人意味着什么。"意义的意指指向客体端,它的作用是可以通过各种意义转换,帮助人们找到具有这种意义的具体客体","与意指的方向相反,意谓的方向是主体端,它可以通过意义链上的其他环节的转换,最终与主体的实践态度(欲求、需要、喜爱、使用、寻找、欣赏、讨厌、逃避……)相关联"(秦光涛,1998:92)。在意指与符号指代生命的特殊情况下,"生命—意谓"系统表征了生命意义的存在。在生命意义与精神世界的关系上,从人类个体的角度看,他人生命体中存在的精神世界相对于认识主体而言是一种客观的存在。生命意义就是客观精神对个体主观精神所显示出的意谓。

人类的实践活动使客观世界、主观世界联系在一起。其一,主观世界作用于客观世界,使客观世界发生有利于人生存的变化,创造出人化的世界,赋予客观世界意义(物化意义)。与此同时,客观世界反映到人的大脑之中,使主观世界中的精神内容得以不断更新。其二,主观世界通过语言及文字符号外化为精神产品(文化意义),形成群体共同的精神财富,并在重归新个体的主观世界过程中与个体的主观精神融合,从而进一步丰富个体的主观精神;其三,以人为认识对象,确立人自身的生存价值及其与世界的关系(生命意义),并以此决定实践的取向。主观与客观兼备的意义世界分别与精神世界、物质世界相结合,构成一个有机统一的整体世界,如图 2-1 所示。

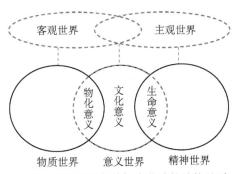

图 2-1 主观世界相关概念范畴的结构关系

资料来源:张华龙.2009.体悟教育研究.北京:教育科学出版社:52

在日常语境中，哲学意义上的主观世界指向精神世界，即众多个体主观精神的总和；教育学层面的主观世界指向每一个体的主观精神；文化人类学视域中的主观世界被称为文化生命。

关于主观世界的范畴还存在一个需要进一步澄清的问题：原意识、无意识是否属于主观世界的范畴。第一种观点认为，人的精神现象中包括无意识、下意识的活动以及幻觉、情绪、气质、性格等心理现象，它们对实践活动一般不具有确定的、根本性的作用，不属于主观世界的范畴（邱耕田，1992）。第二种观点与之相反，认为主观世界包含无意识的过程，肯定有情绪的参与或发生（毕重增，2001：40）。根据个体的觉知水平，主观世界可以区分为无意识和意识两个层面，动物的主观世界停留于原意识层面，人的主观世界不仅具有原意识，还有自我意识和显层意识。人的无意识部分的很多内容是可以通过遗传获得的，人在胎儿期就已经具备了由遗传获得的主观内容（白立娟，2012）。

对于无意识是否属于主观世界这一问题，我们应该回到实践中去寻求答案。众所周知，人与动物有着本质的区别，动物只能被动地接受自然界所给定的一切，蜜蜂建造精美的蜂巢、海狸堆积堤坝等行为看似是对环境的改造，实质上是一种本能，是基于用进废退的生物进化所形成并通过遗传获得的。相对于动物，人具有未完成性的特征，本能的力量很弱小，甚至不足以满足生存的基本要求，因此，人需要具备本能之外的力量才能生存下来，这个力量就是借助工具。正是制作和使用工具把人与动物区别开来，人在本能活动的基础上增添了有目的、有意识地改造对象为我所用的实践活动。实践活动是一个双向化的过程，人作为实践的主体，改造客观世界，使其朝向有利于自身生存的方向变化，同时也在身心两个方面改造自己。人的主观世界就是在改造客观世界过程中将对象反映到人的头脑中，形成与客观世界相对应的"人脑的产物"。正是实践活动使统一的物质世界产生分化，形成了主观世界。换而言之，动物界基于本能的生命活动中没有实践活动，即使有原意识也不能说有主观世界；人的无意识中，由意识转化而来的部分，如大量遗忘的信息，依然留存于主观世界之中。本能层次、遗传性获得的部分属于人的原意识，源自人的生理结构所具有的性能，它在某种程度上也是实践活动的结果，如制作工具、火的使用促进了人脑的进化。从逻辑上说，无意识归入主观世界范畴具有一定的合理性，也维持了哲学和心理学意义上主观世界的完整性。当然，我们也应该注意到人的生理结构及其性能是潜在的，原意识的出现离不开社会环境这一后天的因素。

二、主观世界的历史规定性

主观世界的历史规定性指的是个体主观精神的基础范畴取决于所在时代种族历史文化的水平。这是由实践与人的发展之间的关系、种群生命与个体生命之间的关系所决定的。

在改造客观世界的过程中，实践主体仅仅拥有机体的力量是不够的，还必须具备一定广度和深度的主观世界。在发生学意义上，主观世界产生于人类祖先揖别古猿之时，制作并使用工具改造周遭环境和处理人与人之间关系的实践过程中。"人类的生存方式就是一种实践的方式"（马捷莎，2004），人类的生存和发展过程就是主观世界不断充盈的过程。这是从人类种族文化进化的意义上说的。对于每一个体而言，生命是有限的，主观世界的形成与之有所不同，有其自身的独特性。首先，个体先天不具备主观世界。每一个人在刚出生时遗传性获得人的生理结构与机能，在缺失社会环境的情况下，随着生物机体的发育和成熟，结构的性能只以本能力量表现出来，甚至原意识也不容易激发出来，当然不可能出现有目的、有意识的实践活动。狼孩、熊孩的事例充分说明了这一点。其次，主观世界源自他主的社会生活实践。一个人在初生之际既然没有主观世界，也就没有实践能力，那么，个体的主观世界是怎么来的呢？答案依然存在于实践之中。众所周知，初生婴儿完全不能自理，要依赖父母的照顾。人是以群体方式生活的，婴儿的依赖性决定了他一出生就被"抛入"社会生活，而且必须接受社会规定的生活方式。"社会生活在本质上是实践的"（马克思，1960：5），新生个体起初作为社会生活实践所要改造的对象，从父母、身边的其他成人以及周遭环境获得实践主体的某些基本特征，形成初级的主观世界。之后，个体把自己作为对象对主观世界进行改造。伴随自我意识的出现，个体不再局限于生活实践客体的身份，还逐渐具备了准主体的特征。之所以称其为准主体，是因为他们获得了实践主体的一些基本特征，在力所能及的范围内参与了生活实践，但还不能完全独立地生活，需要在监护人的指导和照顾下进行实践。个体兼备准主体角色之后就能够有意识地把自己作为实践的客体加以改造了。这在学校教育教学中表现得最为明显。当个体具备了独立的社会生活能力后，主观世界就达到了社会实践主体的要求，意味着个体成为一个社会人，一个真正意义上的人。

从个体主观世界形成及发展过程可以看出，它主要来自前辈以及周遭的人化世界。前辈之中，有血缘关系的父辈或祖父辈把自己的毕生经验倾囊相授，社群成员则通过社会生活呈现人际关系、处事规范以及风俗习惯等。人化世界蕴含客观精神，新生代个体在前辈指导下、在与周遭环境的互动中吸纳先人的智慧。那些以文字符号形式表达的理论化、专门化的知识经验则借助学校机构，通过教学活动传授给新生代个体。这也是个体获得主观世界的两条途径，即生活实践中的学习和自我改造以及教学实践中的学习和自我改造。无论通过哪一条途径，个体学习和自我改造的基本内容都是上一辈人已经拥有的主观或客观精神，实质上延续了父辈的文化生命。父辈拥有的主观精神、客观精神对于新生代个体而言是具有历史属性的文化内容，决定了个体主观世界能够达到什么样的基础水平。

三、主观世界的现实规定性

主观世界的现实规定性指的是个体主观精神的水平需要达到现实文化的高度才能成为社会实践主体。这是由社会实践方式及由此形成的主观精神与历史文化间的落差所决定的。

从实践结果的性质划分，人类的社会实践方式有两种：一是创新性实践，二是重复性实践。创新性实践是人类站在前人文化成果的基础上往前跨出的一大步，是文化创生的活动。重复性实践是对以前创新性实践成果的推广和运用，使之沉淀为稳定的生活方式。

在古代社会，对群体乃至整个人类具有影响的创新性实践一般情况下局限于极少一部分人。他们在生活和生产过程中的变通与发明改善了人类的生存环境，推动了人类社会的发展。例如，有巢氏构木为巢，使人们告别了穴居时代；铁器冶炼技术的出现标志着铁器时代的到来；孔子创建儒家思想体系，改变了人与人之间的关系。对于多数社会成员来说，日复一日、年复一年才是生活的常态。他们的生活实践建立在少部分人的创新实践成果的基础上，是重复性实践。以饮食起居为例，不需要人人都像神农氏一样尝遍百草，像有巢氏一样构木为巢，他们按父辈的做法就能够轻车熟路地种植谷物、建造房屋。

这种状况在机器大工业生产方式出现之后没有发生根本性的改变。机器大工业生产建立在技术革新基础上，自然是一种创新性实践方式。但是，传统农业生产方式依然留存，在农村人口多于城镇人口的情况下，多数人依然从事重复性实践。对于城镇中的工人来说，他们在生产流水线上劳作，重复性实践的特征似乎更加明显。

在现代社会，尤其是20世纪四五十年代以来，科技革命不仅推动了机器工业生产的自动化和信息化，还使传统农业逐渐为科技农业所取代。今天，创新对经济发展的驱动力越来越大，创新性实践的生存方式呈现出常态化趋势。对此，习近平在2016年二十国集团工商峰会开幕式的主旨演讲中作了清晰的论述："创新是从根本上打开增长之锁的钥匙。以互联网为核心的新一轮科技和产业革命蓄势待发，人工智能、虚拟现实等新技术日新月异，虚拟经济与实体经济的结合，将给人们的生产方式和生活方式带来革命性变化。"（新华社，2016）在今天的中国，我们看到技术革新、创意设计已经成为每个企业生存与发展的关键；在农村田野间，人们逐渐摆脱祖祖辈辈靠天吃饭的传统耕作模式，利用互联网获取农业技术，通过电子商务使农产品进入广阔的市场。中央电视台《我爱发明》栏目向我们展现了众多普通人的创造发明，小到钓鱼钩，大到飞机、潜艇。这些足以说明，我们正生活于创新的社会之中。

创新社会的知识经济建立在新思想、新技术的基础上，层出不穷的新产品带来生活方式持续的变化，新信息呈现爆炸式的增长。置身于快速变化的社会，每个人的思想观念、处事方式也需要与时俱进，时刻处于"更新中"，否则，就会落伍。"更新中"的状态意味着个体不仅是现实动态文化的拥有者，而且是文化创生的参与者，同时也意味着个体的主观世界在继承的基础上增加了自我更新、自我生成的规定性。

四、主观世界的历史规定性与现实规定性的关系

个体主观世界的历史规定性与现实规定性取决于历史文化与现实文化的发展水平，因此，两者的关系实质上是历史文化与现实文化关系的反映。每一代人都要继承前人积累下来的历史文化成果，同时也置身于现实正在变化的文化环境之中。不同时代现实文化环境的变化程度是不一样的，与之相对应，两者关系也存在明显的差异，总体呈现出剪刀差的发展趋势，如图2-2所示。

图2-2 主观世界的历史规定性与现实规定性关系的历史演进

在传统农业社会，生产力相对低下且发展缓慢，生存是人类的第一要务，种族文化总体上维持在一个相对稳定的水平。祖祖辈辈都过着日出而作、日落而息的生活，生活与生产经验代代相传，个体在生活实践中拥有了社会生活和生产劳

动方面的知识经验就能成为小农经济下社会实践的主体。在政治领域，改朝换代局限于统治阶层的变化，社会意识形态总体上是比较稳定的。政权一旦巩固之后，为了维护现存体制及既得利益，一般倾向于沿袭与固守，忌讳大的变革。因此，士人通过教学实践的改造，拥有了政治管理方面的知识经验与思想意识，就能成为社会管理的主体。概而言之，在古代社会，历史文化与现实文化之间的落差是很小的，新生代与父辈、祖父辈往往生活于同样的文化环境。反映到个体主观世界，历史规定性与现实规定性趋近交合的状态。

近代社会的大门是在一系列自然科学新成就的推动下打开的。17 世纪，哥白尼出版《天体运行论》，动摇了欧洲中世纪宗教神学的理论基础；牛顿出版《自然哲学的数学原理》，提出著名的万有引力定律和牛顿力学三定律，完成了人类对自然界认识史上的第一次理论综合。18 世纪，瓦特改良蒸汽机，人类开始用煤作燃料驱动火车、轮船和机器。19 世纪后期，爱迪生发明电灯，使电力作为新能源出现；达尔文出版《物种起源》，提出进化论，回答了人是怎么来的问题。20 世纪初，普朗克提出量子概念，使人们对物质的认识深入微观世界。爱因斯坦先后创立狭义和广义相对论，揭示了时间和空间的本质属性。科学理论与应用技术的密切结合不仅改变了人们对世界的认识，还为机器大工业生产的发展奠定了坚实的基础。机器大工业生产创造了丰富的物质产品，使祖祖辈辈延续的生活方式发生了重大变化。在这个社会阶段，机器大工业生产代表了先进的生产方式，但经济的主导成分依然是农业生产，耕作技术没有发生实质性的变化，农村生活在很大程度上延续着原来的生活节奏。因此，从纵向看，现实文化与历史文化之间就出现了水平上的落差；从横向看，工业生产集中的城镇成为社会文化更新的主要源头，农村地区传统历史文化的氛围相对浓厚，城乡之间存在现实文化的落差。这导致了城乡之间个体主观世界的某些差异：城镇个体主观世界的现实规定性明显，农村个体主观世界的历史规定性更多。用历史发展的眼光看，我们应该站在社会变迁的立场审视近代现实文化与历史文化的关系。虽然科技创新的任务主要由少部分精英人才承担，但多数的社会实践主体也需要不断学习新技术、新知识才能适应社会发展的要求。这表明，个体主观世界在历史、继承的规定性的基础上增加了现实、自我更新的规定性，两者开始呈现出剪刀差的状态。

相对于近代社会，现代社会科学技术发展呈现加速发展趋势，创新与变革成为社会发展的主旋律，社会文化更新速度更快。工业生产占据经济的主导地位，城镇的人口规模超越农村。在农村人口比重下降的同时，农业机械、生物技术、科学管理运用于农业生产过程，丰富的农产品通过物流业进入城镇，或就地深加工增加附加值。在城镇工业化与农业现代化相辅相成的背景下，现实文化与历史文化之间的落差扩大。其间的落差达到一定程度，有可能形成明显的冲突。因此，继承与创新并重、历史与现实融合、人与自然协调是现代社会发展之道。这说明，个体主观世界历史规定性与现实规定性的水平落差会越来越大，需要通过自我生成实现两者的和合与统一。

概而言之，个体主观世界历史规定性与现实规定性的关系从外在表现看呈现剪刀差的演变历程，实质上是一条"历史继承—历史继承+自我更新—历史继承+自我更新+自我生成"的渐进路线。

第二节　教学实践的内在变革

"教学实践是改造主观世界最基本的社会活动，它生成社会实践的主体，并使主体在已有规定性的基础上不断创造出新自己的规定性。"（张华龙，2010a）在现代社会，个体主观世界"历史继承+自我更新+自我生成"的统合属性对教学实践提出内在变革的要求。

教学实践的内在变革是相对于形式变革而言的。

如前所述，世界有物质世界与精神世界之分，精神世界的内容有客观精神与主观精神之别。客观精神又有历史文化和现实文化两个部分。教学实践的基本任务是实现客观精神向主观精神的转化。这一转化过程的逻辑起点自然是客观精神，但起点可以是主观精神吗？对于这一问题的不同回答正是形式变革与内在变革的分水岭。

一、教学实践形式变革的特点

客观精神作为转化过程的逻辑起点从教学实践产生之初就确立了。对于个体而言，客观精神在个体来到这个世界之前就已经有了，是先验的存在。它源于人类以群体方式改造客观世界的同时改造的主观世界，是主观世界外化的形式。人类最初的教学活动作为种族延续的社会机制就是客观精神内化到新生代个体身上的社会活动。教学实践产生之后，在主观世界历史规定性与现实规定性交合的历史阶段，客观精神依然以种族知识经验的表现形式成为教学内容的主要来源，文化传承的性质没有改变，所变者主要是制度、内容、手段等传承的形式。我们把这类变革称为教学实践的形式变革，它有如下一些特点。

（一）确定的、客观的教学内容更新缓慢

传统的课程基于种族发展的需要，从前人积累起来的间接经验系统中选择基本内容，按知识逻辑体系编制成分门别类的学科系统，以载有文字、图表的教科书形式呈现出来。教学内容的更新需要具备一些必要的条件：其一，社会政治、经济格局发生重大变化。当社会政治体制发生变化、统治思想重新定位之后，课程内容需要重新选择或做出增减调整。例如，"夏后氏以射造士"（马端临，1986：379），"殷人尊神"，"周人尊礼尚施"（崔高维，2000b：197），汉代以后儒学经典成为学校教育的基本内容，近代以来科学知识占据中心地位。其二，种族知识经验出现重大更新。一些重要的新思想、新理论及发明创造改变了人们的世界观、人生观，或对社会生活与生产产生了积极作用，经过一定时间的实践检验沉淀为人们能够共享的种族经验之后，被选择进入课程内容。这两种情况不是随时出现的，需要相应的社会环境及长时间的积淀过程。

（二）教学实践主客体的单向关系稳定

传统教学实践的主体是代表社会、种族经验先期拥有者的教师，改造的客体是学生。两者是改造与被改造的主客体关系。虽然学生获得主体的一些基本特征之后取得了准主体的身份，但其在教学实践中能否拥有相应的地位还是取决于教师。从"满堂灌"到"启发式教学"，从"死记硬背"到"主动学习"，本质上都是教育者意志的体现。即使学生被给予并确立了"学习主体"的地位，它也不过是客体的一种变式而已，师生间的主客体单向关系并没有发生实质性变化。这种单向关系是由教学内容的客观性以及个体主观世界历史、继承的规定性所决定的。

（三）教学过程走向技术化、程式化

课堂教学被认为是知识扩大再生产的过程，"生产"的知识（学生接收的知识）与教科书中的客观知识的性质是一致的，符合标准化规范。学生学到的知识内容以了解、知道、理解的状态留存于大脑之中，这些知识在需要的时候能够再现并用于应对问题。与"产品"的标准化相适应，教学过程强调技术的运用。教授不同内容运用不同教学方法，课堂教学阶段的规范以及课的结构等都是技术趋向成熟的标志。技术化、程式化的教学过程呼应了工业生产的方式，在知识就是力量的主旋律下成为近代教学实践形式变革的主流。从此，授受式教学步入科学化的阶段。

（四）教学实践变革与社会生活变化相脱离

在历史文化与现实文化交合的社会背景下，形式化的教学实践随着社会政治生活的变化而变化，有其合理性。到了近代，在历史文化与现实文化出现落差的情况下，教育为未来政治生活做准备演变为教育为未来生活做准备，教学内容得以扩展，教学组织形式由个别教学演化为课堂教学，教学设施也有了较大的改善，但授受式教学没有变，学生主观世界依然定位在历史规定性的维度。于是，学校成为学术世界——一个高度浓缩了的过去的世界。它与充满变数和不确定性的现实生活形成了巨大的反差。个体主观世界另一个维度的规定性——自我更新没有进入教学实践主体的视域，更没有成为改造的目标，这实际上是自在的家庭与社会生活造就的。就学校教育而言，其培养出来的"社会人"只是过往年代的社会人，而不是现实的社会实践主体。很多学生在走出校门之后会感叹教师所教导的与社会中所见的竟有那么大的差异，表明自在的家庭与社会生活不足以满足学生主观世界自我更新这一规定性的要求，教学实践必须通过形式变革深入内在变革的层面。

二、教学实践内在变革的意蕴

个体主观世界的自我更新是对社会文化更新的适应，应该在家庭与社会生活中完成，问题是个体进入学校之后，学校成为个体生活的主要场所，家庭与社会生活的时间与空间大大缩减了，从而导致两个维度的规定性没有达到应有的平衡状态。个体主观世界的自我生成是在参与社会文化创新的过程中完成的，需要个体具备创新品质。这是自在的家庭与社会生活难以胜任的，必须通过学校的教学实践加以培育。因此，要进入创新的社会，教学实践的形式变革必然转向内在变革。

教学实践的内在变革源于个体主观世界历史规定性与现实规定性的统一。

首先，历史文化成果主体化的内在变革意蕴日渐显现。

历史文化成果的形成需要经历"个体创造—群体认同—积淀汇聚"的过程。个体创造的知识对其拥有者来说是兼备主观属性与客观属性的；群体认同剥离其中的主观属性，留存其中的客观属性；积淀汇聚进一步剔除其中的主观属性，并转化为游离于生命体的客观形态。历史文化成果的主体化是一个反向的过程，即客观形态的族群文化进入生命体并重新获得个体的主观属性。以我国中医四大经典著作之一《神农本草经》为例，它起源于神农氏，记载了 365 种药物的性能、使用目的和方法，为历代所沿用，现代临床实践和科学研究也证明这些药物的药效绝大部分是正确的。关于 365 种药物，神农氏的认识与著作中记载的内容是有区别的。尝百草的酸甜苦辣、中毒的痛苦体验、路途中的艰辛、药草生长环境等与 365 种药物的发现密不可分，是其中主观属性部分的内容。这些主观属性部分是个体性的，或许当时神农氏的族人有所了解，当这些药草知识传播到更远的地方后，人们所了解到的就剩下性能、对症用法等客观属性部分了，后世代代口耳相传、东汉集结成书之后更是如此。学中医的人理解并记住《神农本草经》的内容显然是不够的，需要实地去辨别甚至通过品味才能会意药性的细微之妙。中国先哲把这种情形表述为"书不尽言，言不尽意"，其中的"意"表征的就是知识主观性的一面，只可意会，不可言传也。

其次，现实文化的经验化与历史文化的主体化形成共生关系。

一方面，历史文化成果进入准主体重新获得主观属性必须建立在现实文化个体经验化的基础上。文化是一个连接主客观世界的意义系统。这个系统由"意指—符号—意谓"三个部分组成。其中的"符号"可以是语言、文字、图画，也可以是动作、事件、现象甚至实物。游离于生命体而存在的历史文化脱离了主体，意义系统处于"意指—符号—"的缺失状态，与准主体或主体建立联系之后才恢复到完整的系统模式。历史文化重新获得的主观属性的意谓折射了现实文化，也可以说是现实文化在个体身上打上的烙印。意谓端的主观意义赋予历史文化生命的气息，使其回归到完全的知识状态。

另一方面，现实文化的经验化只有以主体化的历史文化为基础，主体才能真正实现自我生成的规定性。现实文化的精华部分就是未来的历史文化，它与历史文化是一脉相承的，可以称为人类的文脉。历史文化的主体化则是文脉延续的关键一环，缺失这个环节，现实文化与历史文化的意义系统就不能保持一致，文化的链条就会断裂。也正是这个环节，使继承的历史文化增添了个体自我生成的意谓，实现了个体主观世界历史、继承的规定性与现实、自我生成的规定性的统一。

三、教学实践内在变革的特点

指向个体主观世界自我生成的教学实践具有内在变革特征。

（一）生成教学内容，经历知识形成过程

与历史文化、现实文化相对应，教学内容通过设置学科类课程（学术课程）

与实践类课程（活动课程）加以规范。相对统一的学术课程内容体现了历史文化的客观属性，活动课程内容是对主题及活动的总体设定，都需要经过教师的二次开发赋予其主体（教师）端的意义，生成适应学生特点的教学内容。从教学内容到学生个体知识不再是简单的传递过程，而是一个新质生成的过程。新质指的是知识的主观一面，是意义系统中指向主体一端的意谓。因此，教学是教学内容的意义系统结构完整化的变革过程，在《基础教育课程改革纲要（试行）》中表述为"经历知识的形成过程"。

（二）教学实践主客体关系动态化

个体主观世界历史、继承的规定性反映到教学实践中，实践的主体是教师，客体是学生；现实维度的自我更新、自我生成的规定性反映到教学实践中，实践的"主体"应该是学生，客体是学生自身。因为学生这个"主体"是在教师指导下改造自身的，所以我们称之为准主体。顺应个体主观世界历史规定性与现实规定性统一的要求，实践主客体应同时具备主体（教师）、准主体（学生）和客体（学生）三个方面，它们形成如图 2-3 所示的结构关系。

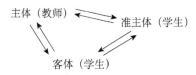

图 2-3 教学实践主体、准主体与客体的关系

图 2-3 中包含了主客体的三对关系：主体（教师）与客体（学生）的关系、准主体（学生）与客体（学生）的关系，以及主体（教师）与准主体（学生）的关系。三对关系都是双向的，主体（教师）在激发准主体（学生）能动性、改造准主体（学生）主观世界的同时反过来促进了自身的专业发展，准主体（学生）在改造自身主观世界的同时反过来又提升了能动性。随着准主体（学生）能动性的增强，三对关系的结构出现相应的变化：结构的重心从主体（教师）与客体（学生）的关系逐渐转移到准主体（学生）与客体（学生）的关系，主体（教师）激发准主体（学生）能动性的手段从外在动机转向内在动机，角色从激励者向指导者过渡。

（三）教学过程智慧化

教学是实践主体（教师）或准主体（学生）改造客体（学生）使其获得完全知识、提升创新能力的过程。完全知识的获得通常有两个途径：一是客观精神的个体主观化；二是参与实践活动。教学过程中的客观精神主要表现为学术课程内容，以教科书文本形式呈现在师生面前。对于课程编制者来说，文本内容的选择过程是价值认定和意义诠释过程，知识状态是完全的。对于教师来说，编制者所赋予的主观意义变成了客观的意指，教师需要对课程内容进行二次开发，以便生成含有自身主观意义的教学内容。对于学生来说，教师二次开发赋予的主观意义同样变成了客观的意指，学生需要在领会的基础上生成自己的主观意义——经历完全知识的形成过程。学生在教师指导下参与实践活动，涉及方案的设计、方法的运用、情感的体验以及态度倾向、周遭情境，获得的知识是完全的。课堂教学过程中主观意义的生成、实践活动过程中完全知识的获得都是文化创新的形式，有不确定的一面，无法用标准化的尺度加以衡量。与"产品"的个性化相契合，教学过程强调艺术、创新与生成。这样的教学不是实践主体按部就班的程式化操作过程，而是贯彻自身教育教学思想的过程。教学过程中蕴含的思想使教学活动有了灵魂，有了生命的灵动，闪耀着智慧的光芒。

（四）教学实践契合社会生活的变化

教学实践和社会生活的关系与实践目的、实践工具的变化直接相关。与现实文化的性质相契合，创新社会的教学实践目标反映主观世界自我更新、自我生成的规定性，指向个体文化生命的创新品质。创新品质的培养离不开创新的文化环境——日新月异的社会生活以及内在变革的教学生活。教学材料是教学实践工具之一，教师的二次开发、学生的知识形成都是赋予其现实文化情境的过程。教学设施是另一种实践工具，伴随着电子信息技术的迅猛发展，改变人们生活方式的计算机、智能手机等成为多媒体教学设备，浩瀚的互联网信息转化为潜在的教学材料，解决了动态生活场景进入课堂的技术问题。也就是说，在当代社会，不仅教学实践的生活化是主观世界的必然要求、实践活动的表现形态，而且关注学术性的课堂教学也贯通了个人与社会生活。如何实现历史文化与现实文化完美的统合则考验着教育者的智慧，它没有现成答案，需要在教学变革过程中不断地探索。

四、内在变革对实践主体的诉求

改造主观世界的教学实践存在多元的主体，有教师个体与教师共同体，以及兼备准主体身份的学生。教学实践的内在变革对三类主体的状态提出以下基本要求。

（一）教师拥有个人实践理论

教师个人实践理论的概念由美国教育家、哲学家舍恩（Donald Schon）在《反映的实践者——专业工作者如何在行动中思考》（*The Reflective Practitioner—How Professionals Think in Action*）一书中首先提出，泛指"与教学实践相关的知识、经验与价值的系统"（Handal，Lauvas，1987：7），是教师的个人经验、领悟的知识和价值观三者的有机融合。如果说形式化的教学实践是沿着常规航道抵达一个预设终点，那么内在变革的教学实践驶往的目的地因学生主观世界的差异有所不同，个人实践理论犹如指南针，引领教师设计最佳航路、避开暗礁与险滩。具体地说，教师的知识观指导着课程内容的二次开发，学生观给予学生准主体地位的空间，教学观直接影响教学过程的设计与生成。每一位教师都有自己的个人实践理论，只是其水平有高低之别，需要教师在教学实践的过程中通过对经验的反思、公共理论的主观化才能不断地完善、提高。

（二）学生准主体地位的确立

学生准主体地位是形式化与变革性教学实践的分水岭，决定着内在变革的层次与水平。体现主观世界自我更新、自我生成规定性的教学实践本质上是学生在教师的引领与帮助下对自我主观世界的改造，也就是说，学生这一准主体在变革性教学实践主客体的结构关系中处于核心的地位。

学生准主体的地位首先表现为改造自我主观世界的愿景及主动性。我要成为什么样的人？现实的我与理想的我有多大的距离？为实现理想的我，现阶段我需要改变什么、做出怎样的努力？这些问题意识标志着学生对准主体地位的自我确认。其次，学生有深刻的认知体验与行为体验。认知体验属于内部体验，是赋予客观知识主观成分的经历及体会；行为体验属于外部体验，是对自我行为动作的过程及结果的感受。认知体验与行为体验的深度标志着学生准主体地位发挥作用的程度。学生对准主体地位的自我确认是自由的，在未能自我确认的情况下离不开教师的引导和鼓励；学生内外部深刻的体验则是有条件的，需要教师给予足够的空间、创设必要的情境。

（三）学校形成教学实践范式

改造学生的主观世界不是一个教师就能够完成的，需要一群教师共同承担。这就要求共事的教师作为一个共同体开展教学实践活动。学校教学实践范式就是教学实践共同体成员所共享的教学观、教学规范以及教学行为方式的集合。

正如每位教师有自己的个人实践理论，每一所学校也应该有自己的教学实践范式，这是变革性教学实践对学校层面的诉求。如前所述，变革性教学实践与社会生活、学生经验相关联。不同学校有其独特的社区生活、校园文脉，师生来源不同，文化背景、生活经历也有差异，与之相契合的教学实践必然带有学校自身的特色。

学校特色的教学实践范式为教师个体的教学实践提供了基础性的平台。两者是共性与个性、普遍与特殊的关系。教师个体实践理论包含共同体的教学观及价值取向，并有自己基于教学经验的领悟。通过校本教研、学校课题或项目运作，共同体与教师个体相互促进，使教学观得以更新，教学实践得到不断改进。

第三节　常态化的变革性教学实践

变革性教学实践体现了个体主观世界"历史继承+自我更新+自我生成"统合属性的要求，具备内在变革特征。为了更清晰地把握变革性教学实践的范畴，我们还需要辨析它与教学变革之间的联系与区别。

《辞海》对变革的释义是"改变；改革"（辞海编辑委员会，1999：5409），对改革的释义是"改去；革除"，"现常指改变旧事物、旧制度"（辞海编辑委员会，1999：3065）。教学变革即教学制度、教学目标、教学内容、教学手段等方面的改变，包含革除旧的和创生新的两个方面。整体、全局的教学变革往往与社会形态的变革相对应。例如，进入近代社会之际，为适应普及教育的社会要求，学年制与班级授课制确立，与之对应的教学内容、教学手段得以形成；在走向信息社会的今天，为适应素质教育的社会要求，创新与实践能力成为重要的教学目标，课程与信息技术相结合带来崭新的教学手段，也催生了多元化的教学组织形式。局部的教学变革是在既存教学体制下对某些方面的调整或改进。例如，在夸美纽斯奠定传统教学体制之后，赫尔巴特课程体系的建构、教学过程阶段的划分进一步完善了传统的教学理论及形式化教学实践。重大的教学变革通常起始于教育教学实验，而后政府颁布相关法规、政策或指导意见全面推进，掀起教学改革的浪潮。

显然，教学变革属于教学实践范畴，是一种变革中的教学实践，实践主体主要是代表社会要求的教育教学实验者，以及体现国家意志的教育行政部门。除了教学变革之外，还有相对稳定的教学实践，实践的主体是主导教学活动的个人或群体，如教师个体、学校教师共同体或学生（准主体）。

变革性教学实践是具有内在变革属性的教学实践，或者说是一种内含创新成分的实践活动，既可以是变革中的教学实践，也可以是相对稳定的教学实践。

以我国的课程与教学改革为例，在 1949 年至今的八次课程改革中，前六次主要是教学计划的改变，除了"文化大革命"期间的变革，都是授受式教学形态下的局部变革。20 世纪 90 年代，教学计划改为课程计划，活动与学科并列为两类课程，随后兴起三级课程管理、活动课程、研究性学习课程的研究热潮，拉开了形式化教学实践向内在变革教学实践过渡的帷幕。2001 年，教育部印发《基础教育课程改革纲要（试行）》，在具体目标中明确要求：

> 改变课程过于注重知识传授的倾向，强调形成积极主动的学习态度，使获得基础知识与基本技能的过程同时成为学会学习和形成正确价值观的过程。
>
> ……
>
> 改变课程内容"难、繁、偏、旧"和过于注重书本知识的现状，加强课程内容与学生生活以及现代社会和科技发展的联系，关注学生的学习兴趣和经验，精选终身学习必备的基础知识和技能。
>
> 改变课程实施过于强调接受学习、死记硬背、机械训练的现状，倡导学生主动参与、乐于探究、勤于动手，培养学生搜集和处理信息的能力、获取新知识的能力、分析和解决问题的能力以及交流与合作的能力。（中华人民共和国教育部，2001）

这些具体目标指向的教学实践契合内在变革的特点。这表明，改革所要革除的是形式化的、授受式的教学实践形态，要创生的是变革性的、生成性的教学实践形态。这种变革的教学实践的目标、制度、教材内容等方面需要国家意志的推动，目标的落实、教学内容的生成、教学手段的运用等涉及教学活动过程的部分则取决于一线教师的意向与变革能力。这也决定了这次课程与教学改革需要经历国家推进与教师自主变革两个阶段。只有第二个阶段完成，建立起自主变革的教学实践形态，内在变革的教学实践才能实现常态化。

基于内在变革特征及课改走向分析变革性教学实践的存在状态，对其可以用主观倾向、建构与体悟、反思与研究等关键词加以描述。

一、教学（准）主体的主观倾向

主观倾向所表达的含义在不同的语境与场合有较大的区别。在求真的自然科学领域，人们对主观倾向的理解通常含有缺乏事实依据、臆断结论之意，有贬义的色彩；在求善、求美的社会与人文领域，主观倾向一般被理解为自我感受、情感状态、内心世界的表现欲望及表达程度，词义的中性色彩居多，如表现主义画家通过自己的作品来表现自己的感觉或者内心活动，新闻记者在叙述事件时渗入个人的立场、态度和情感，等等。在教学实践视域中，主观倾向与实践主体的主观能动性相关联，意指影响个体主观能动性发挥程度的意识活动状态，包括情感、态度、价值观、理想信念、意志品质以及自我意识、创新意识等。

主观倾向属于主观世界的引导与动力系统，既是教学实践的对象，同时反过来又能提升主观能动性，推进更高水平的变革性教学实践活动。变革性教学实践的核心是创新，既包括实践方式的创新，也包括实践过程中的创新，是在实践主体教学价值观的指导下展开的。"对于个体而言，教学价值观念形成后，作为人们看待和解释教学现象、理解教学世界的意义的基本框架，以隐蔽的、非自觉的方式参与着教学活动，制约甚至规定着人们对教学的认知、情感、行为和评价。""它可以使个体对教学的知觉、注意、情感、意志、需要等统一起来，形成牢固的心理定势与强烈的行为动机，表现为对教学的兴趣、愿望、理想等，进而个体会主动协调时间与精力，向既定的方向努力。"（李长吉，2002）教学实践是一个实现教学价值的过程，其间涉及多方面关系的处理，会出现新的情境以及各种矛盾的冲突。这些必然给实践主体带来深刻的情感体验，要求实践主体有良好的心态并做出明确的抉择。情感、态度不仅影响主观能动性发挥的程度，还促发主体自我意识基础上的反思性教学实践，有助于真正实现教学实践的"双向对象化过程"。

对于教学实践的准主体学生而言，主观倾向主要表现为现实的我与理想的我的定位、学习态度、情感状态以及正在形成中的人生观、价值观等。学生的主观倾向是准主体具备实践主体基本特征的表现。主观倾向的自觉性越强，准主体自身发展的主导力越大，在教学实践主客体结构中的地位越重要。

当然，教学实践主体或准主体的主观倾向要发挥应有的作用还需要有良好的社会环境及教育教学制度的支持。在当前的基础教育课程改革过程中，很多教师对教学的知识、能力、方法、审美、品格及科学精神的价值有充分的认识，也有教学改革的热情，但在现实中可能会遇到难以抗衡的阻力。这些阻力源自高考制度、家长期望、社会评价，甚至是学校的课程与教学规制。当它们以学生成绩、升学指标来衡量一所学校的办学质量和教师的教学水平时，教学就成为达到这些目的的手段，体现的是教学的外在价值。在外部压力下，教师对教学内在价值的追求就可能让位于应试目标，出现主观倾向与教学行为相冲突的现象。这表明，当前我国教学实践的变革正处于从国家层面推进向教师自主变革阶段过渡的过程之中，当教师内在的教学价值观与外在的教学行为达到一致的时候，变革性教学实践也就成了常态。

二、教学过程中的建构与体悟

传统的教学过程按照既定步骤、固定程序展开，是一个知识的传递、接收和理解过程，具有很强的技术性、操作性和重复性，效果是可以预期的。变革性教学过程指向个体主观世界的生成，是一个形成完全知识、提升文化生命境界的过程，具有灵动性、生成性和不可重复性。这样的教学过程是一个建构与体悟的历程。

要明了教学过程中建构的意蕴，首先要论及建构主义理论。

建构是瑞士心理学家皮亚杰（Jean Piaget）在认知发展理论中用以描述知识形成和发展的一个词。1970 年，皮亚杰出版《发生认识论原理》，认为认识是主体在已有知识和经验基础上的主动建构，包括同化与顺应两种形式。同化是指个体把刺激（外部环境中的有关信息）纳入自我已有的认知结构（图式）之中；顺应是指外部环境发生变化，原有认知结构无法同化新环境提供的信息时引起的认知结构重组与改造过程。如果个体能够运用已有认知结构同化新的信息，则认知处于平衡状态；如果已有认知结构无法同化新的信息，则认知平衡状态被打破，个体需要重组或改造认知结构才能内化新的信息，并建立起更高水平的认知平衡状态。在发生认识论的基础上，以激进建构主义和认知建构主义（cognitive constructivism）为代表的"个人建构其自我理解"的"主体中心"建构主义理论得以形成。避开唯我论①的陷阱，"个人建构其自我理解"揭示了教学过程中建构的第一层意蕴：普遍、客观的知识转变为主客观兼备的个人知识，即客观知识的主观化。

以维果茨基（Lev Semenovich Vygotsky）心理发展理论为基础的社会建构主义（social constructivism）从社会文化发展的历史视域论析知识形成与发展的社会建构机制，描述了主客观知识相互转化的循环过程，如图 2-4 所示。

在图 2-4 中，个人新知识的主观建构是知识之源，在传播过程中为人们所接受（社会性接受）成为客观知识，客观知识通过同化与顺应机制内化为个体知识。这个知识循环系统中不仅有"个人建构其自我理解"，还有"新知识的主观建构"。后者呼应了个体主观世界自我更新、自我生成的规定性，彰显出建构的第二层意

---

① 激进建构主义认为，知识是自我对世界的个性化理解，现实本身也是建构的。个体如果看不到知识的普遍性、客观性一面，就走向了主观唯心主义的唯我论。

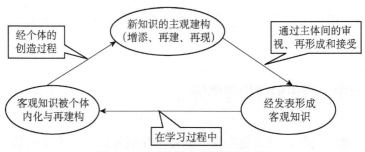

图 2-4　知识的社会建构循环过程

资料来源：高文．1999．维果茨基心理发展理论与社会建构主义．外国教育资料，（4）：10-14

蕴：师生新知识的生成。

无论是知识的内化还是新知识的生成，建构都是一种外显学习（explicit learning）方式，形成的知识是显性的。人还能通过内隐学习（implicit learning）方式形成隐性知识（也称缄默知识，或默会知识、意会知识）。此外，个体生成的主观世界除了认知结构外，还有情意结构、德性结构，以及审美与信念等，它们与隐性知识一样具有只可意会、不可言传的特点。这些都是理性的建构难以企及的，需要借助非理性的悟性认识——"体悟"，架通从意义世界到精神境界的桥梁。

在"体悟"一词中，"体"为方式状语，"悟"是心理动词，体、悟连用表达由身到心的完整活动过程，意为"在一定的情境下，主体已有的精神世界与认识对象交互作用，经由体验、觉悟而达到新的精神境界的悟性认识活动"（张华龙，2009：40）。中国先哲沿着直观体悟的认识路线，把"象"确定为最基本的范畴，提出取象比类、立象尽意、得意忘象等具体的思维方式。正如理性认识需要借助概念、判断、推理等范畴一样，悟性认识也可以确立起没有明确逻辑界限但人们可以普遍领会的一些基本范畴并以此为基础展开体悟的过程。

体悟过程以悟感为基础，如语感、数感、乐感、美感、道德感等，以意象为彼岸，其间有意识的沉积与潜伏，在相关情境因素的引发下融合成为抵达彼岸的通道。我们知道，认识有感性、理性与悟性之分，相应地也有感觉意识、本质意识和象意识之别。象意识是指可意会却不能用言语明确表达清楚的那部分意识。意象是象意识内容层面的称谓，包括与人的心向相关联的意向或心象、与物或现象相关联的物象、与符号（言语、文本、图画等）相关联的意蕴，以及融合了三者的意境。感性、理性认识沿着分解的路线把握客观对象及其属性；悟性认识以感觉意识、本质意识为基础，沿着一体化的路线还原、回归本体，并反过来认识自我。体悟就是在意会知识的参与下，将感觉意识、本质意识还原、融通为象意识的过程。

教学过程中的体悟生成文化意象。可言述的历史文化蕴藏类生命的"灵魂",隐含文化自身固有的原意,体悟其中的文化意义,融合生活情境及经验,形成类生命历史水平的主观精神;动态发展中的现实文化是类生命中的新质部分,只有置身于时代变迁的大背景下,从日常生活情境出发,个体才能感悟新生文化的意象。

生成文化意象需要文化生命间的引领与提携。作为教学实践主体的教师,其文化生命达到了类生命的历史水平,同时又置身于现实生活超越历史水平的进程之中;作为教学实践准主体的学生,其文化生命正在努力接近类生命的历史与现实水平。两者之间的引领与提携可以在三个层次上促进文化意象的生成:其一,教育者与成长者文化生命间的直接提携;其二,教育者文化生命对历史文化的启迪,引发成长者生成意义;其三,教育者创设实践情境,引导成长者在体验中感悟现实的文化精神(张华龙,2010b)。

三、教学实践中的反思与研究

最早对教学实践内在变革做出系统论述的是 20 世纪初美国的哲学家、教育家杜威,他在《我们怎样思维》一书中专门对反思性思维进行了阐释。自 20 世纪 80年代以来,在教育教学改革的背景下,反思和反思性教学的研究就是在杜威反思性思维的基础上展开的。因此,我们以杜威的反思性思维为切入点论析反思与变革性教学实践的关系。

杜威认为,思维起始于直接经验的情境,趋向于确定的情境。反思性思维"意指对某个经验情境中的问题进行反复的、严肃的、持续不断的思考"(吴式颖等,1999:522),其功能"在于将经验到的模糊、疑难、矛盾和某种纷乱的情境,转化为清晰、连贯、确定和和谐的情境"(杜威,1981:298)。它有五个形态或阶段:①暗示,在这里,思维跃进于一种可能的解决;②感觉的(直接经验的)困难或迷惑的理智化,成为一个待解决的问题,一个必须找到答案的问题;③用一个又一个的暗示,作为领导观念或假设,以发起和引导观察和其他心智活动,搜集事实材料;④推理观念或假设的含义(推理是指推论的一部分,不是推论的全部);⑤在外表的或想象的行动中检验假设(杜威,1981:302)。它不是一套操作性的技术,每个阶段都涉及直觉和情绪。开放的头脑(open-mindedness)、责任感(responsibility)、专心致志(whole-heartedness)等态度取向是催发个体反思行为最基本的动因(Dewey,1933:30-32)。

反思性思维是以学生、活动、经验为中心的变革性教学实践中问题解决的一种特殊形式。杜威的教学实践变革路线由于自身"教材心理化"的缺陷，个体主观世界的自我生成得不到历史继承的支撑，在 20 世纪 50 年代之后先后被结构主义教育、恢复基础教育运动所取代。20 世纪 80 年代，世纪之交的教育改革拉开序幕，教学实践的内在变革成为课程与教学改革的主旋律，反思再次进入人们的视野，反思性教学成为一种重要的思潮或运动。

如果把杜威界定为反思性教学的鼻祖，美国教育家、哲学家舍恩就是当代反思性教学思潮的创始人。1983 年，舍恩出版《反思性实践者》一书，在分析"实证认识论"局限的基础上提出"实践认识论"的逻辑框架，把专业实践划分为"高硬之地"（a high hard ground）和"低湿之地"（a swampy lowland）两个层次，依据其间问题与情境的性质提出了"行动中反思"（reflection-in-action）和"行动后反思"（reflection-on-action）两个具有深远影响的概念。高硬之地是专业实践中确定的地带，目标、情境与问题清晰，能够运用科学理论与技术有效地解决问题。低湿之地是专业实践中不确定的地带，充满"复杂性、模糊性、不稳定性、独特性和价值冲突"（Schon，1983：39）。实践者置身于这一地带、面对问题情境时，往往运用经验库（repertoire）中的相关例子或主题进行比对，展开与情境之间的反思性对话，并对不确定性情境或问题进行重新框定（reframe）。行动中反思就是实践者对不确定性情境或问题的这一重新建构过程。行动后反思则是实践者对已经发生的问题解决行为的回顾性的思考。

从舍恩的专业实践反思理论看，教学实践者在多数情况下都是置身于低湿之地的。沿着舍恩实践认识论的逻辑理路，教师教育界意识到教师作为反思性实践者的教育变革意义，兴起了教学反思研究的热潮。在研究过程中，国外学者对教学反思的理解主要有三种：第一种观点认为，教学反思是分析教学技能的一种技术，是对教学活动本身的深入思考；第二种观点认为，教学反思是基于教育背景对各种有争议的教学观的深入思考和抉择；第三种观点认为，教学反思是对教学经验的重新组织和重新建构，是教师理解、评价教学实践的一种手段（刘加霞，申继亮，2003）。我国学者结合基础教育课程与教学改革的实际，在语境转换基础上对教学反思作了如下的概括："教学反思指教师为了实现有效的教育、教学，在教师教学反思倾向的支持下，对已经发生或正在发生的教育、教学活动以及这些活动背后的理论、假设，进行积极、持续、周密、深入、自我调节性的思考，而且在思考过程中，能够发现、清晰表征所遇到的教育、教学问题，并积极寻求多种方法来解决问题的过程。"（申继亮，刘加霞，2004）其后，教学反思的话语体系进一步本土化："教学反思是指教师对教学活动所关涉的种种问题进行多视角、多层面，反复、深入、认真地审视与思考的过程与行为。"（于海波，马云鹏，2006）

"教学反思是教师对自己教学生活的抽身反省与自我观察。它一方面是把教学活动中的一个特殊事件或独立现象与该对象所属的整体联系起来，使这一现象在教学整体中得到重新认识与解释，获得新的意义，赋予新的教学意蕴；另一方面是把这一现象甚至是该现象所依附的教学整体与作为试图认识自己的教师这一意识主体建立联系，使得教师凭借真实教学世界中发生的教学事件及其结果，对自己的思想境界、心灵历程、情感世界、理论体系、操作方略等进行透视和反省，进而形成相关的综合性事实与价值认识、检讨、判断。"（李长吉，张稚君，2006）这些接地气的概念标志着教学反思已经延及我国中小学的教学实践并成为教学变革中的一大亮点。

通观国内外学者对反思、教学反思的理解，其主要有以下几层意思：①思考、澄清教学过程中的问题；②对话、重构经验情境；③分析、改进教学技能；④检视、明辨与教学行为相关的教学观；⑤反观、重组教学经验。从变革性教学的视角来看，教学反思意味着教师对教学过程中凝滞氛围、问题情境的敏感、洞悉与应变，意味着在教学实践方面的智慧。如此，教学不再停留、局限于预设的程式，体现出动态、生成、艺术的特征。教学反思推动教师主观世界的不断改造，也营造学生主观世界生成的创新环境，使教学实践的主客体置身于变革的进程之中。概而言之，反思是变革性教学实践的内在要求之一。没有反思，教学的内在变革属性就缺失实践品格，只能停留于理性认知的范畴；没有反思，教师即使有"20年的教学经验，也许只是一年工作的20次重复；除非……善于从经验反思中吸取教益，否则就不可能有什么改进"（斯坦托姆，1983）。

反思的主体是实践者。一方面，反思既是实践者改造自我主观世界的过程，也会促成教学实践的变革；另一方面，反思也存在局限性：囿于经验的范畴，受制于周遭的情境。当问题超越实践者既有经验范畴时，反思就力所不及了。此时，变革性教学实践就需要研究活动的支持。与反思不同，研究的对象通常是经验不足以应对的问题，目标直指问题的解决。

教学实践中的问题可以分为两大类：一是教师面对的问题；二是学生面对的问题。与之相对应，教学实践中的研究有教师的教学研究和学生学习过程中的研究。

教师的教学研究主要是解决教学实践问题的应用性研究。在课程与教学改革的前期，一线教师通过培训、钻研新版教材接触新理论、领会课改精神、把握教学新内容。教师按照课程标准的要求开展教学活动，以往的教学经验在新情境下不再有效，已经形成的教学习惯反而成为教学变革的阻力。因此，教学改革过程中必然会出现一系列新问题。有学者对课程与教学改革前期普遍存在的问题进行了梳理，概括出以下四个方面：第一，教学目标出现虚化现象，知识、技能目标该实的不实；过程、方法目标存在"游离"现象；情感、态度、价值观目标出现"贴标签"现象。第二，对课程资源的开发和利用缺乏有效把握的经验，实施层面上出现教学内容泛化现象，为了情境化而设置情境，收集和处理信息出现形式主义等。第三，学生主体性发挥与教师使命的缺失，强调学生的独特见解（体验），却忽视对文本的基本尊重；强调学生的自主性（自主建构），却忽视教师的引导性（价值引领）；强调对学生的尊重和赏识，却忽视对学生的正面教育。第四，教学方式多样化的背后，透露出浮躁、盲从和形式化倾向，学生内在的情感和思维没有真正被激活（余文森，2005）。这些问题反映了变革中的教学实践已有其形，尚缺其魂。有教学实践之魂，教师与学生就有了智慧的灵性，教学活动就有了文化的意象与生命间的交融。这个"魂"就是基于经验又超越经验的教师个人实践理论。教学研究则是感性经验上升到实践理论的必由之路。伴随着课程与教学改革的深入，变革性教学实践日趋常态化，教学研究成为教师的一种生存方式，个人实践理论就会逐步成型。但是，教师形成了个人实践理论就能应对所有教学问题吗？在实施创新驱动发展战略、健全国家创新体系、提高全社会创新能力的背景下，内在变革的教学实践将更加关注实践主客体的创新精神与创新能力，推进实践过程中的创新。它意味着教学实践中将不断地出现新情境、新问题，教师的个人实践理论也需要与时俱进、不断更新。

在教学实践过程中，学生面对的问题有学术问题和现实问题之分。学术问题泛指学生在学术性课程学习过程中遇到的疑难、困惑。当教材文本、教师授课未能清楚解析这些问题时，学生需要自主查阅相关资料，综合、辨析不同的观点，做出自己的判断。现实问题是指学生在生活中遭遇到的困境与疑问。教学实践中有的研究性学习对这些问题进行性质的界定，或提出新问题，在教师的指导下开展规范的研究活动，不仅解决了问题，对个人或社会起到了建设性的作用，更重要的是，学生增强了问题意识及创新能力。研究性学习面对的是新问题、新情境，本身就是创新教学实践的一个有机组成部分。

当然，学生学习过程中的研究除了研究性学习之外，还有学术沙龙、社会实践、参与课程开发等形式。它们与教师的教学研究相结合，推动了研究性教学实践的常态化。

第三章

变革性教学实践的理论取向

教学实践是教师有目的、有意识地改造学生主观世界的活动。在实践活动展开之前，首先需要明确实践的目的、价值、方式以及主客体关系等具有指导意义的概念。在实践活动展开的过程中，教师改造了学生的主观世界，同时反过来也改造了自身的主观世界，形成并不断完善自身的个人实践理论。不管实践主体有没有意识到，教学实践总是建立在一定的理论基础之上的。

授受式的教学实践基于以夸美纽斯、赫尔巴特为代表的传统教育理论，并通过课堂教学程式实现理论的技术操作化。虽然教师可能日复一日地重复同样的教学程式，不清楚程式背后的理论，但不能说他们的教学实践方式没有理论支持。这种情况的出现与传统教育理论的性质有关。传统教育理论形成、完善于近代社会，解决的是"把一切事物教给一切人们"的理论与技术问题，走的是工具理性、技术理性的道路，具有普适性。通俗地说，客观的历史文化知识可以用同样的方式有效地传授给每一个人。在教学实践中，教师运用授受教学程式事实上就反映了传统教育理论路线的诉求。这样，教师就好像一个技术工人一样，只要知道如何操作就可以了，不一定需要明了为什么要这样操作。

变革性教学实践有支持理论，但不能说有大家公认的理论基础。20世纪初杜威的进步教育及其倡导的活动课程理论、20世纪50年代末60年代初以马斯洛（Abraham Harold Maslow）和罗杰斯（Carl Ransom Rogers）为代表的人本主义教育理论、20世纪后半叶兴起的后现代主义教育观、20世纪80年代以来认知心理学家加德纳（Howard Gardner）所提出的多元智能理论、以认知主义学习理论为基础的建构主义理论等都为变革性教学实践提供了强有力的理论支持。同时，我们必须认识到，每一种理论几乎都有其合理的场域，超越了适切的范畴，它们对教学实践的指导力就会减弱，甚至会把教学实践引向歧路。也就是说，上述任何一种理论都不能单独成为变革性教学实践的理论基础，但它们从不同角度和层面诠释了教育教学变革的趋势，是变革性教学理论源头之一，有助于实践者形成变革性教学的理念。

第一节　变革性教学实践的若干支持理论

支持理论与理论基础是有区别的。理论基础能够给特定领域的实践提供比较完整的理论依据和策略性指导；支持理论只能够为特定领域的实践提供局部的或某一层面的理论依据和策略性指导。根据"局部"或"层面"的定位，支持理论与变革性教学实践之间一般呈现以下两种关系：其一，某一理论中的基本观念或部分观点支持变革性教学实践的某一层面，如杜威的教育理论、后现代主义知识观；其二，某一完整的理论支持变革性教学实践的某一层面，如建构主义理论、多元智能理论。支持当代教学实践变革的理论涉及教育学、心理学、哲学与文化学等诸多领域。教育学领域的杜威的教育理论、心理学领域的建构主义理论、哲学与文化学领域的后现代主义知识观在众多支持理论中具有代表性。在这里，我们选取、解读这三种理论，澄清它们的理论价值以及对变革性教学实践的支持点位，彰显它们对教学实践自主变革的现实指导意义。

一、杜威的教育理论

杜威的教育理论是 19 世纪末 20 世纪初美国民主社会的产物，肩负工业革命完成之后文化重建的社会使命，完成了由形式主义的传统教育到经验主义的现代教育的转变。虽然该理论自身存在固有的缺陷，但它首次揭示了现代教育文化创新的性质，就其如何运行建构了一个系统的理论体系，因此，它对 20 世纪以来历次重大的教育改革都产生了深刻的影响。"改革开放后的中国，再一次掀起了杜威理论以及其教育理论的热潮，还第一次出现了具有杜威教育精神的《基础教育课程改革纲要（试行）》（2001 年 6 月 8 日）。"（彭正梅，2009：前言 41）杜威的教育精神是什么？它对我国变革性教学实践提供了哪一层面的理论支持？把它作为教学实践自主变革的一大支持理论需要进行文化情境的转换吗？为了阐明这些问题，我们既要了解杜威主张的教育观点，也要触及孕育并催生其教育理论的社会及文化背景。

（一）民主、经验与教育

19 世纪末，美国完成近代工业化，实现了由农业国到工业国的转变，一跃成为世界第一经济大国。工业革命导致了社会结构的重大调整以及农村与城镇生活的剧烈变化。在物质财富迅速增长的同时，工业化也带来了一系列的社会经济、政治和文化问题。垄断资本的高度集中、周期性的经济危机使得大量工人失业，加深了阶级矛盾；拜金主义、极端个人主义盛行，大众政治意识淡薄，社会精神文化衰弱。在这样的背景下，关注社会文化重建的进步主义社会改革运动出现了。文化重建离不开教育，因此，进步教育自然地成为这场社会改革运动的主战场。作为进步教育的精神领袖，杜威描绘了民主社会的蓝图，把教育视为实现这一蓝图的基本方法，并由此提出了一条崭新的教育理论路线。

在剖析社会、共同体这些名词多种意义的基础上，杜威主张"我们不能纯粹从思想上建构一个'理想社会'。为了保证我们的理想具有实践用处，我们从实际存在的社会出发来加以建构。……我们的任务在于从实际存在的社会生活形式中汲取优良的特征，运用它们来批评不良的特征，并指出改善之途"（杜威，2009：75-76）。通过对现实社会事实性的描述，杜威引出衡量一个社会生活方式的两条标准，即"群体内成员有意识地分享的利益是否丰富和多样？团体间的相互作用能充分和自由到什么程度？"（杜威，2009：76），以此指导变革之际的社会，杜威看到：

> 第一个标准意味着社会群体不仅拥有数量更大和种类更多的共同利益，而且更加依赖于把相互的利益作为调节社会关系的因素。第二个标准意味着群体之间不仅有着更加自由的相互作用（这些社会群体由于要保持隔离状态，曾经是各自孤立的），而且也意味着社会行为的改变及其不断的调整，以应付这种自由的多样的相互作用所产生的新的情境。这两个标准恰恰就是民主社会的特征。（杜威，2009：80）

面对当时社会存在的"不良的特征"，就如何改善并彰显民主社会的优良特征，杜威建议进行逐步的改造，并坚信"教育是社会进步及社会改革的基本方法"，"学校是社会进步和改革的最基本的和最有效的工具"（杜威，1981：11-12）。

这样，教育的变革就成了社会改造的主战场。变革的任务就是建立具有民主社会意蕴的教育理论路线与教育实践模式。

民主社会的教育应该是怎样的呢？杜威的答案是属于经验、通过经验和为了经验，即"教育是经验的继续不断的改组或改造"（杜威，1981：159）。教育上的民主"首先是一种联合生活的方式，是一种共同交流经验的方式"（杜威，1981：163），是个人各种能力的自由发展。正是经验贯通了个体与社会、社会与自然、历史与现实，实现了民主与教育之间紧密的和必要的联系。

在杜威的哲学中，经验是主体和对象、有机体和环境之间的相互作用，是人和世界的统一。"经验包含一个主动的因素和一个被动的因素，这两个因素以特有的形式结合着。……在主动的方面，经验就是尝试。在被动的方面，经验就是经受结果。"（杜威，1981：174）

经验有积极与消极之分，积极的经验对个体进一步的生长具有推进作用。经验的连续性原则就是衡量一种经验是否有教育价值的标准。它意味着每一种经验既受到之前经验的影响，也会影响其后的经验的质量。从经验的存在形态看，有机体与环境间的相互作用把主动的尝试和被动的结果联系在一起，使经验呈现完整的形态。因此，经验的相互作用成为衡量一种经验是否有教育意义的标准。它赋予经验的两个方面（客观条件和内在条件）同样的权利，并使两个方面合在一起，形成我们所谓的教育情境。连续性原则体现了经验的个体性，是经验的经；相互作用原则体现了经验的社会性，是经验的纬。经纬结合诠释了教育的个体性与社会性的统一。

以经验的连续性原则和相互作用原则检视传统的学校教育，杜威给予如下描述：

> 传统教学的计划实质上是来自上面的和外部的灌输。它把成人的标准、教材和方法强加给只是正在逐渐成长而趋于成熟的儿童。差距是如此之大，所规定的教材、学习和行动的方法，对于儿童现有的能力来说，都是没有关联的。

> 成人的创作与儿童的经验和能力相差如此悬殊，正是这种情况，使学生不能积极参与教学内容的发展。他们的本位是照例行事——学习，正如六百士兵应有的责任是决一死战一样。在这里，学习的意思不过是获得书本里和成人头脑里已有的东西。而且，所教的东西被认为实质上是固定不变的。正是所教的东西视同已经完成的产品，因而既不关心它原来是怎样建立起来的，也不关心它将来必然会发生的种种变化。在很大程度上，它是那些认为将来很像过去的社会的文化成果，可是在一个变化是常规而不是例外的社会里，竟把它作为唯一的教育资料。（杜威，1981：346-347）

杜威对进步学校的改革进行了总结和评价：

在当前多种多样的进步学校中可以发现某些共同的原则：以表现个性、培养个性，反对从上面的灌输；以自由活动，反对外部纪律；从经验中学习，反对从教科书和教师学习；以获得为达到直接需要和目的的各种技能和技巧，反对以训练的方法获得那种孤立的技能和技巧；以尽量利用现实生活中的各种机会，反对为或多或少遥远的未来作准备；以熟悉变动中的世界，反对固定不变的目标和教材。

新教育的一些普通原理的本身并没有解决进步学校的实际的管理和行政的任何问题。宁可说，它们提出了新的问题，必须依据新经验哲学去解决。（杜威，1981：347-349）

依据新经验哲学，杜威把经验主义哲学具体化为教育理论，于是就有了属于经验、通过经验和为了经验的实用主义教育理论体系。

（二）关于教育的本质

基于民主主义的特征及经验的意义，杜威在《民主主义与教育》里给出了一个教育的专门定义：教育就是经验的改造或改组。从教育的社会性方面看，经验的改造或改组离不开社会生活；从教育的个体性方面看，经验的改造或改组表现为个体持续的生长。因此，教育就是经验的改造或改组这一教育本质观又具体化为教育即生活、教育即生长。

1. 教育即生活

"由于民主和现代工业的出现，我们不可能明确地预言二十年后的文化是什么样子，因此也不能准备儿童去适合某种定型的状况。"（杜威，1981：3）"我们的社会生活正在经历着一个彻底的和根本的变化，如果我们的教育对于生活必须具有任何意义的话，那么它就必须经历一个相应的完全的变革。"（杜威，1994：40）也就是说，为将来生活做准备的传统教育已经不适合近现代社会发展的形势，一种着眼于现实生活的教育有待建立。

杜威对教育、教学的性质重新进行了诠释：学校主要是一种社会组织，是社会生活的一种形式，教育是生活的过程。它意味着学校生活首先要满足儿童的需要和兴趣，成为儿童自己的生活；同时，学校生活同步于社会变化的趋势，成为推动社会进步的重要力量。这样的学校，"作为一种制度，应当把现实的社会生活简化起来，缩小到一种雏形的状态"（杜威，1981：4）。从此，杜威引申出"学校即社会"的命题，用以强调学校生活成为一种经过筛选、净化的理想的社会生活，成为一个雏形的社会，以呈现儿童现在的社会生活。

2. 教育即生长

生长是生物学的概念，杜威把它作为教育的本质主要是借用了"生长"这个词里蕴含的自由、力量以及能量交换关系，以表达一种新的儿童发展观和教育观。

杜威对"生长"意蕴的改造首先是赋予其丰富的社会内涵：

> 社会通过对青少年活动的指导来决定他们的未来，也因而决定社会自己的未来。由于这些青少年将在未来的时间组成那个时代的社会，因此，那个未来时代的社会的性质，基本上将取决于之前的儿童活动以及对这种活动的指导。这个朝着后来结果的累积性的运动，就是生长的含义。（杜威，2009：59）

这说明，为了适应民主社会的需要，必须发展个人的首创精神和适应能力，把生长作为一切成员的理想标准。

着眼于社会中的个体成员，经验的累积性运动总有一个逻辑性的起点，这就是生长的首要条件——未成熟状态。杜威说，"未成熟状态"类似于"能力"（capacity）和"潜力"（potentiality）这两个概念，我们可以把能力理解为一种力量，把潜力理解为一种具有积极生成的可能性的势力。从其自身的观点来看，未成熟状态就是指一种积极的力量或能力，一种向前生长的力量。

未成熟状态有依赖性和可塑性两个主要特征。依赖性表明，儿童的生长需要别人的帮助；可塑性是一种从经验中学习的能力，意味着习惯的获得。

> 习惯使我们能控制环境，使我们能够为我们的目的来利用环境。习惯有两种形式，一种形式是常规化的习惯，就是有机体的活动和环境取得全面的、持久的平衡；另一种形式是主动地调整自己的活功，借以应付新的情况的能力。前一种习惯提供生长的背景；后一种习惯就是生长本身。（杜威，2009：73）

教育是经验的改造或改组，学校是一个雏形的社会，集中体现了生长的社会内涵及个体意蕴，因此，教育就是不断生长。

（三）关于课程与教学

教育即生活、学校即社会的教育本质观从逻辑上摒弃了过去已经编好的一系列知识和技能，认为学校的课程内容就应当来自现实的社会生活。在《我的教育信条》中，杜威对此有明确的表述：

　　既然学校生活是如此简化的社会生活，那么它应当从家庭生活里逐渐发展出来；它应当采取和儿童继续在家庭里已经熟悉的活动。

　　学校课程的内容应当注意到从社会生活的最初不自觉的统一体中逐渐分化出来。

　　学校科目相互联系的真正中心，不是科学，不是文学，不是历史，不是地理，而是儿童本身的社会活动。

　　因此，所谓表现的和建设的活动便是相互联系的中心。

　　这便给予学校中烹调、缝纫、手工等的地位以一个标准。

　　这些科目并不是附加在其他许多科目之外，作为一种娱乐、休息的手段，或者作为次要的技能的特殊科目而提出的。我更相信它们是代表社会活动的类型和基本形态的；而且，通过这些活动作为媒介把儿童引入更正式的课程中。这是可能的，也是值得向往的。（杜威，1981：4-7）

　　可见，杜威主张的课程是代表社会生活的类型和基本形态的活动，除了其中提及的烹调、缝纫、手工之外，还有园艺、印刷、纺织、油漆、绘画、唱歌、演剧、讲故事、阅读、书写等活动形式。这些活动都是根据儿童的思想、冲动和兴趣选择的，能确保儿童学到必需的技能、文化和知识吗？放任儿童的冲动和兴趣当然不能，但"有了有组织的设备和教材，那就有了另一条途径。我们就能指导儿童的活动，沿着一定的方向进行，从而把它们渐渐引导到一个随着这条道路最终在逻辑上能达到的目的"（杜威，1981：34）。

　　还有一个至关重要的问题，那就是课程中如何定位人类几千年积累下来的文化遗产。作为哲学家和教育家，杜威看到了直接经验的局限性，认为间接经验、系统知识是个体身处疑难情境时可以依赖的现成的、确定的材料。"使儿童认识到他的社会遗产的唯一方法是使他去实践，那些使文明成为其文明的主要的典型的活动。"（杜威，1981：7）或者说，把间接经验、系统知识纳入生活的、经验的课程体系，"它必须恢复到它所被抽象出来的原来的经验。它必须心理化；反过来，变为直接的和个人的体验，在其中有着它的原状和意义"（杜威，1981：89）。这就是"教材心理化"，最终实现直接经验与间接经验完美的连接与融合，"将已经经验到的东西逐步发展成为更充实、更丰富、更有组织的形式，这是渐渐接近于提供给熟练的成人的那种教材的形式"（杜威，1981：366-367）。

　　完成了"教材心理化"，课程就完全表现为活动的形式，教学则是活动的展开，即学生经验的形成过程。杜威称这个过程为"做中学"，或"活动中学""经验中学"。

　　从经验包含的两个方面考虑，"做中学"最主要的就是识别所尝试的事和所发生的结果之间的关系，即杜威所谓的思维或反省。思维过程包括五个步骤：一是确定疑难的情境；二是确定疑难所在，提出问题；三是收集事实材料，提出各种假设；四是推断哪种假设能够解决问题；五是通过实验验证或修正假设。

教学法的要素和思维的要素是相同的。这些要素就是：第一，学生要有一个真实的经验的情境——要有一个对活动本身感到兴趣的连续的活动；第二，在这个情境内部产生一个真实的问题，作为思维的刺激物；第三，他要占有知识资料，从事必要的观察，对付这个问题；第四，他必须负责一步一步地展开他所想出的解决问题的方法；第五，他要有机会通过应用来检验他的想法，使这些想法意义明确，并且让他自己去发现它们是否有效。（杜威，1981：191）

为了保证思维的五个步骤顺利、有效地开展，教育者必须把注意集中在要求思维、促进思维和检验思维的种种条件上。这些条件包括主观的内部条件和客观的环境条件两个方面。就内部条件的创设而言，"作为教育者，他必须能够评判哪些态度促进了未成年人的继续生长，哪些态度则没有促进他们的未来生长。此外，他必须对未成年人具有一种同情性的理解，从而可以知道他们内心的真实情况"（杜威，2009：291）。环境条件就是与个体的需要、希望、目的和能力产生相互作用和特定经验的社会环境或自然环境。它要求教育者认识到哪些环境有助于促进儿童经验的进一步发展，认识到这些物质的和社会的环境因素是如何有助于经验形成的。

概而言之，杜威的教学观就是教师创设内外部条件，指导儿童依据自己的需要和兴趣有效地"做中学"。

（四）杜威的教育理论的价值

为了与之前以夸美纽斯和赫尔巴特为代表的传统教育理论相区别，杜威把自己的教育理论称为"现代教育理论"。这是有一定道理的，因为杜威的教育理论的价值就在于对现代教育性质的肯定，并开创了一条体现这一性质的理论与实践的变革之路。统观杜威的教育思想，其对后来的教育改革始终具有指导意义的内容可以用文化创新、智慧生成、个性发展、实践活动等关键词加以概括。这些词表征的教育理念及实践正是当前我国基础教育改革的亮点。

1. 教育是一种文化创新的社会活动

在相关论著中，杜威没有明确提及"文化创新"一词，但相对于以文化传承为己任的传统教育而言，杜威的教育理论实际上是把教育定性为文化创新的社会活动。我们从以下两个方面可以清楚地看到这一点。

首先，建立在技术革新基础上的现代工业出现之后，创新成为社会发展最主要的驱动力，社会文化从此进入日新月异的时代，教育即生活、学校即社会意味着教育世界的文化与现实的社会文化同步，具备创新的品质。杜威是在面对当时的社会危机、置身文化重建的社会运动中认识到这一点的。他说，"民主主义的观念本身，民主主义的意义，必须不断地加以重新探究；必须不断地发掘它，重新发掘它，改造它和改组它；同时，体现民主主义的政治的、经济的、社会的制度必须加以改造和改组，以适应由于人们所需要与满足这些需要的新资源的发展所引起的种种变化"（杜威，1965：35）。"一个变动的社会，有许多渠道把任何地方发生的变化分布出去。就必须教育成员，发展个人的首创精神和适应的能力。"（杜威，1981：164）可以看到，杜威的教育理论是立足于美国近现代社会大变革的情境建立起来的，触及了现代社会发展的根本问题，这使其打上了新时代的烙印。

其次，经验的改造或改组实质上是一种个体的文化创生。杜威所说的"经验"一词既指尝试的行为，也包括尝试的结果，诸如认识、情感、意志、能力、品德，是一个容易被其他学者所误解的概念。杜威后来也意识到"经验"概念表达的模糊性，他表示，若重写《经验与自然》，会把书名换成《文化与自然》（彭正梅，2009：前言42）。经验的改造或改组是新经验的形成过程。教育是经验的改造或改组，意味着教育是个体新经验不断创生的过程。用"文化"一词代替"经验"，教育就是个体与环境相互作用不断创生新文化的活动过程。

2. 教学是一个智慧生成的过程

智慧即明智的行为和行动能力，以及解决实际问题的能力。知识与智慧的区别在于"知识仅仅是已经获得并储存起来的学问；而智慧是运用学问去指导改善生活的各种能力"（杜威，1991：53）。

"杜威把教育看作一种'智慧训练'——包括知识的获得和品德的养成——的过程，借以养成人生行为的'智慧'和'对自然和社会的基本倾向'，其中包括'智慧态度和道德态度'，'智慧能力'和'智慧行为'。"（戴本博，张法琨，1990：91）教育的这一价值是现代社会发展的创新品质所要求的。在一个变动的社会，"未来总是会与现在不同。我们所需要的是尽可能获得更多的智慧，从而帮助改进和引导这些变化过程"（杜威，2001：71）。拥有了智慧，社会个体凭借开拓与创新的能力和品质，能够直面现实中存在的各种问题和挑战，积极谋求问题的解决，社会就会变得更加完善、更加美好。

那么，我们如何才能获得更多的智慧呢？杜威认为，科学的思维方法就是智慧的方法，是一种使人明智地获取经验与行动的方法，也是一种明智的学习方法。依据思维五步法确定教学法的要素，教学展开的过程自然就是智慧生成的过程。对于教师而言，教学活动的五个要素"不可能建立一些固定的规则，怎样处理，完全凭靠个人的理智的机巧和敏感性"（杜威，1991：95）；五要素顺利、有效展开需要权衡、创设促进思维的内外部条件。这些都体现了教学过程中教师的智慧。可以说，"做中学"要求的是用教师的经验促生儿童的经验，用教师的智慧触发儿童的智慧。

3. 聚焦学生的潜力与个性发展

教育首先应该满足社会的要求还是个体的需要？这曾经是教育理论长期争论的问题。柏拉图强调教育的国家（城邦）意志，卢梭关注个体自由的目的，而杜威则认为民主社会的教育存在个体性和社会性，是两者的统一。这是因为，"这种社会一定使各分子有自由发展、自由交换、互相帮助、互相利益、互通感情、互换思想知识的机会；社会的基础是由各分子各以能力自由加入贡献的"（杜威，2005：27），民主要求在符合共同利益的前提下发挥团体成员的各种能力。

作为有机体与环境交互作用的经验体现了个体性和社会性的统一，而经验的重组或改造着落在每一个个体身上。如此，儿童不仅是起点，是中心，而且是目的，教育过程必须关注学生的潜力与个体发展。

表现个性、培养个性是当时进步学校共同的原则，杜威则把每个人的各种能力的自由充分的发展进一步看成是教育民主性的一个基本特征，并从心理学角度解析了个体自由充分发展的内在机制。杜威认为，儿童有社交、制作、艺术、探究的本能，与此相应有交谈和交流的兴趣、制造和建造的兴趣、艺术表现的兴趣、探究和发现的兴趣。这些本能、兴趣以及未成熟状态就是儿童发展潜力的表现。教育教学顺应儿童的心理发展水平和兴趣，提供一个适当的环境，遵循经验的连续性和交互作用原则，每个人的各种能力就能得到自由充分的生长。

4. 确立社会实践活动在课程与教学中的地位

在社会发展过程中，课程与教学经历了几次重大的变化。杜威从社会与教育的历史关系中确立了现代社会实践活动在课程与教学中应有的地位。在野蛮社会，儿童通过参与成人的活动学习社团的风俗，获得成人的情感倾向和种种观念，杜威称之为自然的教育或间接教育。随着文明的进步，社会传统日趋复杂，一大部分社会遗产有了记载，通过直接参与成人的活动去学习越来越困难，于是就出现了专门传递主要表现为书面符号的复杂社会全部资源和成就的正式教育——学校教育。正式教育容易脱离现实，变成抽象的和书本的教育，然而，"低等社会所积累的知识，至少是能见诸实行的；这种知识能化为品德；因为这种知识被用来应付迫切的日常事务，所以具有深刻的意义"（杜威，1981：147）。到了文化发达的社会（现代社会），储存于符号之中的事物和生活经验的材料相脱节，自成一个世界。杜威提出"教材心理化"，其在实践中虽然没有达到预期的目标，理论上却为两者统一于社会实践活动提供了可能。

社会实践活动是有机体与环境的相互作用，在课程中，表现为反映社会活动基本类型和形态的主动作业，在教学中，表现为"做中学"，统贯其间的始终是直接经验的改造。因为"教材心理化"存在难以克服的缺陷，所以把社会实践活动作为课程与教学基本形态显然走向了与传统教育相对的另一个极端。如果说传统教育反映的是教育的文化传承性质，那么现代教育走向的一端则呼应了现代教育文化创新的诉求。这是杜威的教育理论在现代社会的价值所在，也是其常论常新的原因所在。

（五）杜威的教育理论的转化与发展

在现代社会的教育变革过程中，我们能够从杜威的教育理论中吸取很多营养，诸如上面提及的文化创新、智慧生成、个性发展、实践活动等。与此同时，我们也必须清醒地意识到，杜威的教育理论是对当时的理论和实践的回应，带有鲜明的美国文化的色彩。把杜威的教育理论作为变革性教学实践的支持理论，意味着我们看到了其中需要转化与发展的地方。具体地说，这些需要转化与发展的部分主要包括以下一些方面。

1. 社会文化情境的转化

社会生产方式的改进、经济增长方式的变革必然带来社会文化的变迁。相对于生产方式和经济结构，社会文化表现出更强的区域性和民族性。杜威从美国的民主文化解析现代社会的特征与人的文化属性，基于实用文化诠释经验，进而重新定义教育的本质及运行机制，在一定程度上揭示了现代教育的性质及基本特征。回眸当代中国教育的变革，我们置身于全球化的大背景下，正在用几十年的时间完成西方两个多世纪才完成的工业化、信息化历程。在当前转变经济增长方式的变革过程中，立足中华文明的根基，社会主义核心价值观引领了中华民族文化发展的方向，也赋予了当代中国人文化属性。以此对杜威的教育理论进行比较分析，在转换了生产方式变革形势、社会文化取向及情境之后，关注文化创新、智慧生成、个性发展、实践活动的教育必然会有全新的理解。这也是当今我国教育理论界需要承担的历史使命。

2. 哲学基础与核心概念的转化

杜威的教育理论建立在机能心理学的基础上，是实用主义的经验哲学的具体化。机能心理学是 19 世纪末 20 世纪初出现于美国的心理学流派，它以进化论为科学基础，把人的心理生物学化，以本能决定论来解释人的心理活动，忽视了人的社会心理的一面，在现代心理学中已丧失了影响力。强调"实用即真理"的实用主义哲学论证自由、平等意识背后的功利主义、个人主义的合理性，折射出美国人的精神面貌和行为方式。从历史发展的维度看，机能心理学在当代教育理论中已经没有了基础性的地位，从地域空间的维度看，表征美国文化基因的实用主义在东方文化中不可能落地生根。杜威的教育理论中的核心概念，如有机体、本能冲能、生长、经验等则是机能心理学、实用主义文脉的延伸。显然，作为我国教育改革支持理论的杜威教育思想不是他的机能心理学及实用主义哲学，而是他对近现代教育新出现的创新端属性的思考。

当然，对教育创新一极的思考可以不受杜威思路的影响，从根底上重新建立起一个理论体系。但是，这样构建当代教育变革的理论意味着抛弃了历史的基础，难度大，且事倍功半。杜威是现代教育理论的集大成者，他的心理学基础有历史局限性，哲学基础有其文化空间的限制，但对现代教育的认识具有借鉴的价值，能够给我们很多启示。借鉴不是仅仅采纳智慧生成、个性发展等观点及主动作业、"做中学"等做法，而是需要在批判的基础上对其哲学、心理学基础以及教育理论中的核心概念进行文化的、语境的转化。立足我国传统文化，以马克思主义哲学、当代心理学成果为基础，摄取当代西方哲学的营养，在教育改革过程中我们已经拥有了相应的一些关键性的概念，如感悟、建构、探究、生成、自主与合作等。进一步建构起一个完整的、面向未来的、有中国特色的理论体系还有待于我国教育理论界不懈地努力。在完成这一历史使命的过程中，我们可以确定统摄这些关键性概念的最核心的一个或几个概念吗？如果可以，是从东方传统哲学还是马克思主义哲学中考察，抑或源自当代心理学？诸如此类的思考就是杜威的教育理论带给我们的有益启示。

3. 寻求两个极端之间中庸的点位

运用东方文化"叩两端"的思维方式考察杜威的教育理论，它与传统教育一样只是呈现了教育理论与实践一个极端的属性。它们各执一端，传统教育以教师为中心、以书本为中心、以课堂为中心，杜威的教育理论以学生为中心、以经验为中心、以活动为中心。明确两个极端的属性只是第一步，接下来必须寻求其中庸之点，即在两端之间确定"无过无不及"的点位。站在这个点位，立足之处是历史文化，周遭是现实的社会环境，前方是理想中的未来。因此，这一平衡之点在不同时代、不同国家和民族是不一样的。

自20世纪中叶以来，西方教育教学实践的变革呈现出钟摆的现象，但每次循环之后摆动幅度会有所减小，距离中心点会更近一些。这是一种在尝试错误的行动过程中寻求平衡点位的做法，其背后隐藏着西方的文化取向及思维方式。中国传统文化的中庸之道既是世界观，也是方法论，行动以"中和"状态为前提。"中和"状态的教育理论"中立而不倚"，在个人与社会、教师与学生、课堂与活动、系统知识与实践经验之间建立起符合主观世界规定性的关系，既要打破固化形式的束缚，也要避免"教材心理化"的强为之而未得。这既需要整体把握中国传统文化的智慧，也需要汲取人本主义、后现代主义、建构主义、多元智能理论等当代西方哲学和心理学的营养。

二、建构主义理论

建构主义研究知识和学习，描述什么是"知"和怎样"知"，主要有认知建构主义和社会建构主义两大流派，是最近几十年来心理学界很有影响力的理论思潮，开创了教育理论乃至一般人文科学的新局面。杜威把教育的重心从教师转移到学生，回答了学生主观世界如何达到现实规定性的问题，同时也留下了历史规定性的缺憾。建构主义聚焦知识的建构，在学生中心的路线下，一方面保留了文化传承的有效方式，另一方面在文化传承过程中增加了个体建构的成分，实现了历史文化传承与创新的统一，解决了杜威"教材心理化"心有余而力不足的问题。

（一）认知发展理论：认知建构主义的肇始

认知建构主义思想肇始于皮亚杰儿童动作和思维活动的实验研究及其之后形成的发生认识论（在心理学层面被称为认知发展理论）。

皮亚杰首先是一位生物学者，对物种演化问题进行了深入研究，涉及物种的不变性、对环境的适应性、环境对物种形态的影响、获得性形态的稳定性等。接触到柏格森（Henri Bergson）的《创造进化论》之后，皮亚杰深受启发，研究视角开始转向柏格森提出的智慧、生命和认识的进展问题。皮亚杰"在克服柏格森学说中智力和'生机'的对立，并用科学方法来排除先天论者的预成说和不可思议的'创造冲动'的同时，通过科学史和概念的个体发生来重建人类认识的奇迹，探索人类认识的发展规律"（格雷科，1991：544）。

在对言语前的幼儿认知发展进行实验研究之后，皮亚杰从心理发生的角度发现，以往认识论关于主客体关系、知识的来源及性质等基本问题的定论与儿童发展的各种水平是相矛盾的。相关研究证明，婴幼儿没有显示出任何自我意识，不能在内部和外部给予的东西之间做出固定不变的划分。也就是说，一开始既不存在认识论意义上的主体，也不存在作为客体而存在的客体（皮亚杰，1981：21-22）。由于主客体之间完全没有分化，认识就不可能如经验主义所说的那样来源于客体，也不能看作是在主体内部结构中预先决定了的。皮亚杰认为，"知识在本原上既不是从客体发生的，也不是从主体发生的，而是从主体和客体之间的相互作用——最初便是纠缠得不可分的——中发生的"（皮亚杰，1991：3），"认识起因于主客体之间的相互作用，这种作用发生在主体和客体之间的中途"（皮亚杰，1981：21）。这个"中途"便是身体本身同外界事物之间接触点的逐步建构——在主体和客体之间起着中介作用的活动，包括动作本身的协调和引入客体之间的相互关系。

既然认识发生于主客体相互作用的活动或动作中，进一步需要阐明的问题就是认识发生的过程或机制。为此，皮亚杰借用结构主义、操作主义和生物学的适应调节理论中的"结构""功能""适应""同化""顺应""平衡"等概念表达个体认知连续建构的过程，认为人类的心智、思维和身体一样是有一定结构的，是由各种转换规律组成的系统，具有整体性、转换性和自我调节性的特征。图式是这种结构最基本的单元，认识的发生和发展就是图式不断建构和变化的过程。同化和顺应则是图式建构的两种方式，维持着主体对客体的适应。

1. 图式

图式是皮亚杰认知发展理论的一个核心概念。图式是指动作的结构或组织，这些动作在同样或类似的环境中由于重复而引起迁移或概括（皮亚杰，海尔德，1980：5）。"换句话说，用它说明同一动作在多次反复或迭加时所共同具有的一切。"（皮亚杰，1989：7）图式分为感知运动图式、表象图式、思维运算图式。感知运动图式又分为遗传图式、习惯图式、智慧动作图式。遗传图式是源自遗传程序的本能的动作结构，如吮吸反射、怀抱反射、抓握反射等，是人类千百万年的实践经验在个体生理结构及性能上的积淀；习惯图式是通过后天习得而形成的自动的动作结构；智慧动作图式是最初的认识图式，具备目的和方法意识，内化到头脑中，形成表象图式和更高水平的思维运算图式。图式的发展是一个连续的双向建构的过程：一方面，循着内向发展的建构轨迹，先前进行的动作行为经过协调组织之后形成新的认知结构；另一方面，沿着外向发展的建构路线，主体运用既有的图式去认识、组织新的客体。

2. 同化

同化兼备生物学和智慧学的双重意义。"从生物学的观点来看，同化就是把外界元素整合于一个机体的正在形成中或已完全形成的结构内。"（皮亚杰，1991：8）皮亚杰用如下公式解析有机体同化的过程：

$$(T+I) \longrightarrow AT+E$$

其中，T 是一种结构，I 是被整合的物质或能量，E 是被排除的物质或能量，A 是大于 1 的系数，它说明，机体结构的强化是通过物质的增加或运算效率的增加得以实现的。

从这一公式可以明显地看出，"同化的一般概念不仅适用于有机体生活，也适用于行为"（皮亚杰，1991：8）。这一公式转化为智慧学的意义，则 T 代表认知结构，I 代表来自客体的刺激，AT 是刺激被同化于认知结构的结果，E 是未进入认识结构的那部分刺激。相应地，同化定义的表述变换为"刺激输入的过滤或改变"，它累进地把客体新元素纳入主体现有图式之中，合成为一个新的整体。

用这一公式考量刺激与行为的关系，刺激-反应组织显然不应该是行为主义理论主张的 $S \rightarrow R$ 公式，而应写成如下公式：

$$S \rightarrow (AT) \rightarrow R$$

其中，AT 是同化刺激 S 于结构 T，它意味着从刺激到行为反应之间有一个认知结构建构的环节。

3. 顺应

在行为领域内，皮亚杰把同化性的格式或结构受到它所同化的元素的影响而发生的改变称为顺应（皮亚杰，1991：9）。通俗地说，顺应就是主体改造已有的图式以适应新的情境。例如，婴儿吮吸手指的动作相对于过去吃奶的动作来说是一种行为模式的改变。在图式建构过程中，顺应与同化是一种相辅相成、相互渗透的关系：同化是主体改造客体的过程，是图式量的增加；顺应是客体作用下主体被改造的过程，是图式质的变化。若单有同化，儿童结构就不会有变异；若仅有顺应，认识就会成为简单的模仿。"不难看出，同化和顺应合起来，实际上就是图式的双重建构。顺应是不断导致新图式产生的内化建构；同化则是不断运用主

体图式去组织转变客体经验或客体本身的外化建构。"（张国福，1986）

4. 平衡

"顺化①和同化在所有活动中都出现，但它们之间的比率会经常改变，只有在它们之间存在着或多或少稳定的（即使经常是流动的）平衡，才表现出一种完满的智慧动作的特征"（皮亚杰，1991：10），主体才能适应环境，达到与客体平衡的要求。皮亚杰认为，同化时，平衡是一种状态，图式只是发生共时性的转换；顺应时，现有图式不能同化客体新元素，出现不平衡状态，主体需要修改或创造图式寻求新的平衡，这是图式的历时性的改变，平衡表现为一种过程。通过认知结构"平衡—不平衡—新的平衡"的循环，儿童从一个比较不足的知识状态转向一个较高水平的知识状态。

个体的知识状态与知识的建构性质是联系在一起的。皮亚杰从来源及结构方式的维度区分了三类知识：物理知识、社会或习俗知识、逻辑-数学知识。物理知识是可以通过感知或观察得到的关于客体的知识，部分来自现实中的客体；社会或习俗知识来源于人为的传统或习俗；逻辑-数学知识是关系的建构，来源于儿童的思维。为了尽可能地解释清楚图式和知识的建构过程，皮亚杰从认识的起源一直追踪到科学思维的发展，把人的认识发展过程划分为四个阶段：感知运动阶段（0～2 岁）、前运演阶段（2～7 岁）、具体运演阶段（7～12 岁）、形式运演阶段（12 岁以后）。感知运动图式、表象图式、直觉思维图式、运演思维图式分别对应于各个阶段。

相对于同化、顺应的局部建构，我们可以把皮亚杰的认知发展阶段理论理解为认识发展的全局建构。这样，皮亚杰从微观到宏观，从心理发生到知识建构，完整地解析、描述了个体认识发生和发展的机制，同时在认识论和心理学的层面为认知建构主义奠定了坚实的基础。

（二）文化历史理论：社会建构主义的发端

社会建构主义奠基于苏联心理学家维果茨基的文化历史理论。美国著名认知派心理学家和教育家布鲁纳（Jerome Seymour Bruner）在《思维与语言》英文版序言中写道，"维果茨基把一种历史观引入了对思维如何发展的理解，以及对思维究竟是什么的理解之中"（维果茨基，1997：英文版序言 5），相对于认知发展理论，"在理解认知过程的不断努力中，维果茨基代表了向前迈进的另一步"（维果茨基，

---

① 顺化即顺应。

1997：英文版序言 4)。

这个"另一步"立足于唯物史观和辩证法视野的一个基本论点："现代文明的成人的行为是两种不同发展过程——动物生物进化和人类历史发展——的结果。"(维果茨基，1997：中文版译序 2-3)

"人和动物的行为的最重要的不同点是在人身上首次出现的新的适应形式。动物对生存条件是消极地适应，它用改变自己的器官和身体结构对环境的变化作出反应。而人则积极地使自然界来适应自己。人是改变自然界的诸物体而代之以改变自己的器官，使它们成为人的工具。"(维果茨基，2003：88-89)

人在改变客观世界的同时也改变了自身，并且积累起了丰富的历史文化，"而这一历史经验——不是生理的而是社会的遗传性把人和动物区分开来了"(维果茨基，2003：88)。在种系发生（phylogeny）中，两种发展过程是以独立的、互不依赖的路线单独地表现出来的，在个体发生（ontogeny）中，它们却汇合在一起了。

皮亚杰的步伐受实证主义哲学和机能心理学的影响，沿着生物进化方向解析认知过程，把认知结构演化的推动力归于生物力量（平衡），视社会文化为间接影响个体发展的次要的、外在的因素。维果茨基受到狄尔泰（Wilhelm Dilthey）以历史和文化为基础的人文科学观念的影响，在马克思主义哲学的指导下沿着人类历史发展的方向致力于心理、社会、历史的发生及其解释，强调社会语境在认知过程中的建构作用。两者的差别显而易见，但在一些重要分歧点的理解上又存在互补性。

基于行为的两种不同发展过程，维果茨基把个体心理发生和发展划分为低级心理机能和高级心理机能。前者包括感觉、知觉、不随意注意、形象记忆、情绪、冲动性意志、直观的动作思维，是消极适应自然的心理形式，伴随着有机体特别是神经系统的发展而发展，体现了自然发展的规律；后者包括言语思维、逻辑记忆、概念形式、随意注意和意志等，是在人类文化发展过程中由低级心理机能转变而来的。"在历史发展的过程中，社会的人改变着自己行为的方式和方法，并使其天生的素质和机能发生变化，形成和创造出新的行为方式——特殊的文化方式。"(斯米尔诺夫，1984：313)因此，高级心理机能本质上受社会发展的一般规律所支配。

上述关于心理机能的转变是在种系发生意义上说的，那么个体发生意义上的高级心理机能是如何产生及发展的呢？对此，维果茨基立足社会与个体在知识同构过程中的互动关系，提出了活动说、中介说、内化说以及最近发展区的概念。

1. 活动说

意识是人脑的机能，是客观世界的主观映像，这是马克思主义的基本观点。然而，20 世纪 20 年代的心理学领域，一半是不涉及高级心理机能的解释性的自然科学，另一半是只能描述无法研究人的内在的精神生活。人的高级心理机能是和意识同步发展起来的，"维果茨基研究高级心理机能的目的就在研究意识"（龚浩然，1985）。活动说运用单元分析方法把意识的事实加以物化，转换成客观存在的东西，为高级心理机能的研究开创了一条方法论上的新路径。

意识是各种高级心理机能的复合系统，两者的关系犹如有机体之于各种器官的活动，因此，维果茨基也称之为"心灵机体"。生物机体的结构性能表现为低级心理机能，不可能自然生发出由高级心理机能组成的"心灵机体"。在逻辑上，它只能来自人类种系创造的"特殊的文化方式"，也就是说，意识或高级心理机能的根源只能存在于人的社会生活中、人与人的交往中。

社会生活、人与人的交往是复杂的社会现象，如何把握这一社会现象？这一问题的答案需要从意识与高级心理机能的关系中去寻找。"心理的发展不仅表现为各种心理机能的变化，而且更重要地表现为它们之间的联系和相互关系的变化。各心理机能之间的这种联系和相互关系正是人的意识所特有的。"（杜殿坤，高文，2005：前言7）人的行为对应于各种心理机能，能够体现心理机能之间的联系和相互关系的只能是具有整体特性的活动。由此，维果茨基确立了研究意识的活动说。

活动说有一个基本的理论假设：人的心理过程的变化与他的实践活动过程的变化是同样的。维果茨基认为，意识是人在活动开始之前的活动结果的映象，是活动的内在形式。活动则是意识的客观表现。活动与意识是统一的：一方面，意识通过同外部客观世界建构的联系获得，活动决定意识的内容与形式；另一方面，意识对活动具有制约和能动的作用，并引起两者平衡关系的变化。

活动说主要立足于意识、高级心理机能与活动的辩证关系，中介说、内化说则进一步为活动说的运作机制提供了支持。

2. 中介说

中介指的是在质上能够改变低级心理机能的心理工具（mental means），是一些人为的刺激手段（stimuli means），维果茨基称之为符号（signs），如语言、号码、计数、图表、图纸、地图、艺术作品和各种各样的暗号等。在不同语境下，心理工具也被称为文化工具、文化中介、符号工具或认知工具，它们指的都是心理发展的文化中介形式。心理工具的表现形式主要有语言、思维、记忆、逻辑功能等，标志着直接的、自然的低级心理机能到间接的、社会的高级心理机能的转变。

维果茨基认为，心理发展本身的性质从生物的方向朝着社会历史的方向变化。在这一发展过程中，文化是影响人的心理发展的中介工具和决定性因素。文化既是社会历史的产物，也在社会实践之中不断地得到更新。它作为中介工具直接参与到心理过程中，促使心理机能从"自然"形式转变为"文化"形式。因此，心理发展应该被理解为对心理机能"自然"形式的改造和运用心理工具对心理机能的"文化"形式的掌握。

在掌握心理机能的"文化"形式的过程中，具有思维和社会交往机能的语言作为一种心理工具起着基础性的作用。在维果茨基看来，心理活动最基本的单位是语词的意义——词对现实的概括和反映。这说明，语言是思考与认知的工具，能够帮助儿童建构自己关于世界的知识，促进儿童认知的发展。此外，儿童总是凭借语言与他人相互交流、相互作用的。在这个过程中，个人建构社会，同时又为社会所建构。正是由于这种互动，外部世界才能够顺利地进入内在心理，实现社会文化的个体化。

3. 内化说

"内化指人们心理之间的过程向个人心理之内的过程的转化"（车文博，2001：237），也可以说是外部社会文化转化为个体内在心理结构的过程。转化的内容包括社会符号系统向内部语言的转化、社会人际交往关系向个性心理结构的转化，以及外部的实际动作向内部智力动作的转化等。

在个体发生中，动物生物进化和人类历史发展是汇合在一起的。内化说通过外部世界和内在心理的辩证关系在两者之间搭建了桥梁。架起这座桥梁的是这样一条"文化-历史"原则——"心理的发展，应当从历史的观点，而不是抽象的观点，不是在社会环境之外，而是在同它们的作用的不可分割的联系中，加以理解"（维果茨基，1997：中文版译序2），以及高级心理机能发生的一般法则——"任何一种高级心理机能在儿童的发展中都是两次登台的，第一次是作为集体的活动、社会的活动，亦即作为心理间的机能而登台的；第二次才是作为个人活动，作为儿童思维的内部方式、作为内部心理机能而登台的"（维果茨基，2003：12）。

"这种从社会的、集体的、合作的活动向个体的、独立的活动形式的转换，从外部的、心理间的活动形式向内部的心理过程的转化，就其实质而言就是人的心理发展的一般机制——'内化'机制。同时，这也表明内化的过程是一种转化的过程，而不是传授的过程。"（高文，1999）

内化的过程必须在人们的协同活动和人与人的交往中形成。当维果茨基把视界转到教育教学情境中的人际交往关系时，他通过研究发现，科学概念的发展比自发概念的发展更快，这一现象引导他提出了"最近发展区"的概念。

4. 最近发展区

维果茨基在研究儿童智力发展的过程中做了这样一个实验研究：选取两名儿

童作为研究对象，足龄都是 10 岁。在智力测试过程中，他们独立解出了难度适合 8 岁年龄标准的题目，未能独立解出更难的题目。由此判定，两人的智力发展水平为 8 岁水平。在接下来的追加研究中，研究者完完整整地告诉他们应当如何解题并让他们重复地做一遍，然后让他们停下来，向他们提一些引导性的问题。在这样的情况下，第一个儿童可以解出给 12 岁儿童解的题目，第二个儿童可以解出给 9 岁儿童解的题目（维果茨基，2003：454）。

这个实验研究的结果表明，智力发展处于同一水平的儿童在教师的引导下可以进行程度完全不同的学习。维果茨基把这种 12 岁和 8 岁之间、9 岁和 8 岁之间的差距称为最近发展区。"最近发展区是指通过儿童在成人的引导下或通过与更加聪明的同伴合作解题所确定的可能发展水平之间的距离。"（维果茨基，2003：455）这个距离就是儿童实际的发展水平与潜在的发展水平之间的差距。前者是指儿童独立解决问题时表现出来的心理机能水平（如实验中测得的 8 岁），后者是指在成人指导下或与同伴合作时表现出来的解决问题的水平（如实验中测得的 12 岁或 9 岁）。

最近发展区对智力的理解可以被称为智力的动态发展观。儿童的实际发展水平由已经成熟的机能、发展的成果来决定，是静态的；"最近发展区可以决定尚未成熟但已处于成熟过程中的机能，即明天就会成熟，今天处于萌芽状态的机能，这种机能不能称为发展的果实，但可以称为发展的花苞，也就是马上就会成熟的机能"（维果茨基，2003：455）。前者是对昨天发展的总结，后者是评价明天的智力发展。它带来了有关教学与发展关系的新认识：其一，动态学生观。以现实发展水平为下线的最近发展区是一个变动的区域。不同个体之间这个区域会有差异，同一个体在不同情境下也会出现变化。其二，发展教学观。最近发展区的存在要求教学面向那些正处于形成、尚未完全成熟的心理过程。也就是说，儿童学习是一个主动的过程，教学应该走在发展的前面，引导儿童的发展。

（三）建构主义的教学观

20 世纪 80 年代以来，沿着皮亚杰认知发展理论的路线，激进建构主义出现，沿着维果茨基文化历史理论的轨迹，社会建构主义风起云涌，并出现了激进的社会建构论（social constructionism）。其中，各流派的支持者都有众多的学科背景和视角，从而形成了当代多元化的建构主义思潮。

在皮亚杰认识发生论的基础上，激进建构主义的代表人物格拉塞斯费尔德（Ernst von Glasersfeld）认为，"所有知识仅仅存在于人的大脑之中，而且思考的主体只能在自我经验的基础上建构他的知识。我们根据自己的经验所做的一切独自地构成了我们有意识地生活在其中的世界"（张桂春，2002：46）。据此，激进建构主义提出两条基本原则："（a）知识不是由认知主体被动地获得的，而是积极主动地建构的。（b）知识的功能是适应并服务于经验世界的组织，而不是对本体论的客观现实的发现。"（张桂春，2002：46）

相对于激进建构主义，主张社会建构主义的学者更多，如沃茨奇（James V. Wertsch）、布鲁菲（Kenneth A. Bruffee）、康弗里（Jere Confrey）、鲍斯费尔德（Heinrich Bauersfeld）、库克拉（Andre Kukla）等。他们在肯定个体与社会统一的基础上，强调认识活动的社会性质，明确主张现实是人类活动建构起来的，知识是社会文化建构的产品，个体认知的发展是一个社会文化的内化过程，通过与他人及其生活环境的相互作用得以实现。因此，社会建构主义者重视个体所处的社会文化背景，关注社会意义的主体间性，强调社会共同体对于个体认知活动的规范作用。

社会建构论也强调社会对个体发展的影响，但在认识的来源上以彻底决裂的姿态试图超越内源论和外源论，撇开个体心理机能及外部世界，聚焦语言的认识论意义，进而对社会文化及其内化过程做出了更为激进的解析。社会建构论的代表人物杰根（Kenneth Gergen）认为，无论是知识还是知识的传播都表现为语言的形式，语言的合理性通过社会交换过程实现，语言的意义植根于特定的社会历史环境，通过社会性的相互依赖获得，也依赖于相应的情境脉络。因此，表现为文本等语言形式的知识是社会的，不存在于个体内部。个体总是以自己的方式解释文本的意义（辛自强，2006：48-49）。

穿越近半个世纪，建构主义众说纷纭，除了上面所提到的两个主要流派之外，还有美国教育心理学家布鲁纳的认知发展论、奥苏伯尔（David Pawl Ausubel）的有意义言语学习理论等，至今几乎没有一个关于建构主义的大家公认的概念界定，甚至出现了"在这个世界上什么是建构主义"的疑问。尽管观点各异，建构主义阵营论说的主题还是比较确定的，主要集中在知识的本质、知识的获取以及学习的本质等方面，并且存在一些共享的基本观点。从哲学层次上说，建构主义表现为一种认识理论；从教育心理学的角度来说，建构主义是一种学习理论。无论是认识理论还是学习理论，建构主义在成为主流思潮的过程中必然会影响教育教学理论及实践，形成关于教学的基本理念及操作模式。

1. 知识观

知识观解答知识的来源、存在形态及属性问题，由此可以逻辑地推演出相应的课程设计路径、课程形式及教学方式，是课程与教学哲学涉及的一个基本理论问题。

传统教学观持主客分立立场，将知识看作客观世界的反映，知识不仅存在于个体身上，还能够游离于生命体之外，以文本、图画等形式储存于书籍等载体之中。作为学习内容的知识自命具有真理的性质，与之相对应的是按知识逻辑体系设计的学科课程及授受式教学理路。

建构主义强调知识的建构性、动态性，以及知识形成过程的社会协商性，认为知识并不是对现实世界绝对正确的表征，而是人们在特定情境下，基于自身原有经验对现实世界的解释或假设。随着情境的转移、现实世界的变化，作为一种解释或假设的知识也会出现相应的变化。依据情境的适切程度，知识可划分为结构性知识和非结构性知识。前者是从多种情境中概括出来的基本概念和原理，具有内在逻辑关系；后者与具体情境直接关联，是不规范、非正式的知识或经验。结构性知识适切多种情境，承载于书籍之中的内容也只能被看成相关素材，需要个体在相应情境中通过与他人协商、会话、沟通完成意义的建构。在这个意义上，"知识不是被'发现'的，而是被'发明'的"（郑太年，2006）。

2. 学习观

建构主义学习理论以皮亚杰、布鲁纳和维果茨基的理论为基础，肯定个体的内部建构，也强调学习的非结构性、具体情境性以及社会性的相互作用，认为学习是在一定的情境下，即在社会文化背景下，通过人际的协作对话而实现的意义建构过程。细而言之，建构主义对学习做出如下的解释：第一，学习是学习者主动建构内部心理表征的过程，学习的结果包括结构性的知识和大量非结构性的经验背景，最终形成非结构性的知识体系；第二，学习是在具体情境中产生的，情境引发学习者对原有经验进行选择、重构，进而对新信息进行意义建构；第三，学习者以自己的方式建构对事物的理解，不同的人看到的事物具有不同的方面，通过合作使彼此的理解更全面、更丰富（郑深，2003）。

在学校情境下，建构主义视域中的学习不是由教师将现成的知识传递给学生，而是借助教师或学习伙伴的帮助，学生主动地以自身原有知识和经验为基础进行意义建构过程。基于对学习环境中的情境、协作、会话与意义建构四大要素的认识，建构主义倡导合作学习、探究学习、反思性学习，以及情境性的学习、问题导向的学习、基于案例的学习、社会性的学习、内在驱动的学习等。从中可以看到，相对于传统的学习理论，建构主义学习的重心实现了从"外部输入"到"内部生成"、从"个体式"学习到"社会化"学习、从"去情境"的学习到"情境化"学习的转变。

3. 师生观

知识的动态性、情境性决定了学习者意义建构的多元化，以及学生在教学过程中作为知识主动建构者的主体角色。我们可以从两个方面理解建构主义教学观的主动建构：一是内在的主动建构，二是外显的主动建构。知识形成的同化、顺应或内化过程是认知结构的改变、文化形态的转化，是学习主体内部认知新质的生成，这种改变、转化和生成需要已有经验的参与，主要依靠内部力量的驱动。因此，动态的知识本质上是学习者内部认知（心理）主动建构的过程。同时，内在的主动建构需要一些外部的条件，如特定情境中的信息材料、人际心理关系等。哪些信息材料能够进入学生注意的界域并与已有知识经验相联系，以怎样的心理姿态介入人际交往关系之中？这些与学生如何进入相关情境以及在情境之中的投入状态直接相关。主动参与、全身心投入能够创造知识内在建构所需的良好的外部条件，学生在教学过程中应该是主动参与者。

知识的主动建构确立了学生在教学过程中自在的主体地位。传统教学视学生为知识的接受者，虽然关注到学习兴趣和个性特征，但目的是使学生更有效地理解、接受普适性的知识，虽然承认学生的主体地位，但必须在教师主导的框架之内，将知识传授给学生。建构主义确立的学生主体地位源于知识的属性及认识的机制，是自在的。也就是说，在教学过程中，学生本来就处于主体地位，这并非教师或管理者的恩赐。

在不动摇学生主体地位的前提下，教师所处的地位自然就取决于对学生的知识建构具有什么样的促进作用。认知发展理论赋予教师促进者的身份；文化历史理论、最近发展区理论肯定教师合作者、帮助者、指导者的角色。在建构主义教学过程中，教师首先要考虑的是学生参与学习活动的状态。为此，首先，教师要了解学生拥有的背景知识、认知兴趣及解决问题的能力，创设适宜学生最近发展区的情境，激发学生内在的学习动机，引导学生积极主动地参与到学习活动之中；其次，教师要组织并指导学生之间开展协作与会话，如开展小组合作、主题研讨、汇报交流等，帮助学生创设知识建构所需的外部条件；最后，教师要置身于情境中，提示相关信息材料及其与已有经验联系的线索，帮助学生分析面对的问题，促进学生对意义的主动建构。

概而言之，建构主义教学观以知识的建构性为基础，立足学生的主体地位，强调以学生为中心，重视教学中师生之间、生生之间的相互作用，倡导促进意义建构的随机通达教学、抛锚式教学、支架式教学，实现了知识建构与创新能力培养的一体化，无论是在理论层面还是在实践层面，对当代教育教学改革都具有不可替代的指导意义。

（四）建构主义的变革意蕴

当代很多哲学、社会学、教育心理学的流派中都有建构主义的身影。一些学者从各学科领域析出建构主义思想，这些思想历经碰撞与交融，虽然分歧依然存在，却已汇聚成为当前社会科学领域主流的理论思潮。在当今大变革的背景下，建构主义为什么能够脱颖而出并引领社会科学诸领域的发展趋势？品味建构主义涉及的图式、顺应、同化、中介、内化、情境、相互作用等一系列建构性质的基本概念，统贯其间的变革意蕴很好地回答了这个问题。

建构主义的内在变革意蕴首先表现在对知识属性的理解上，即知识是个人基于原有经验对现实世界的解释，是在特定情境下的认识。与知识的动态性、情境性相对应，知识的生成过程通过顺应、同化、内化的机制实现。这一"个人关于实在的观念"与真理、客观性等传统概念直接冲突，适应了基于技术经验的工业社会向充满人文关怀的知识经济时代的转变。尽管工业社会有技术创新的要求，创新的主体在多数情况下却局限于少数的社会精英，成果的客观性、普适性是其广泛应用的基础，与此相对应，人们维持着传统的静态、客观的知识观。在知识成为生产力基本要素的时代，社会实践中的每个主体都以不同的方式参与到文化创新的行列之中，动态建构的知识观顺应了"草根"社会文化创新时代的要求。可以说，建构主义知识观是当代社会变革、文化变迁在哲学、社会学领域的反映。

知识的个体、动态、情境属性不仅厘定了现实文化的特征及其内化过程，同时也演绎出历史文化传承的变革意蕴。历史文化是前人在他们的时代及社会实践情境中"发明"、创新并逐步汇聚起来的结构性知识。孕育了前人结构性知识的情境对于后人来说已经时过境迁，因此，呈现在后人面前的历史文化变成了相关信息或材料。个体置身于特定的现实情境（或模拟的历史情境）中，基于已有的经验解释这些信息或材料，从而形成自己的结构性知识。学生获得历史文化知识的过程是这样，教师同样如此。但是，在社会快速变化的背景下，这一过程中师生所处的现实情境、原有经验的差异不仅是个体间的，还铭刻着时代的烙印。以此重新审视历史文化的传承，教学不再是知识经验的传递，而是教师帮助学生创设适宜的情境、提供必要的信息或材料，促进学生原有经验和信息或材料的整合，即形成自己对相关信息或材料的解释。

历史文化传承的建构性质重塑了教育教学理念，同时也推进了当代教育教学实践的变革。课堂历来都是文化传承的圣地，课堂教学自然成为教育教学实践变革的主战场。传统课堂模式是"教师→知识→学生"的单向授受模式，教师系统讲授、学生听讲记诵成为最基本的教学方式，有效的教学程式可以被普遍采用。其间的师生互动、学生学习"主体"地位的发挥都是服务于授受成效的。建构主义的课堂教学结构则是如图 3-1 所示的结构。

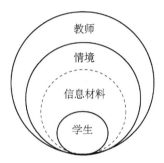

图 3-1　建构主义的课堂教学结构

图 3-1 表示，在建构主义的课堂里，教师的主要任务有三个：一是创设适宜学生的学习情境；二是提供信息或材料和相关线索；三是帮助学生将已有经验与信息或材料结合。其中，第一和第三个任务都是不确定的，体现着教师的教学智慧。课堂教学中知识形成的新格局也意味着教学方式的变化，信息或材料的选择与内化所需要的自主、人际协作的合作形式、知识形成所关涉的探究成为课堂中基本的学习方式。

建构主义的教学变革意蕴除了教学观念及课堂教学的变化之外，还表现在课程设置、教育教学管理以及教师专业发展等方方面面。当我们感受到它对教育变革的推动力时，一些学者也清醒地意识到它所存在的问题。首先，建构主义理论带有相对主义和主观唯心主义色彩，某些主张是比较极端的。建构主义理论的偏颇之处主要表现在以下几个方面：为了突出主体性而全盘否定客观性；强调知识的建构、动态性质，否定间接经验和客观知识的存在；强调意义建构的同时，忽视知识学习中外部技能的训练；在具体与抽象、结构性与非结构性、确定性与非确定性、特殊性与一般性等关系的认识和处理上，远离本质、规律和一般；提倡情境性教学，轻视概念的抽象和概括，忽视"低级学习"阶段（周国萍，2003）。其次，建构主义教学存在文化情境的适切与转化问题。目前，建构主义在指导我国教学实践变革过程中存在很多需要改进的地方，如学生缺乏意义建构的自主学习意识，在知识建构过程中缺乏目标建构的科学性，在意义建构计划制订过程中缺乏优秀教师的指导，缺乏意义建构的必备学习资源，存在社会文化背景的局限性等（王立霞等，2003）。这些现实问题一方面缘于教师未领悟建构主义教学的真谛，或教学经验不足以支撑建构性质的教学，另一方面缘于建构主义的水土不服。建构主义产生与发展的社会文化背景与我国的社会文化有很大的差异，也就是说，在我国文化情境下，建构主义的意义是需要重新建构的，缺少了这个转化环节，现实中的建构主义教学本质上不是我国的建构主义教学实践，一系列现实问题的出现也就不可避免了。

三、后现代主义知识观

后现代是相对于"现代性"（modernity）而言的文化层面的概念。相应地，后现代主义知识观是对现代知识观的批判与超越。

（一）现代、后现代与后现代主义的含义

在英语等西文中，"现代"（modern）通常泛指西方文艺复兴以来、以 17 世纪的产业革命为标志的整个资本主义时代，是在理性精神指引下走向商品化、城市化和官僚机构化的过程。现代性则是与之相对应的现代文化的秉性——理性。它通过科学技术、消费方式、交往形式、官僚体制、意识形态等存在于人们的日常生活之中。

理性的概念源于古希腊语的逻各斯（logos），最早使用这个词的赫拉克利特（Heraclitus）认为，"逻各斯是支配着包括自然世界和人类世界在内的宇宙的普遍规律，该规律不以时间和空间的变化而变化"（郝苑，孟建伟，2012）。人类的智慧可以超越自身的有限性而把握宇宙间的各种规律，能够通过言说进行人际的理性交流。

现代文化的理性基调形成于 14 世纪中叶到 16 世纪末期的文艺复兴以及 17 世纪和 18 世纪的启蒙运动。文艺复兴是一场反对中世纪神权、否定封建制度及意识形态、弘扬资产阶级文化的思想解放运动。古希腊的逻各斯把世界本原描述为"一团永恒的活火"，从根本上否定神创世界的传统观念，成为文艺复兴的思想之源，也为以人为中心的人文主义精神提供了形而上的依据。沿着人文主义者的思想路线，启蒙思想家高举理性的旗帜，力图以经验+理性的思考建立宗教之外独立的知识系统，提出一整套哲学理论、政治纲领和社会改革方案，要求建立一个以理性为基础的社会。在理性社会建立之后，在机器大工业生产条件下，成为生产力的知识和科学在社会文化中逐步占据统治地位。反映到哲学领域，笛卡儿（Rene Descartes）把数学思维方式引入哲学开创理性主义哲学，康德（Immanuel Kant）、

黑格尔（Georg Wilhelm Friedrich Hegel）以自然科学理路思考哲学问题并形成德国古典哲学，它们与洛克（John Locke）等人的经验主义、孔德（Auguste Comte）的实证主义等哲学思想一道构筑起了彰显主体性、充盈理性精神的近现代哲学。科学思维方式、知识的客观性标准溢出自然科学的领域，蔓延到社会与人文科学领域。

现代性的文化充满革新和活力，同时也带来了有违其初心的一系列问题。当科学成为改造自然的利器之后，自然资源日渐枯竭，环境问题日益突出；当科学成果用于人际纷争的时候，成千上万人的生命陨落，诸如核危机、化学武器等问题到今日依然威胁着人类自身的生存。当理性追求达成自满自足的理论体系、实现了社会行为的法制化时，自由精神演化成了精神的僵化，生活世界也失去了往日的温情。当主体性的张扬走近人类中心主义，为人所用的"主体性"被抹杀并反而被自然所奴役。当知识、科学与外在权力相结合时，权威僭越知识的客观标准，知识不再客观和纯粹。就在现代社会凭借科学、理性力量勇往直前近乎驱离了人性之际，后工业社会、知识经济时代的来临使人们注意到了一直以来隐含于现代之中、有悖于科学和理性精神的另一种声音——人文的回归与非理性的呼喊。它贯穿现代化的整个过程，始终回荡在自然、社会和人文等各个领域，并最终汇聚成为一股强大的文化思潮——后现代主义。

后现代主义最初指称建筑学领域背离和批判现代主义设计风格的倾向。这一抛弃普遍性、批判现代性的倾向显现于文学、艺术、美学、哲学、社会学、政治学、自然科学等诸多领域之后，被用于指称一种广泛的情绪而不是任何共同的教条——一种认为人类可以而且必须超越现代的情绪（格里芬，1995：英文版序言20）。

在哲学领域，后现代主义哲学一般是指具有反西方近现代体系哲学倾向的思潮。以德里达（Jacques Derrida）、福柯（Michel Foucault）、巴尔特（Roland Barthes）为代表的后结构主义，以伽达默尔（Hans-Georg Gadamer）为代表的哲学释义学，以美国奎因（Willard van Orman Quine）、罗蒂（Richard Rorty）为代表的新实用主义等，或消解和否定传统西方现代哲学的基本观念，或取代和超越基于主客二分的传统认识论，表征了后现代主义哲学思潮的主要流派。利奥塔（Jean-Francois Lyotard）和罗蒂公开打出后现代旗号，把后现代主义哲学摆到了世人的面前，它虽然至今尚没有一个完整的理论体系，但增添了西方近现代哲学转向的意味。

后现代主义哲学家来自不同的哲学流派，虽然后现代理论各有特色，但后现代主义者必然拥有共同之处，拥有后现代主义的一些基本特征：批判传统的"主体性"；批判理性至上主义；批判"二元论"为思想前提的传统形而上学；批判以客观、普遍性为标准的同一性思维模式；追求自由生活的彻底实现（张世英，2007）。这些特征在后现代主义知识观中得到了集中的体现。

（二）后现代主义知识观的含义

利奥塔在《后现代状况》中开宗明义，后现代主义的领域是后工业时代的社会和后现代文化的知识状况。也就是说，作为一种超越现代的情绪，后现代主义孕育在现代文化的母体之中，伴随着现代化过程的展开逐渐成形；作为一种清晰的文化思潮，仿佛一个来到这个世界的新生儿，后现代主义诞生于从 20 世纪 50 年代开始的后工业社会；之所以到了后工业社会后现代文化思潮才变得清晰可辨，直接的原因无疑是知识状况的改变。

在后工业社会，知识进入了信息化、商品化状态。一方面，借助计算机和网络技术，通过话语方式的转化，知识成为可以操作、可以高度共享的信息，知识的储存方式和表现形态发生变化。另一方面，建立在智能化工具基础上的信息化生产力实现了知识的商品化，知识具备了使用价值，人们可以为了出售知识而生产知识，为了维持生产而消费知识。知识的创新也不再局限于科学家、理论工作者和专业技术人员，而是扩展到了每一个社会成员。知识状况的这些变化反映在后现代主义文化中，表现为对工具理性知识观的批判与否定以及对多元文化的推崇。

工具理性的知识观把知识科学化，以科学知识的标准和属性度量包括社会与人文领域在内的所有知识，把知识与科学视为社会进步最重要的手段。后现代主义者从质疑知识的客观性、中立性和普遍性等特性入手从根底上颠覆了现代的科学知识观。

知识的客观性是指主体的认识经验与事物本身的属性、事物间的内在关系相符合的特性。两者是否相符合需要通过检验，被感觉经验所提供的证据所证实。经过检验和证实的知识被认为是普遍有效的。知识的中立性也称价值中立、文化无涉，认为知识是理智的产物，只与事物本身的客观属性以及认识者的理性能力相关，与所处的文化情境、认识者的需要和情感没有关联。知识的客观性和中立性演绎出普遍性，即客观的、中立的知识以及生产、辩护知识的标准可以超越社会和个体条件的限制，能够被所有认识者普遍地接纳。

针对知识的客观性，后现代主义者质疑：认识对象是独立于认识主体的主观意志而自主、自在的客观存在吗？如果是这样，如何解释只有其中的一部分实体或事物才成为认识对象？显然，客观存在的实体或事物只有引起认识者的注意才可能凸显出来成为认识对象。能够引起认识者注意，说明客观的实体或事物满足了认识者的需要，或与认识者原有的经验相关，其成为认识对象之后就已经被打上了认识者的印记，不再是自主、自在的客观存在了。认识对象主观的一面意味着知识不仅与事物的客观属性以及认识者的理性能力相关，还与所处的文化情境、认识者的需要和情感直接相关。如此，知识的绝对客观性和中立性被否定，由客观性、中立性演绎出来的普遍性自然就不成立了。

在批判、否定知识客观性、中立性和普遍性的同时，后现代主义者阐释并力主知识的文化性、价值性和境域性。

知识的文化性是指主体的认识经验与所处的文化传统、文化模式相关联的特性。"知识从其生产的整个过程来说都不可避免地受到其所在的文化传统和文化模式的制约，与一定文化传统和模式中的价值观念、生活方式、语言符号乃至形而上学信仰都不可分割，因而是'文化涉入'的而非'文化无涉'的，是有一定的'文化限域'而非'跨文化的'或'超文化的'。"（石中英，2001a）知识的价值性是指所有知识的生产、传播及消费都与主体或社会的价值需要直接相关。"知识供应者与知识使用者之间的关系，以及他们与其供应和使用的知识之间的关系，现在正越来越倾向于采用商品生产者和商品消费者之间的关系，以及他们与其生产和消费的商品之间的关系已经采用的形式——价值形式。"（Lyotard，1984：4）知识的境域性包括两层意思：其一，任何知识都存在于一定的时间、空间、理论范式、价值体系、语言符号等文化因素之中；其二，任何知识的意义既由其本身的陈述形式来给定，也由其所位于的整个意义系统来赋予（石中英，2001b：151）。也就是说，脱离了特定的境域，也就失去了认识主体和认识行为存在的条件，自然不可能形成认识经验。

（三）后现代主义知识观的教学变革意义

后现代主义是西方资本主义后工业化的产物，但它所称的信息社会及其知识状态也反映了我国当前社会发展的形势。对工具理性的批判有助于我们规避西方工业化过程中出现的诸多问题；同一性、普遍性转向差异性、境域性，动摇了传统西方文化霸权的根基，进一步支持了中国特色社会主义道路在西方文化视域中的合理性。后现代主义知识观推进了信息社会的教育改革，也对我国的课程与教学改革提供了强有力的支持。本节站在教学实践变革的立场诠释后现代主义知识观的教学变革意义。

1. 多元融合的知识教学观

现代知识观与后现代主义知识观的差别可以用"一"和"多"加以概括。现代知识观追求的"一"泛指一般、普遍和整体性，表现为概念、命题、真理、规律等；后现代主义知识观追求的"多"指的是个别、特殊和多样性，表现为感觉、知觉、现实、意义等（陈嘉明，2007）。多元融合的知识教学观就是知识观从"一"转向"多"在教学哲学领域的体现。以差异为前提的多元观"建立在多元文化理解的基础上，把学生从理性禁锢下解放出来，拒斥对知识的同质理解，走向宽容、生成、开放、自主建构、回归多元丰富、内在创造、差异融合的教学生活世界"（龚孟伟，2008）。它包含以下几层意思：一是多元文化的融合。在肯定地方文化、民族文化以及非理性经验具备知识属性的基础上，它以知识的差异为起点，立足具体的情境，追求多元知识有机的联系及完整化，倡导以多元文化理解教育。二是对特定文化意义多样性诠释的融合。后现代主义知识观追求意义的多样性、不断可生成性和解释性，视差异与多样性为文本诠释的本有目标。这就导致每一个人对文本都有自己的诠释。通过师生间、伙伴间的平等对话、合作理解，学生对文本意义的诠释就会更全面，这是一种视界的融合。三是知识世界、生活世界与生命世界的融合。知识的文化性、情境性加强了知识世界与生活世界的联系；知识的使用价值、人文价值关注知识教学的实践理性、解放理性，回应情感世界的诉求，其中有着强烈的对生命的关怀。

多元融合的知识教学观赋予学校文化、地方文化、民族文化与公共的科学知识文化平等的地位，一方面支持了校本课程、地方课程的开发，另一方面引领了国家、地方、学校三级课程综合化的趋势。这对以综合课程为主的小学教育阶段的课程与教学具有直接的指导意义。此外，多元融合的知识教学必然带来教学范式的转变，为教学变革留下广阔的空间。范式的转变对教师提出了新要求，需要教师形成与之相适应的观念及能力，这也带来了教师专业发展在广度和深度上的新变化。

2. 知识创新的教学模式

新理论、新技术的生产是知识的创新，新的创意和设计同样是知识的创新，建立在批判基础上的多元文化的融合、对知识意义的个人诠释也是一种知识的创新。知识的文化性和情境性表明，知识教学不是一个单纯的传递过程，也不是简单地传达教师的诠释，而是结合特定情境，融合文化传统和模式，学生做出自己的意义诠释。因此，知识教学本质上是学生个体知识创新的过程。

"后现代知识的增长越来越倾向于采用'综合的'与'合作的'增长模式，越来越冲破学科的知识界限和组织界限，成为一种跨学科乃至跨领域的活动。"（石中英，2001c）在创新社会条件下，社会个体成员的知识生成方式总是与社会文化的增长方式相一致的。这就要求教师在知识教学过程中培养学生的批判意识、创新意识、综合意识、合作意识，实现从知识授受到知识创新的教学模式的转变。

在我国课程与教学改革过程中出现的反思性教学、合作性教学、情境性教学等是具有代表性的知识创新教学模式。反思性教学强调运用批判的态度和方法反观、剖析自身的思想与行动，引导学生审视学习背景、检验并修正已有的知识及假设，这实际上是学生新知不断生成、批判与创新能力持续提升的过程。合作性教学通过相互之间的交流、对话、质疑、协商使自身的意义诠释更全面，这些合作的方式与信息社会的知识增长模式契合，是知识创新需要具备的基本条件。情境性教学以我国古代文论中的"意境说"为理论基点，创设"形真、情切、意远、理蕴其中"的教学情境、校园情境、活动情境和家庭情境，促进儿童的整体发展。这些教学模式或彰显后现代理念，或与知识的情境性诉求不谋而合，都能从后现代主义知识观中获得进一步发展的有益的思路。

3. 基于视界融合的师生观

师生观是关于师生在教学过程中所处地位的认识。

基于工具理性的知识观，知识是科学的、可证实的及普遍授受的，知识教学就是把客观、普适的知识传授给学生。在授受教学模式下，教师闻知在先，担负传授知识的职责，是知识的传递者、解释者以及教学活动的组织者。为了提高知识授受的效果，教师还充当学生学习动机的激发者、学生学习成效的评价者以及评价信息的反馈者。学生则是知识的接受者，接受的知识被要求尽可能长时间地保存起来以备随时提取和应用。在这样的教学过程中，教师就是社会的化身、真理的化身，拥有绝对的权威和控制权，学生是受控者、被塑造者。

后现代主义批判知识的客观性和普遍性，强调知识的文化性、境域性，认为知识是多元的、动态变化的，个体在不同文化背景和情境之下对同一对象会有不同的认识，这就消解了知识的权威性，也消解了教师的权威。在知识创新的教学模式下，对文本的意义诠释因人而异，教师的诠释建立在自身的文化境域之下，学生也基于自身的文化境域生成意义。他们生活的年代不同，经历不同，甚至生活方式也存在差异，意义的诠释或假设也就有了不同的视界。教师视界与学生视界的融合、学生之间视界的整合将进一步生成更全面的诠释或假设，其间，学生必然亲历知识的形成过程，获得形成知识的方法。

视界融合的过程是对话、讨论、合作的过程。对话既包括师生视界与文本视界、作者或创生者视界、编者视界间的对话，也包括教师视界与学生视界、学生之间视界的对话；讨论是围绕某一主题各抒己见，在意见迥异的情况下经过协商找到多数人认可的解释或看法；合作指向一个共同的任务或目标，强调运用团队的智慧应对、解决问题。视界没有优劣之分，因此教师与学生是平等的。在追求视界融合的过程中，"教学过程成为师生主体间、生生主体间交往互动达成理解的过程，教师成为教学'生态圈'的管理员，教师在教学传播中'成为平等中的首席'"（龚孟伟，2008），学生享有话语权利，成为知识创新的教学传播的中心。作为"平等中的首席"，"教师不要求学生接受教师的权威；相反，教师要求学生延缓对那一权威的不信任，与教师共同参与探究，探究学生所正在体验的一切。教师同意帮助学生理解所给建议的意义，乐于面对学生提出的质疑，并与学生一起共同反思每个人所获得的心照不宣的理解"（小威廉姆·E.多尔，2000：227-228）。

（四）后现代主义及其知识观的局限

后现代主义知识观的教学变革意义体现了其建设性的一面，但是，如果课程与教学实践完全按照它的要求去做，其结果是不可想象的。我们需要清醒地意识到它的局限性，明辨哪些是消极的、需要克服的，哪些是极端的、需要框定适切范围的，哪些是积极的但需要意义再诠释的。这是摄取后现代主义知识观营养成分的前提条件。

后现代主义是西方文化界对资本主义现代化过程中理性主义偏执的否定，以及对后工业社会情境下多元、主观、草根文化的赋值与授权。"后现代主义的根本问题是过于偏激，对于现代主义采取了完全否定的态度，把自己和现代主义看作是完全对立的两极"（冯俊，1997），在理性和非理性、总体性思维和局部性思维、横向思维和纵向思维、同一和差异、确定性和不确定性、结构和解构之间，否定前者，选择后者，与现代工具理性一样存在非此即彼的局限性。没有了客观、确定性的现代理性文化的基础，不确定性的、零散化的知识只是无根的浮萍。

如果说后现代主义的偏激和极端尚可以理解为对文化取向、知识属性另一面的强调，那么从方法论上反对辩证法和历史唯物主义，主张相对主义和无政府主义就不只是局限了，而是需要高度警惕的消极因素。它重批判和消解，轻重建和有序，把科学文化领域追求的真理视为一种游戏而完全虚拟化，它很可能使社会进入不确定的无序状态，对教育而言，"作为现代神话中塑造人类心灵的园圃，学校和图书馆将成为历史遗迹为寻梦的现代主义者所凭吊，网络终端最终取代了昔日它们的显赫地位"（余凯，1997），最后的结局不是超越现代，而是带着超越现代的情绪进入莫衷一是的文化洪荒、无所适从的碎片化的后现代。

基于我国社会发展及文化背景解读后现代主义，首先需要明确以下几点：其一，改革开放以来，虽然我国社会发生了巨大的变化，已经成为世界第二大经济体，但目前还处于经济投入结构、排放结构、产业结构转型的现代化过程，是工业化社会、信息化社会的叠加，现代化的社会特征占主流，科学理性依然是社会发展最重要的驱动力量。其二，我国现代化过程伴随着科学知识观的确认和强化，因为有西方不具备的以"道"为核心的传统文化的缓冲，少了自然主义和客观主义的偏执。后现代主义所要批判和否定的理性主义、中心主义、唯科学主义在一定程度上有所体现，这些文化倾向越过了合理的界线趋向极度的时候，东方文化的制衡能够阻止它们走得更远。其三，我国的现代化道路是中国特色社会主义，以马克思主义思想作为理论基础的现代文化与西方资本主义社会的文化在性质上是不同的。概而言之，我国当前的现代化过程中不具备后现代主义思潮泛滥的社会基础和文化土壤，即便在未来进入后现代阶段，或许也需要深刻的理论反省，但肯定是中国特色后现代思潮。

在非确定性知识观的影响下，后现代主义要求消融学科之间的边界甚至取消学科本身，主张教师和学生共同开发、制定松散的课程结构，通过对话以非线性求知方式获取最全面的知识。这些主张过于极端和理想化。因为后现代主义用知识的非确定性和主观性否定并取代知识的确定性和客观性，在课程与教学上必然颠覆静态、预设的课程以及统一教学的课堂模式，进入与现代学校教育教学完全相反的轨道。它追求个体的经验性和独创性，却消解了知识创新的基础。以它指导的教育教学改革不是超越现代教育，而是理想化的自由文化乐园。

离开相对主义，以辩证的、历史唯物主义的视角肯定知识的非确定性和确定性、主观性和客观性相生相成的关系，把确定性和客观性作为认识的基础，以非确定性和主观性看待个体知识的生成过程及知识的发展趋向，后现代主义知识观及教育教学观就能够找到自身合理的界域，成为推进课程与教学内在变革的一股积极力量。

第二节　立论基点：马克思主义的实践观

杜威的教育理论、建构主义理论以及后现代主义知识观强调经验的重组或改造，关注知识的意义建构，倡导多元融合与知识创新。这些具有变革性意义的现代或当代教育学、心理学、哲学理论都是变革性教学理论的源泉。当然，变革性教学理论还有另一个源头——教学实践。我们在摸着石头过河的时候，仅有河中石头提供的指示是不够的，还要了解河流地貌、认清河水深浅，从而选定合适的过河路线。同理，变革性教学实践不仅需要相关的支持理论，还需要回答教学实践本体与性质的理论基础——变革性教学的立论基点。

在中国革命、建设和改革过程中，马克思主义基本原理与中国实际相结合，形成了毛泽东思想、邓小平理论、"三个代表"重要思想、科学发展观、习近平新时代中国特色社会主义思想，引领我们实现中华民族伟大复兴的中国梦。经过 10 多年的努力，今天我们已经建立起 21 世纪中国特色基础教育课程体系，但是，与教育改革实践相对应的教育变革理论的建设依然任重道远。行进于中国特色社会主义道路，我们的教育变革理论也必然是具有中国特色的——立足马克思主义哲学与中国传统、现代文化相结合的理论基础之上。具体到变革性教学实践，马克思主义的实践观无疑具有科学的指导意义。

实践是马克思主义哲学最核心、最基础的范畴，实践观是马克思主义哲学的基石。但是，马克思在其经典著作中并没有对实践做过全面、明晰的界说，更没有直接指向"教育实践"或"教学实践"。这就需要我们在解读马克思主义实践观基本内容的基础上把握它的精髓，运用其实践的思维方式思考并确立变革性教学理论的基点。

一、实践的内涵与形式

（一）实践的内涵

马克思主义哲学认为，"实践是主体能动地改造客体的对象性活动，是人存在的方式"（高惠珠，黄福寿，2003：32）。它蕴含以下几层意思。

其一，实践是作为对象性存在物的人的对象性活动。"动物和自己的生命活动是直接同一的。动物不把自己同自己的生命活动区别开来。它就是自己的生命活动。人则使自己的生命活动本身变成自己意志的和自己意识的对象。他具有有意识的生命活动。这不是人与之直接融为一体的那种规定性。有意识的生命活动把人同动物的生命活动直接区别开来。正是由于这一点，人才是类存在物。或者说，正因为人是类存在物，他才是有意识的存在物，就是说，他自己的生活对他来说是对象。"（马克思，2000：57）简言之，人能够把自己和自己的生命活动区别开来，把自己的生命活动当作意识的对象，所以人是对象性的存在物。"说人是肉体的、有自然力的、有生命的、现实的、感性的、对象性的存在物，这就等于说，人有现实的、感性的对象作为自己的本质即自己的生命表现的对象；或者说，人只有凭借现实的、感性的对象才能表现自己的生命。"（马克思，2000：105-106）对象性的活动就是凭借现实的、感性的对象表现自己生命的活动。

其二，实践是人有意识、有目的的创造性的活动。"动物仅仅利用外部自然界，简单地通过自身的存在在自然界中引起变化；而人则通过他所作出的改变来使自然界为自己的目的服务，来支配自然界。这便是人同其他动物的最终的本质差别。"（马克思，恩格斯，1995a：383）马克思、恩格斯关于人与动物区别的论述告诉我们，动物的生存方式表现为自身本能的、适应性的生命活动，人的生存方式则是一种有意识、有目的的创造性的生命活动——通过改变自然创造有利于自身更好生存的人化世界。马克思在《资本论》中对此作了进一步的阐述："最蹩脚的建筑师从一开始就比最灵巧的蜜蜂高明的地方，是他在用蜂蜡建筑蜂房以前，已经在自己的头脑中把它建成了。劳动过程结束时得到的结果，在这个过程开始时就已经在劳动者的表象中存在着，即已经观念地存在着。他不仅使自然物发生形式变化，同时他还在自然物中实现自己的目的，这个目的是他所知道的，是作为规律决定着他的活动方式和方法的，他必须使他的意志服从这个目的。"（马克思，恩格斯，1979a：202）劳动结果在劳动过程开始时"已经观念地存在着"，这是区别于客观世界的另一个世界——主观世界。实践就是主观见之于客观、目的见之于对象的能动活动。

其三，实践是人特有的存在方式。人的存在方式主要以生命活动的形态表现出来。首先，实践体现了人的生命活动的性质。在实践过程中，人把自己的生命活动作为对象，有意识地按照"内在固有尺度"改变自然，创造出满足自身需要的人的世界。其次，实践促使人的生命从完全被客观自然支配的地位中获得了某种自主的本性，促成了人的生命的自我分化。"人作为对象性的、感性的存在物，是一个受动的存在物；因为它感到自己是受动的，所以是一个有激情的存在物。激情、热情是人强烈追求自己的对象的本质力量。"（马克思，2000：107）这里的"有激情的存在物"不再是本能意义上的生命，而是支配本能生命的生命。如果把前者称为"种生命""自然生命"，那么后者就是人的"类生命""文化生命"。最后，实践实现了主观世界与客观世界的统一。通过实践，一方面，人在客观对象上打上了自身的烙印，在人的目的、力量对象化的同时确证了自身的本质力量；另一方面，客观对象的属性进入人的主观世界，人自身也不断地生成新的自己。换句话说，人在改造客观世界的同时反过来也改造了自己。

概而言之，人既有物种规定的本能生命，又有自己创生的自为生命；实践确证了人的能动性存在，确证了人是有意识的存在物，确证了人的生命活动的创造性，统一了主客观世界，表明人的现实本质是社会关系的总和。因此，实践表征了人类的存在方式。

（二）实践的形式

人类在创造性的生命活动之中，首要的是获取生存所必需的物质资料。自然世界自身不会主动为人类提供所需要的资料，人类只有通过改造自然世界才能获得生活资料。"人们为了能够'创造历史'，必须能够生活。但是为了生活，首先就需要吃喝住穿以及其他一些东西。因此第一个历史活动就是生产满足这些需要的资料，即生产物质生活本身"（马克思，恩格斯，1995b：79）。社会物质生产活动成为人类生存、人类历史与社会存在的第一前提，是人类最早的、最基本的实践活动。

生产实践处理的是人与自然的关系，即人能动地改造自然以获得生活资料。在改造自然的过程中，单个人的力量单薄，无法与强大的自然力相抗衡，于是，人们聚集成群，以群体的力量改变或改造自然，以便其为人所用。群体内人与人之间的关系、群体与群体之间的关系影响着群体力量的大小，直接决定着获取物质生活资料的质量和数量。因此，在生产实践过程中，人们必须维护有利于生产发展的社会关系，调整或改变不利于生产发展的社会关系。在复杂的社会关系中，与生产实践直接相关的生产关系是最基本的，此外还有政治、民族、伦理、亲属等关系。处理这些社会关系也是一项基本的实践活动。

在以技术革新为特征的机器大工业生产方式下，人类在处理人与自然的关系时越来越需要科学地认识自然。顺应这一客观需要，科学实验伴随着近代实验科学的产生和发展，逐步从生产实践中分离出来，发展成为以科学地认识世界为直接目的、为发展生产实践作准备的相对独立的社会实践活动。当人们在生产实践过程中涉猎新领域，遇到新事物、新问题，在自然环境下无法把握的时候，科学实验把它们从复杂的现象中隔离出来，通过特设的单纯的环境（科学实验室），排除偶然因素的影响，探明认识对象相关方面的属性或关系，得出准确可靠且具有普遍意义的科学知识，就能够推进生产实践活动的顺利进行。认识社会关系中的新事物、新问题很难通过设置实验室的环境加以研究，但是，"我们并不能认为正确处理社会关系和发展社会科学都与科学实验无关，我们改革生产管理体制，改革教育制度等等方面，都要进行典型试验，取得经验，然后推广，这种试验也应该认为是科学实验的一种形式"（肖前，1980）。

生产实践、处理社会关系实践和科学实验是实践的三种基本形式。除此之外，实践形式还有人的自身再生产实践、精神生产实践等，教育、医疗、艺术创造等也是实践的表现。实践是以物质生产实践为基础的、包含多种形态的总体性实践。

二、实践观的应有之义

无论哪一种理论都有时代的特征，铭刻着历史的烙印。站在不同的角度和高度，人们所看到的现象及其背后的内在联系也会有所不同。19 世纪的马克思、恩格斯在系统考察人类社会发展规律的时候找到了社会实践这把钥匙，由此洞悉了人的本质及个人全面而自由发展的奥秘。正如我国新民主主义革命和社会主义建设需要发展的马克思主义，21 世纪的教育教学实践也需要发展的马克思主义实践观的指导。依据历史唯物主义方法论，对马克思主义实践观做出符合时代特征的发展性的理解，是当代实践观的应有之义。

（一）两种基本的实践类型

马克思主义从实践出发理解人和世界、社会、历史，涉及对象性存在、对象性活动、客观世界、主观现象、社会关系、能动性等基本范畴。它们相互联系、相互作用，为我们呈现了这样一幅图景：人从动物界脱离出来之后，有了制作与使用工具的能力，于是，人类不再被动地依附于自然界，而是有意识、有目的地改变周围的环境，创造出适合自身生存的人的世界。把视角定格到人的世界，我们看到，"为了在对自身生活有用的形式上占有自然物质，人就使他身上的自然力——臂和腿、头和手运动起来。当他通过这种运动作用于他身外的自然并改变自然时，也就同时改变他自身的自然"（马克思，恩格斯，1979a：202）。人改造自然的同时改造了自身，两者循环往复，形成人类生存与发展的历史，"它作为形成过程是一种有意识地扬弃自身的形成过程。历史是人的真正的自然史"（马克思，2000：107）。我们发现，这幅图景中的人是处于社会关系中的人，能意识到自己的存在，是能动的主体；图景描绘的是人和自然之间物质变换的过程。根据这幅图景，长期以来，实践被界说为"改造客观世界的社会活动"，是"客观物质性活动"（高惠珠，黄福寿，2003：34）。

实践是改造客观世界的物质性活动，意味着实践的主体是具备改造客观世界能力的人。但从个人的角度看，人刚出生的时候只具备了物种规定的本能生命，还不具备自我意识，更谈不上改造客观世界了。一个仅仅有本能生命的个体还不是实践主体，不可能在改造客观世界的同时改造主观世界，需要通过教育这一改造主观世界的社会活动才能够获得实践主体所需的自为生命力。那么，教育是一种实践活动吗？对此，理论界有三种不同的观点：其一，教育不属于实践活动的范畴。在很长一段时间内，学者把实践对象仅仅理解为客观的物质对象，实践范畴包括阶级斗争、生产斗争和科学实验。教育要改造的是主观世界，被排除在实践范畴之外。其二，教育是实践的表现之一。这是当前我国哲学界主流的观点，即实践的形式是多样的，除了三种基本形式之外，教育活动、艺术创造也是改造客观世界范畴的实践活动。其三，改造主观世界的教育是"人之自我建构的实践活动"（鲁洁，1998）。相对于改造客观世界的实践，教育是另一种实践的类型。

明确提出两种实践类型的鲁洁教授认为，两种实践活动的确认与区分，是马克思主义题中应有之义。这一观点的主要依据是马克思区分两种观察和两种实践活动的相关论述。两种观察指的是"对自然界和自我意识的观察"。"意识的存在方式，以及对意识说来某个东西的存在方式，这就是知识。知识是意识的唯一的行动。因此，只要意识知道某个东西，那么这个东西就成为意识的对象了。"（马克思，恩格斯，1979b：170）"对象的否定，或对象的自我扬弃，对意识所以有肯定的意义（或者说，它所以知道对象的这种虚无性），是由于意识把自身外化了，因为意识在这种外化中知道自己就是对象，或者说由于自为的存在的不可分割的统一性而知道对象就是他自身"（马克思，恩格斯，1979b：170），因此，"正象一切自然物必须产生一样，人也有自己的产生活动即历史，但历史是在人的意识中反映出来的，它作为产生活动是一种有意识地扬弃自身的活动"（马克思，恩格斯，1979b：169）。通俗地说，人的历史奠基于对客观世界的改造，同时也存在意识把自身外化成为对象——知识，并返回到自我的活动，即主观世界改造的过程。前者改造的对象是现实的物，对于后者来说，"自我意识通过自己的外化所能设定的只是物性，即只是抽象物、抽象的物，而不是现实的物"（马克思，恩格斯，1979b：166）。

人的历史是人（实践主体）的类属性形成与发展的过程。从发生学的角度看，教育则是解决个体如何发展成为社会实践主体的问题。个体的发展存在两种状态，"一种是自然、自发状态下的发展，另一种是通过人的主观世界改造"，"自然、自发状态下发展的结果并不能满足人发展自身的要求。……教育实践的出现，表明人决心要按照他的目的——人的理想发展和存在来改变人的现实存在，改变人在自然、自发状态下的发展结果"（鲁洁，1998）。可见，人的历史中的主观世界的改造与发生学意义上的教育实践是有区别的。前者是基于改造客观世界的主观世界的改造，是具备类属性的实践主体改造自身的生命状态，实践对象表现为对象化的、外化的自我意识，有物性但只是抽象物；后者是为改造客观世界做准备的主观世界的改造，是具备类属性的实践主体改造未成熟个体的生命状态，使其拥有类水平的主观世界，因此，实践客体也表现为现实的物。在这个意义上，教育具备了实践的属性，是区别于改造外部客观世界的第二种实践类型——人能动地改造内在主观世界的社会活动。

（二）两种改造主观世界的实践

两种基本的实践类型都涉及主观世界的改造，但只有第二种类型的实践才能被称为改造主观世界的实践。原因很简单，第一种实践的对象是外部客观世界，主观世界的改变是改造客观世界的产物；第二种实践的对象则是内在的主观世界，目的在于使主观世界发生合乎实践主体预期的变化。

主观世界在个体层面表现为生命体的状态具备了现实的物性。因此，改造主观世界的实践通常是在个体层面上说的。人生而无知无能，每一个新生代的个体要成为社会实践主体，汇入人的历史，首先必须面对并跨越类与个体之间巨大的差距，使自身达到类生命的历史规定性，实现个体生命的成熟化。发生学意义上的教育就是解决这一问题的一种社会机制——改造未成熟个体主观世界的社会实践活动。学校教育的出现说明，教育从总体的社会实践活动中分离出来，发展成为一类独立的实践活动。

个体生命的发展除了成熟化趋势外，还有更高一级的完满化趋势。生命的完满化是个体在不懈地追求完满生命的过程中对自我生命的不断超越。正是基于对生命完满化的追求，类生命的现实水平才能够不断地超越历史水平，生成新的现实规定性。个体生命的完满、类生命的超越都是在实践主体范畴内说的，一方面要在本质力量对象化过程中确证自己，另一方面要在改造世界的过程中改造自己，在改造世界—改造自己—再改造世界之间循环往复以至无穷。在这个循环系统中，改造自己的状态取决于实践主体改造世界的方式。历史唯物主义把社会生产方式作为划分社会形态的依据，说明处于不同社会形态下的人改造自己的方式会有显著的差异。

在自给自足的传统农业社会，生产工具比较简单，生产力水平低下，人类主要凭借体能改造客观自然界。人类在很长的时间里维持着稳定的生产方式以及以家庭为生产单位的社会关系。人类的主观世界呈现出缓慢累积的态势。相对于几千年的累积过程，代际时段内的变化是如此细微，以至前后两代人的主观世界几乎处于同一水平。后一代人的主观世界达到前一代人的水平，也就达到了类生命的历史与现实水平。因此，改造主观世界的实践主要反映个体生命成熟化的趋势。

机器大工业生产的出现标志着人类社会实践方式的重大转变。相对于手工劳作，人们使用机器这一生产工具极大地提高了改造自然的能力。丰富的自然资源被开发利用，大批量的产品源源不断地被生产出来，极大地丰富了人们的物质生活。劳动者在生产流水线上形成分工合作的关系。更为重要的是，机器大工业生产建立在技术革新基础上。为了提高机器的性能和生产效率，获得更高的利润，人们需要创新技术，在改造新的或更复杂的客观对象时需要发明和研制新的机器。因此，机器大工业生产方式造就了科学技术的迅猛发展和社会生活方式的快速变化。类生命的现实水平明显超越历史水平之后，个体生命即使达到了类生命的历史水平，完成了成熟化，依然不能完全满足社会实践的新要求。这样，改造主观世界的实践除了生命的成熟化，也需要反映个体生命完满化的诉求。

进入后工业社会的知识经济时代后，每一个社会成员都进入文化创新的行列，大众创业、万众创新成为社会实践的常态。创新的社会生产实践不仅在量上丰富了主观世界，还不断地创生主观世界的新质。个体在创业、创新实践中改造自己，大众创业、万众创新则改造了社会。在社会生产日益专业化、社会文化日益多元化的创新社会，个体与社会之间主观世界更新的幅度存在明显的差异。这说明，在个体层面，社会实践主体的主观世界如果只是在改造外部世界的过程中得到改变，已经不能满足主观世界的现实规定性。这就需要一类专门提升实践主体主观世界的社会活动或机制。

概而言之，依据实践对象及主观世界的性质，改造主观世界的实践可以划分为改造未成熟个体的主观世界和改造实践主体的主观世界两类。前者适应了个体生命成熟化趋向，表现为学校教育；后者顺应了个体生命完满化趋势，表现为继续教育以及知识结构的自我更新。两类改造主观世界的实践活动汇合在一起，表现为与时俱进的终身教育。

第三节　实践取向的变革性教学理论

教学理论来源于教学实践，是概括地反映教学活动基本概念及原理的体系。依据其概括、抽象的程度，教学理论系统可以划分为教学哲学理论、教学科学理论以及教学情境理论三个层次。其中，教学哲学理论是一种思想，主要运用理论思辨方法回答教学是什么、教学有什么价值以及如何认识教学现象的问题，定位于教学与教育、教学理论与相关学科理论的关系；教学科学理论以探寻教学规律为己任，运用实证方法呈现教学事实、归纳教学特征、揭示教学变量之间的关系，涉及教学过程、教学组织形式、教学基本原则、教学方法、教学评价、教学管理等方面；教学情境理论主要研究特定文化情境下的教学现象及其意义，是特定教学情境下教学哲学理论、教学科学理论与人文情境意义的一体化。从赫尔巴特的科学教育学开始，在科学知识观、生物进化论、行为心理学的基础上，教学研究强调科学方法的运用，形成了以教学科学理论为核心的逻辑体系。当与之相对应的教学秩序常态化之后，教学实践对理论指导的需求降低，教学研究的重心转向理论问题的逻辑演绎，并进一步拉大了教学理论与教学实践之间的距离，导致教学观念世界与生活世界的疏离。20 世纪中叶以来，后现代主义消解了科学知识观，建构主义、多元智能理论等取代了昔日机能心理学、行为心理学的地位，教学哲学理论中出现了一系列新的概念和观念；与此同时，顺应信息化和创新社会的要求，教育教学改革风起云涌，教学实践从形式化变革转向内在变革。反观教学科学理论，原有逻辑体系的改变或扬弃意味着方法论的改造，意味着整个体系的重构，甚至可能削弱自身的核心地位。因此，20 世纪 90 年代以来，教学科学理论的逻辑体系虽然受到批判，但依然维持着理论演绎的主流研究范式。

变革性的教学实践必然引发教学理论系统的重构，甚至改变教学理论的品格，形成以教学实践为生长点的教学理论。这不仅涉及教学科学理论与教学情境理论在教学理论系统中的地位问题，还触及教学理论研究方法及研究对象的转换问题。

一、教学认识路线的转换

教学理论是人们对教学实践认识成果的概括、系统化。面对同样的教学现象，人们看到的、关注的方面总是有差异的，对关注到的事实或事件的归纳和分类也会因人而异，更不用说探寻事实背后的原因、分析事实的性质并做出价值判断了。这既与认识主体的经验及需要相关，也决定于其所处的社会历史文化情境及自觉或不自觉地遵循的认识路线。

（一）教学认识路线的历史轨迹

教学认识所能达到的能力及水平取决于教学实践的方式，同时反过来也厘定了教学实践发展的限度。在只有自发教学行为的原始阶段，教学认识蕴含于人们的日常生活经验之中；古代的教学认识主要是教学工作者对教学目的、教学任务、学生个性、教学常态活动及过程、教学方法等局部的经验层次的认识；近代科技的进步、教育的普及不仅催生了班级授课、更新了教学内容、改进了教学方法，还改变了学生在教学活动中的地位。教学实践三要素全方位的变化与原有教学认识之间的矛盾推动教学认识进入系统化、理论化、科学化的阶段，探寻教学的本质与规律成为教学认识的主题。科学主义唯理性的认识路线在教学领域结出了丰硕的理论成果。以实践哲学和观念心理学为理论基础的《普通教育学》的出版标志着教学理论成为一门独立的学科。

形成和发展中的教学理论经过两个多世纪的实践检验，在得到历史充分肯定的同时，"在逐渐成熟的过程之中亦逐渐表现出自身的局限性，而且这些局限性是其自身难以克服的，于是由进步主义以另外三个中心的极端形式给予否定"（丛立新，1996）。相对于初创与发展，否定与重构多了一个批判的前提。这个批判的过程使原有教学论中潜在的教学认识问题凸显出来，并有了自觉建构的需要。

从经验自然主义哲学出发，杜威看到唯理性哲学路线导致传统教学论中出现诸多对立的概念范畴，如经验的"知"与理性的"知"、主动的"知"与被动的"知"、智力与情绪等，在教学实践中产生种种流弊和问题。为了消除各种形式的二元对立，杜威用一个无所不包的概念——经验把主观与客观、精神与物质融为一体，确定了经验与自然之间的连续性（涂荼，1988），首次建构了以教学认识论（经验论）为基础理论、以"学生、经验、活动"为中心的"现代教育理论"体系，宣告了一个新时代的开始。

经历近半个世纪的实践检验，人们意识到"现代教育理论"的缺陷不仅是杜威自己所说的旨在完成经验还原的"教材心理化"问题，其哲学指导路线、教学主客体认定、课程设置的依据、教学方法论等诸多方面也需要进行反思。

经验自然主义路线对学生及其实践的定位在一定程度上契合了马克思主义认识论所强调的实践的观点。在它的影响下，20世纪20年代，苏联颁行了以劳动为中心的《国家学术委员会教学大纲》，却导致中学毕业生量少质差。虽然编制综合教学大纲的出发点是正确的，它也被许多专家看成是"真正的马克思主义大纲"，在较大范围推行之后，以克鲁普斯卡娅为代表的苏联教育界却清醒地意识到"我们没有很好地掌握辩证法"，"曲解了教学活动与现实生活之间的联系"（吴式颖等，1999：587-588）。20世纪30年代初，在社会主义建设进入新的发展时期的背景下，联共（布）中央颁布了《关于小学和中学的决定》，恢复了班级授课和教科书，以保证学生能真正系统地获得各门学科的基本知识、技能和技巧。与此相呼应，苏联教育界致力于用马克思主义解释传统教学论范畴的各种问题，并于1939年出版了凯洛夫主编的《教育学》，经过几次修订，最终形成了以辩证唯物主义认识论阐释教学内部问题的教学认识路线。中华人民共和国成立后，凯洛夫的《教育学》被选用为师范院校教育学相关专业的教材，其理论成为权威的教育理论。在30多年教育教学实践的基础上，以邹有华的《教学认识论》一文为起点，以王策三1985年出版的《教学论稿》为标志，被学术界称为"特殊认识说"的教学认识论得以形成。1988年，《教学认识论》一书出版，沿着辩证唯物主义的认识路线，"特殊认识说"最终完成了范畴体系的建构。

在社会主义国家探索辩证唯物主义路线的同时，以美国为代表的西方国家的教学认识路线走上了从哲学认识论到以心理学为基础的现代科学主义道路。代表性的认识成果有美国布鲁纳的《教学理论探索》、奥苏伯尔的《教育心理学：认知观点》以及加涅（Robert Mills Gagne）的《学习的条件和教学论》等。

哲学认识与心理认知两条教学认识路线的理论视角、话语体系、基本概念有较大的区别。前者的教学理论是以哲学思辨为旨趣的演绎范式，后者走向教学设计之路。在当前教学实践大变革的背景下，逻辑演绎的教学理论有脱离实践之弊，教学设计之路回答不了教学价值的问题。这就需要我们回到教学认识的原点——教学实践，重新思考、定位教学认识的路线。

（二）基于实践的教学认识路线

两种实践活动的确认与区分为我们重建教学认识理论提供了一个坚实、合理的理论基础。以此为基点，教学实践的概念将重新获得它在教学认识论中的历史与理论的优先性，并由此扩展衍生出全新的范畴体系。

1. 教学是指向成就实践主体的改造主观世界的实践活动

客观世界的改造是由实践主体承担的，但是，人生而无知无能，并不具备实践主体的特征和素质。个体即使具备了实践主体的现实规定性，也不可能永远满足实践活动的需要。因此，人类的生存与发展需要教学这种成就实践主体的为改造或进一步改造客观世界提供前提条件的实践活动。教学实践的目的指向主观世界的发展，对象则是教学活动中承载主观世界的生命实体——学生。对于成长中的学生来说，教学实践是生成实践主体的过程；对于已是实践主体的学生（如继续教育中的学员）来说，教学实践则是扬弃已有的规定性并获得新的规定性的过程。相比于目的和对象，教学实践的主体要复杂得多，既包括教师，也包括具有自我意识并把自身作为改造对象的学生。教师与学生在教学实践活动中的目标指向是一致的，他们存在合作的基础，整体上具备集团主体的特征，在实践过程中也表现出个人主体的形式。

2. 教学实践主体的形式决定了教学认识是一个多层次的系统

教学实践的主体与教学认识的主体是一致的。考虑到集团主体拥有共同信仰、目的、利益、规范等特性，抽象、概括程度最高的教学认识是集团主体对教学实践整体的认识，既包括教学实践的性质、教学实践对象的属性、教学实践的工具、教学实践的过程以及教学实践中的主客体关系等，也包括对这些方面认识的结果——教学论（得到师生双方共同认可的、具有普遍指导意义的教学知识）。同时，我们也注意到，集团主体是一个抽象的概念，是教师群体与学生群体的集合，集团主体的教学认识是建立在教师群体和学生群体对教学的认识这一基础上的。教师与学生两个群体的实践对象虽然是相同的，在教学实践中却存在不同的主客体关系：前者处于主客体分离的状态，后者则处于主客体合一的状态。这决定了教师群体的教学认识对象（学生群体、实践工具及其关系）具有一定的客观性，能够在一定程度上进行科学的认识和把握，认识的结果主要是教导理论；学生群体的教学认识对象是自身、实践工具及其关系，带有主观性，认识的方法更多的是反思性的，认识的结果主要是学习理论（学会学习的相关知识）。值得特别注意的是，学生群体改造自身的主观世界是需要通过中介才能实现的，这个中介就是认识以间接经验为主的类主观世界和人化的客观世界。正是通过这一中介，学生才能不断地确证自我主观世界发展的程度。如果说教学认识的二级子系统对应的是一般教学活动，那么与每一次具体教学事件相对应的教学认识就是三级子系统，它触及教学实践过程中教师和学生个体的鲜活的教学认识。个体的教学认识与认识者自身的素质、具体的教学情境、特定的认识对象、地域或家庭的文化背景都直接相关，认识的方法主要是观察、体验和反思等，认识的结果主要是实践性知识。从三级子系统到一级系统的过程，是教学认识从局部到整体、从微观到宏观的理论化过程。

3. 多层次的教学认识系统决定了教学认识的范畴体系应该具有广阔的包容性

鉴于各层次的教学认识都具有系统的特征，以教学认识为研究对象的教学认识论同样应该包容从宏观到微观的各层面的概念范畴。马克思主义认识论作为教学认识论的理论基础不可能阐明所有具体、局部的认识现象，因此，教学认识子系统的理论基础有必要进一步吸收中西哲学、心理学的新成就，如人本主义、建构主义、生活认识论等，以满足马克思主义认识论具体化的需要。这样，与教学认识的层次系统相对应，教学认识论存在宏观教学认识论（集团教学认识论）、中观教学认识论（教师群体和学生群体认识论）以及微观教学认识论（教师个体和学生个体认识论）三个部分。其中，马克思主义认识论是宏观教学认识论，科学认识论、生活认识论、人本主义等可以作为中观教学认识论，建构主义、意会认识论等属于微观教学认识论，它们分别对应于教学论、教和学的理论、实践性知识三个层面的教学认识成果。从这一架构出发，确定各部分哲学认识论范畴规定的具体表现，我们将有可能建构起一个具有包容性的教学认识论体系。

二、以实践为核心的教学理论

教学理论有实践教学论与理论教学论两个层次，它们也表征着教学理论形成与发展过程中的两个阶段。

　　"实践教学论就是以实践中的教学现象为直接的研究对象,进而形成教学理论的学科。实践教学论的研究成果的积累,会形成教学论研究的大量文本材料,如果再以研究这些文本为对象,就形成了理论教学论的研究体系。"(王鉴,2002:7)。以此评判各个阶段的传统教学论,夸美纽斯的《大教学论》、裴斯泰洛齐的《葛笃德如何教育她的子女》中阐述的教学理论可定性为实践教学论,赫尔巴特的《普通教育学》、凯洛夫的《教育学》中论述的教学理论可归入理论教学论范畴。

　　夸美纽斯总结了人文主义教育实践经验,在长期教育教学实践探索的基础上阐明了"把一切事物教给一切人们的全部艺术",提出并论证了学年制、班级授课制,解决了普及教育有效的教学机制问题。从"引证"的论证方式看,夸美纽斯的教学理论先有解决普及教育问题的教学方案,之后才有理论合理性的论析环节。一个多世纪之后,瑞士的教育改革家裴斯泰洛齐创办贫儿之家,在教育史上首次进行了教育与生产劳动相结合的实践;创办斯坦兹孤儿院,"力求对儿童全面进行'心的教育—手的教育—头的教育'"(吴式颖等,1999:287);主持布格多夫小学,根据人性发展规律探索合适的教学内容、简化的教学方法。在教育实验基础上,裴斯泰洛齐提出了教学心理化、要素教育论和初等学校各科教学法。显然,裴斯泰洛齐和夸美纽斯一样都是在教育教学实践过程中开展研究工作的,他们的教学理论都以实践中的教学现象为直接研究对象,带着体温,弥漫着情感,反过来对教学实践起到直接指导的作用。

　　赫尔巴特在担任两年左右的家庭教师后赴布格多夫观摩了裴斯泰洛齐的教育实验,开始宣传和研究裴斯泰洛齐的教育理论。在哥廷根大学任教期间,他先后完成了《论裴斯泰洛齐的近著〈葛笃德如何教育她的子女〉》《裴斯泰洛齐直观初步》《裴斯泰洛齐教学方法之批评》等一系列评介裴斯泰洛齐教育思想的著作。沿着裴斯泰洛齐教育心理化的路线,以观念心理学(统觉理论)为基础,提出并论证教学进程和教学形式阶段理论,这标志着教学理论进入科学化的阶段。凯洛夫在批判西方教育理论的基础上,运用辩证唯物主义认识论对教学过程、教学原则和教学组织形式等重新进行了演绎推理,形成了以马克思主义认识论为理论基础的教学理论。可见,凯洛夫和赫尔巴特一样都是理论研究者,他们的教学理论建立在已有教学理论的基础上,通过理论的思辨和演绎探寻教学规律,实现了对实践教学论的超越,闪耀着理性的智慧、科学的光芒,对教学理论研究者和教学实践者的教学观起着规范性的作用。

　　综上所述,实践教学论与理论教学论之间的区别有以下几个方面:其一,从逻辑起点看,实践教学论源自教学实践,是解决教学实践问题的系统化的理论方案，往往与一定的实践情境相关联；理论教学论源自解决教学实践问题的理论方案，从中提炼、演绎普适性的、规律性的内容，并加以理性的论证。其二，从研究主体看，实践教学论是原创的，研究者主要是置身于教学实践情境中的工作者，包括从事教育教学工作的一线教师，以及深入教学实践情境的专业研究人员；理论教学论是对文本材料的再研究，研究者主要是高校及相关研究机构的理论工作者。其三，从研究内容看，实践教学论的重心是教学生活的主题，指向教学实践中的现实问题；理论教学论的重心是教学现象背后的本质、规律及价值取向，指向教学理论中的疑难问题。从理论价值看，实践教学论能够直接指导教学实践活动，解决实践情境中的一般或具体问题；理论教学论作为公共理论赋予教学工作者一般的教学观念，在内化为个人实践理论之后对教学实践发挥指导性的作用。

近四个世纪以来，以知识授受为核心，从教学实践到实践教学论，再到理论教学论，比较完善的传统教学论的体系已经形成。在科学知识观的指引下，追求客观、科学的教学实践甚至可以越过实践教学论直接从理论教学论中寻求操作性的程序（如赫尔巴特关于教学过程的四个阶段），理论教学论事实上成为剥离实践情境的"实践教学论"，而真正的实践教学论似乎被人们遗忘了。它在教师教育中以课程形态规范着学生的教学观念，他们在走上教育工作岗位之后却发现实际的教学生活与所接受的教学观念存在很大的距离。由于抛弃了程序背后的原理或思想，一线教师在教学实践过程中遇到具体问题时就会无所适从。在形式化教学情境下尚且如此，处于教学大变革的今天，原有的教学理论与教学实践之间的背离现象就更为严重了。

在知识转型背景下，基于形式化教学实践形成与发展起来的教学理论已经失去了实践的指导意义，新的教学理论还未成熟。与传统教学论一样，基于变革性教学实践的新教学论也将沿着实践教学论到理论教学论的轨迹逐渐发展起来。历史上，杜威"现代教育理论"所对应的教学理论与实践是学生与现实文化的互动，追求个体主观世界的自我生成。实践对象、手段与内容的不确定性决定了它是一种变革性教学实践。由于"教材心理化"的缺陷，"以儿童为中心""做中学"满足不了个体主观世界历史规定性的基本要求，终究没有成为常态化的变革性教学实践。其后，布鲁纳提出学科基本结构理论，其吸收"五步教学法"的技术，运用发现法使学生掌握学科基本知识、发展学生智力。事实证明，通过发现法掌握的知识是非常有限的。它与"教材心理化"一样，在否定间接经验形式化教学的同时，也没有完成文化传承维度的变革性转向。在文化传承机制的变革、文化创新能力的培育两个维度上，20 世纪出现的教学理论还有奥苏伯尔的有意义接受教学、赞科夫的发展性教学、洛扎诺夫的暗示教学、罗杰斯的非指导性教学等。它们在科学知识观、形式化教学占据主流的时代都在不同程度上对变革性教学的理论与实践做出了有益的探索，并汇入了 21 世纪的变革性教学实践，新的教学理论将以崭新的姿态出现在世人的面前。

世纪之交，中共中央、国务院颁发《中共中央国务院关于深化教育改革，全面推进素质教育的决定》，国务院印发《国务院关于基础教育改革与发展的决定》，教育部印发《基础教育课程改革纲要（试行）》，我国政府开始强力推进关注内在变革的课程与教学。鉴于变革性教学的特点，内在变革的课程与教学具体到学校及教师的层面，必须完成由国家推进向学校及教师自主变革的转变。今天，我们正在完成这一历史性的转变，原创性、生成性、情境性的教学实践日趋常态化。从理论的实践基础来看，在这一转变的过程中，立足实践变革的教学论将日益丰富，在变革性教学实践常态化之后，以理论为核心的教学论将逐步成型。

实践教学论的研究主体主要是一线教师和专业研究人员，两类主体所处的情境、研究的层次、形成的理论显然是不一样的。一线教师作为研究者，置身于特定的教学情境，在教改理念与教学经验之间寻求相关理论的支持，形成个人实践理论。专业研究人员带着教育哲学观及专业背景走入不同的教学情境，反思教改理念的实践样态，提炼卓有成效的实践经验，探索教学变革的新思路，形成系统化的教学实践变革理论。在基础教育课程与教学改革过程中，一大批高校理论工作者深入中小学开展田野研究，形成了多元化的教学实践变革理论，如情境教学理论、对话教学理论、反思教学理论、生命课堂理论等。

与中小学建立合作的伙伴关系，专业研究人员直接参与学校的课程与教学改革，就会形成合作型研究主体或研究共同体。合作型研究主体主要由专业研究人员和一线教师组合而成，以课程或项目形式开展专题的课程与教学研究；研究共同体除了专业研究人员和一线教师之外，还包括学校管理人员，通过课程的顶层设计开展全局的课程与教学改革研究。研究共同体立足学校课程愿景，拥有共同的教育教学信念，是推进学校教学实践自主变革、凝练学校教学实践范式的中坚力量。当然，学校的校长是这一共同体的核心。校长的教育教学思想及教改态度直接决定着学校自主变革的方向和进程，决定着最终形成什么样的学校自主变革理论。

概而言之，教学实践的重大转向取决于人的主观世界现实规定性的变化。在进入信息社会、"大众创业，万众创新"的社会背景下，长于知识传递的形式化教学实践必然转向关注创新能力的变革性教学实践。人类进入创新社会是一个缓慢的过程，教学实践的转向同样也不是一朝一夕就能够完成的。早在近代工业革命完成之际，社会发展就打上了技术创新的印记，欧洲的新学校运动、美国的进步教育就留下了变革性教学实践的痕迹。20 世纪是科学彰显其巨大力量的时代，科学主义取向的教学理论与实践占据主流地位有其历史的合理性。即使在传统教学论被视为天经地义的岁月，关注社会现实文化、学生创新能力的声音也未曾间断，到 20 世纪末期，为适应社会转型，变革性教学实践最终汇聚成一股势不可挡的潮流。在全面推进中国特色基础教育课程与教学改革进程中，教学论重建的起点又重新回到了教学实践，需要依次建构以实践为核心的实践教学论和基于实践观的理论教学论。目前，我们需要建构、正在建构的是第一阶段的教学理论，即以实践为核心的教学理论。从理论主体划分，它的存在形态主要有三种：教师个人实践理论、学校自主变革理论以及以实践为核心的系统教学理论。当教师普遍拥有个人实践理论，学校普遍拥有自主变革理论的时候，我们才能说变革性教学实践已进入常态化阶段，我国这一轮的基础教育课程与教学改革的目标基本完成。

第四章

学校变革的理论与实践

　　教育改革是社会变革的一个有机组成部分，是社会政治、经济、文化变革反映到教育领域的结果。改革开放以来，市场经济体制取代计划经济体制反映到教育领域就有了 20 世纪中后期的教育体制改革；中国特色社会主义道路反映到教育领域就有了面向 21 世纪社会主义教育体系的《中国教育改革和发展纲要》，以及旨在建立中国特色基础教育课程体系的《中共中央国务院关于深化教育改革，全面推进素质教育的决定》《基础教育课程改革纲要（试行）》等系列文件。在转变经济增长方式的时间段，我国基础教育课程与教学改革也相继进入深化阶段——学校、教师自主推进课程与教学的变革。

　　教育变革从国家推进转化到学校、教师的自主变革，标志着我国基础教育改革的重心从宏观层面转移到了中观和微观层面。

　　新一轮基础教育课程改革的国家推进阶段可以更具体地划分为三个时段：一是先期准备时段，时间是 1997—2001 年，准备工作包括明确改革的性质、制定改革的政策、构建改革的框架、颁行课程改革指导纲要、拟定课程标准、编写和审定教科书等，改革的主体是代表国家的政府部门及受委托的课程专家和参与课程改革国家项目组的专家、学者。二是实验推进时段，义务教育阶段推进的时间是 2001—2004 年，高中阶段推进的时间是 2004—2005 年，标志是新课程标准和教科书的试用，改革的主体是课程专家、教研人员及参与实验的中小学教师。三是全面实施时段，义务教育阶段从 2005 年开始在起始年级全面铺开，高中阶段在 6 个实验省（自治区、直辖市）的基础上从 2006 年开始每年增加 4~5 个实验省（自治区、直辖市），到 2010 年已经在 29 个省（自治区、直辖市）全面铺开。全面实施阶段，实施的主体转到了学校及教师，但初期还处于贯彻落实的执行阶段。校长、教师通过培训领会课程改革指导纲要的新理念、课程标准的新要求以及新教材的特点和内容，按照专家的建议组织并开展课程实施活动。因此，教师的主观能动性没有真正体现出来，教学实践能见新课程之形却鲜有变革之魂。从这个意义上讲，在全面实施的初始阶段，基础教育课程与教学改革能动的主体依然是代表国家愿景的政府部门及专家、学者。即使校长与教师有极大的热情和进取的心态，由于指导课程与教学改革的观念来自专家，校长与教师也容易出现"上面要我怎么做，我就怎么做"的被动行为，因此，合作学习、探究学习、自主学习流于形式也就不足为奇了。

早在新一轮课程改革之前的 20 世纪 90 年代，我国的教育教学就已经出现了自下而上的广泛的探索性变革。以华东师范大学叶澜教授为代表的一批专业研究人员率先走进中小学校，开展了系统的学校变革实验，形成了新基础教育、主体教育、生本教育、理解教育、新教育实验等几大学校变革理论；以中国教育学会教育实验研究分会为代表的全国性教育学术团体通过接纳单位或个人会员、召开年会、设置课题或项目，为普通中小学校提供了学术探讨、经验交流和学习考察的平台与机会，推进了基础教育实验与教育教学改革的发展；还有很多学校基于自身发展的需要"创建品牌，形成特色"，摸索出了学校办学的特色化之路。20 世纪 90 年代自下而上的多元探索为国家基础教育课程改革方案的形成及实施奠定了基础。这些学校在国家推进基础教育课程改革的过程中保有之前形成的探索状态，更容易领会课改的实质，能够先行进入自主变革的状态。具有代表性的这类学校有华东师范大学第二附属中学、上海市格致中学、北京大学附属中学、清华大学附属中学、深圳大学师范学院附属后海小学、金华市柳湖小学等。从自下而上的探索到自上而下的推进，"下"所及的范畴由部分学校扩展到所有的中小学校。根据教育部 2016 年 7 月公布的统计资料，2015 年，我国共有幼儿园 22.37 万所，小学 19.05 万所，初中 5.24 万所（含职业初中 22 所），普通高中 1.32 万所（中华人民共和国教育部，2016）。相对于中小学校的总体规模而言，先行学校的数量是非常少的。如何使普通的中小学校也能够进入自主变革的状态是深化课程改革的关键问题，也是我国课程改革转型阶段所面临的重大问题。

第一节　基于实验的学校变革理论

中小学校进入自主变革的状态起码有两个标志：一是学校有自己的灵智，也就是有明晰的发展理念与思路，有一套契合课改精神、符合学校文化情境的教育教学观念系统；二是学校形成一种富有朝气、展现智慧的教育教学生活方式。我们称前者为学校自主变革理论，称后者为学校教学实践范式。20 世纪 90 年代，专业研究人员介入的学校变革实验不仅推进实验学校迈入了自主变革状态，专业研究人员在实验过程中还创生了多元的学校自主变革理论。在新一轮基础教育课程改革过程中，它们不断得到调整和完善，对普通中小学校寻求自主变革理论、形成教学实践范式具有直接的指导意义。

一、学校变革的实验与理论

关于社会转型背景下学校的变革和发展，20 世纪下半叶，西方学者也曾经提出过一些理论，比较流行的有莱维特（Harold J. Leavitt）的系统变革模式，库尔特·勒温（Kurt Levin）的力-场分析理论，罗宾斯特（Robinstuart）和克茨（Kotze）的情景变革模式，钦（Chin）和贝恩（Benne）的标准、市场、学校本位的学校发展理论，彼得·圣吉（Peter M. Senge）的学习型组织理论，阿吉里斯（Chris Argyris）的干预理论，格雷纳（Larry E. Greiner）的权力分配变革理论等（张立新，2006）。这些理论以人为中心或以组织为中心进行变革，或强调情境互动和变革的思维方式，是理性分析的产物，与我国基础教育改革背景下的学校变革分处不同的文化空间，对我们有启示但不宜作为直接的指导理论。我国近 20 年来出现的学校变革理论回应工业化、城市化、市场化、信息化的社会转向，来自实践又回到实践，接地气，散发着本土的清香，与当前普通中小学的变革与发展气息相通。这里之所以主要介绍国内学校变革理论，除了适切性之外还有第二层的考虑。在扬弃了传统教育理论、教学理论的背景下，40 年来我国经济的快速发展、社会文化的巨大变迁为新教育教学理论的创生提供了优于西方的外部条件，沿着知行互建之路开创的学校变革理论的建设性和前瞻性已经超越了以理论为核心的西方流派。

当前我国原创性的、基于实践的学校变革理论多层次并存，既有系统、全局的，也有专题、局部的，既有理论建构，也有实践运作方案。其中，能够被称为流派、产生了广泛影响的理论与实践主要有"主体教育""新基础教育""新教育实验"等。

（一）主体教育

20 世纪 70 年代末 80 年代初，反映时代精神的主体性问题首先在哲学、文学领域引起人们的关注，继而扩展到教育领域，成为学术界研究的热潮。1981 年，顾明远在《江苏教育》第 10 期发表《学生既是教育的客体，又是教育的主体》一文，引发了教育过程中教师与学生地位和作用的大讨论，先后出现了"主导主体说""教师单主体说""学生单主体说""师生双主体说"等观点。1989 年、1990年王道俊与郭文安先后在《教育研究》《华东师范大学学报（教育科学版）》发表论文《让学生真正成为教育的主体》《试论教育的主体性——兼谈教育、社会与人》，突破教学论与认识论的局限，从原理和实践层面论说教育中的主体性问题，标志着主体教育的理论从"师生主体性"转向"教育的主体性"（宋剑，2011）。

与教育领域主体性大讨论的进程相呼应，在"教育科学的生命在于教育实验"的感召下，20 世纪 80 年代出现了众多践行"师生主体性"的以单科单因素为主的教育教学实验。其中有强调学生独立自主性的"初中数学自学辅导教学"、"学导式"教学、"读读、议议、练练、讲讲"、"六课型单元教学法"、"尝试教学法"和"课堂教学六步法"等，有强调学生自觉能动性的"愉快教育"实验、"快乐教育"实验、"成功教育"实验、"和乐教育"实验、"兴趣教学"实验和"和谐教学法"实验等，还有强调创新、创造力的"创造性思维与个性教学模式"的实验以及课外科技活动、创造教育课程的探索。进入 20 世纪 90 年代之后，在单科单因素教育教学实验的基础上，整体性、综合性的主体教育实验得以出现，"形而上"的主体教育思想转化为"形而下"的主体教育实践，获得实证支持，进一步发展成为主体教育理论。

整体性的主体教育实验主要有南北两家。南片是华中师范大学杨小微等学者主持的"学生主体性素质的构建实验"，其于 1993 年在湖北省荆门市东宝区象山小学开始实施，1998 年结题，是学校整体结构改革的第二轮实验研究。实验的重点目标是培育学生的自主性、自律性、适应性、创造性、效率感，使他们学会选择、学会参与、学会自律；实验项目包括探索开放型学科教学体系、探索自主型活动课教学体系、探索民主型班级管理模式三个方面（象山小学课题组，1998）。北片是北京师范大学教授裴娣娜主持的"少年儿童主体性发展实验"，其于 1992年在河南省安阳市人民大道小学正式实施。与南片"校本"性质的象山小学实验有所不同，北片实验定位于"一种教育思想实验"，志在探索"以主体教育为核心的素质教育"，呈现"区域性研究与以校为本相结合"的格局，实践点覆盖全国的六个大的地区，实验学校数量达 121 所。在 1996 年 12 月天津会议上，由北京师范大学和华中师范大学分别牵头正式成立主体教育理论与实验研究协作组（武思敏，2000），之后建立开放性的"发展性教学实验室"，标志着裴娣娜领衔的主体教育学术研究共同体的形成。

通常情况下，主体教育实验指的是以"少年儿童主体性发展实验"为代表的教育思想实验。实验从课堂教学入手培养学生的主体性，形成了发展性教学策略体系、集体教学与小组合作学习及个别辅导相结合的新教学形式，以及体现主体性发展的有效课堂教学基本特征及评估体系；1998 年之后，主体教育实验扩及主体德育和课程改革研究，构建"欣赏型德育模式"，强化课程的综合性、实践性，新建"科学探究"等新课型（武思敏，2000）。经过 10 多年的教育实验和理论研究，主体教育理论在概念范畴、理论框架、策略体系方面的研究取得了丰硕的成果。这些理论成果主要体现在以下三个方面：①从教育学学科视域界定了"主体""主体性"等核心概念范畴，并据此揭示了个体主体性发展自主性、主动性和创造性的三维结构。②建立了主体教育的三个基本体系，即主体教育的理论体系、主体教育的实践体系和主体教育的制度体系。③形成了主体教育的四个基本命题，即价值性追求与工具性追求相结合，将责与权真正还给教育主体；在实践活动基础上通过交往促进主体性的发展；在社会化过程中实现个性化发展；优化育人环境，实现个体主体与群体主体有差异的发展（裴娣娜，2004）。有学者对此作了概括，认为"'参与'、'体验'、'交往'、'合作'、'差异'、'个性'成为'主体教育理论'的关键词和操作策略"（宋剑，2011）。

（二）新基础教育

新基础教育实验由华东师范大学叶澜教授主持，是一项旨在创建 21 世纪新型学校和新基础教育理论的创生性课题研究。实验研究从 1994 年开始一直延续到2009 年，先后经历探索性研究、发展性研究和成型性研究三个阶段。这一大型的、长时间的课题研究取得了丰硕的成果：一方面，参与研究的 55 所核心实验学校的研究性变革实践卓有成效，同时还带动了更多其他学校沿着新基础教育的转型路径走上自主变革的轨道；另一方面，通过理论与实践的互生互建，以发表在《教育研究》杂志上的系列论文《让课堂焕发出生命活力——论中小学教学改革的深化》《重建课堂教学过程观——"新基础教育"课堂教学改革的理论与实践探究之二》《改革课堂教学与课堂教学评价改革——"新基础教育"课堂教学改革的理论与实践探索之三》为标志，形成了以"生命"为核心的实践教学观。新基础教育探索性研究报告集、发展性研究报告集、成型性研究报告集以及"生命·实践"教育学论著系列丛书的出版进一步宣告了我国第一个本土化教育学派——"生命·实践"教育学派的诞生。

20 世纪 80 年代，经济体制、教育体制先后转向，"然而，中华人民共和国成立初期就显现出来的教育价值取向的基本模式和基本思维方法，直到今天还是没有被突破。教育决策者依然主要是从社会需要的角度来强调教育的重要性和基础作用……而作为个体的人生命价值问题，在教育价值取向上依然没有得到应有的重视"（叶澜，1989）。为此，叶澜教授提出新基础教育，从分析时代精神入手诠释新人形象，确认教育对象"生命的整体性和人的发展能动性"，勾画"充满着生命活力的人的教育"蓝图（叶澜，1994）。

新基础教育涉及教育理念、教育目标和培养模式三方面的更新。新基础教育理念的第一层构成是教育价值观：强调基础教育的未来性、生命性和社会性，把每个学生潜能的开发、健康个性、终身学习的意识和能力的初步形成作为最根本的任务。第二层构成是学生观（教育对象观）：注重学生发展的潜在性、主动性和差异性。第三层构成是教育活动观：强调教育活动的双边共时性、灵活结构性、动态生成性及综合渗透性。依据理想新人的素质要求，新基础教育实验确立了认知能力、道德面貌、精神力量三个维度的培养目标（叶澜，1999：7-10）。

基础教育培养模式的更新首先是学校教育活动模式的变革，重心是基础性学科课堂教学的改革。针对"特殊认识活动论"的传统框架，新基础教育"从更高的层次——生命的层次，用动态生成的观念，重新全面地认识课堂教学，构建新的课堂教学观"，"创造充满生命活力的课堂教学"，"让课堂焕发出生命的活力"（叶澜，1997）。通过近 10 年的实验，新基础教育在课堂教学改革方面取得了以下三方面的成果：第一，重建课堂教学价值观的三个层次。第一层次是各学科共同层面上的价值观，即课堂教学要从单一传递教科书呈现的现成知识转变为培养能在当代社会中实现主动、健康发展的一代新人；第二层次是具体学科教学价值观；第三层次涉及更为具体的、教师在教学设计中如何处理学科知识的内容。第二，形成以互动生成为课堂教学基本单位的教学过程观和新课堂教学的实践形态，提出课堂的五大资源（基础性资源、互动性资源、生成性资源、原始性资源和方案性资源），践行课堂教学的"五还"（还学生主动学习的"时间""空间""工具""提问权""评议权"）（叶澜，2004：21-22）。第三，形成"以全程整体性评价与阶段系统性评价为主要构成"（叶澜，吴亚萍，2003）的课堂教学改革评价系统。

在课堂教学改革之外，新基础教育研究的实践形态还涉及班级建设、教师发展、学校管理等方面。在《"新基础教育"发展性研究报告集》中，叶澜教授对新基础教育理论与实践之"新"进行了概括，表述为如下十大新义：一是"把学校教育价值观聚焦到为每一个学生的终身学习与发展，实现幸福人生奠定基础上"；二是在学生观上，"将'主动性'、'潜在性'、'差异性'聚焦到'具体个人'的概念上"；三是"把学校教育的培养目标聚焦在培养健康、主动发展的人"；四是"明确提出课堂教学价值观三层次重建论";五是"把教学基本任务定位为:使学生努力学会不断地、从不同方面丰富自己的经验世界,努力学会实现人的经验世界与社会共有的'精神文化世界'的沟通和富有创造性的转换,逐渐完成个人精神世界对社会共有精神财富具有个性化和创造性的占有";六是教学过程的有机整体、多向互动与双重生成观;七是"提出了课堂五大资源和'互动生成式'的教学内在逻辑";八是"把'班级'看做因学校行政划分而处于同一个班的学生组成的同伴群体","把研究的理论重点放在学生在校的班级生活与学生发展的关系上";九是"提出了以'研究性变革实践'这一综合抽象概念,作为'新基础教育'学校变革实践特殊性的概括";十是"评价呈现出多元复合、随程推进、承前启后、促进转型的特征"(叶澜,2004:19-36)。可以说,这十大新义是新基础教育视域中"现代型"学校的内在基质和实践形态,回答了人的生命与历史文化、现实文化的关系以及人需要什么样的学校教育的问题。

（三）新教育实验

新教育实验由苏州市原副市长、全国政协常务委员、苏州大学教授朱永新主持,是一项以理想主义和田野行动为主要特质、旨在转变师生教育生活方式的开放性、整体性、公益性的教育实验研究。实验研究从 1999 年 9 月开始一直延续至今,先后经历了实验的初创期（1999 年 9 月—2002 年 9 月）、探索期（2002 年 9 月—2013 年 7 月）和深化期（2013 年 7 月至今）三个阶段。自第一所实验学校成立,经过 15 年的发展,实验研究与推广取得令人瞩目的成绩。截至 2016 年 5 月,全国有近 60 个实验区、3000 所实验学校和 290 多万名学生参与其中（朱永新,2016）。

"21 世纪初叶,我国的新教育实验可以视为'世界语境'中的新教育在当代中国的一声'回响'。因为,我们与历史上的'新教育'之间有一些共同的特性:都旨在对现实的教育进行反思、批判和重构,都主张尊重儿童的个性与自由,都建立了一批实验学校,都试图对当下的教育和社会进行创新和改良,都是民间草根的自发行动,等等。在这个意义上,我们是历史上'新教育'的一段新的'链接'和'延续'。为了区别于历史上的'新教育',我们不妨称之为'新教育实验'。"（朱永新,2016）

与欧洲"新教育"的开创者及其后继者一样,新教育实验也是创始者的教育理想付诸实践的产物。2000 年 11 月,朱永新教授出版《我的教育理想》,意味着新教育实验理念的初步形成,成为新教育实验诞生的标志。2002 年 9 月,第一所新教育实验学校——昆山市玉峰实验学校挂牌,新教育实验全面启动。此后,每年举行新教育实验研讨会，在推广和总结各实验区新教育实验的基础上逐步形成了新教育实验的理论框架和实践体系。

秉持理想主义、田野意识、合作精神、公益情怀的"新教育精神"，以及"过一种幸福完整的教育生活"的价值追求，新教育实验追求四重教育境界，提出并践行了五大理念、十大行动以及"三专"模式等。四重教育境界指的是"成为学生享受成长快乐的理想乐园；成为教师实现专业发展的理想舞台；成为学校提升教育品质的理想平台；成为'新教育共同体'的'精神家园'和共同成长的'理想村落'"（朱永新，2005）。五大理念分别为"无限相信学生与教师的潜力""教给学生一生有用的东西""重视精神状态，倡导成功体验""强调个性发展，注重特色教育""让师生与人类崇高精神对话"（朱永新，2005），是"为了一切的人，为了人的一切"这一核心理念的具体化。操作层面上的十大行动包括营造书香校园、师生共写随笔、聆听窗外声音、培养卓越口才、构建理想课堂、建设数码社区、推进每月一事、缔造完美教室、研发卓越课程和家校合作共育。在展开十大行动过程中，理想课堂的"六个度"（参与度、亲和度、自由度、整合度、练习度和延展度）在探索阶段逐步形成；卓越课程体系框架（在新生命教育的基础上，建构新公民教育、新艺术教育、新智识教育和个性特色的课程）在深化阶段完成了建构。"三专"模式是新教育实验的教师专业发展理论：一为专业阅读，是站在大师的肩膀上前行；二为专业写作，是站在自己的肩膀上攀升；三为专业发展共同体，是站在集体的肩膀上飞翔。

在深化阶段，新教育实验追求的四重教育境界被浓缩为两大"愿景"：努力成为中国素质教育的一面旗帜；全力打造植根于本土的新教育学派。今天，"改变学生的生存状态，改变教师的行走方式，改变学校的发展模式，改变教育的科研范式"（朱永新，2016）取得了良好的成效，前一个愿景已基本实现。相对来说，新教育实验的后一个愿景更加宏大和艰巨，有赖于新教育研究院专家的健康成长和实验学校优秀教师的发展。这意味着，新教育共同体任重道远，新教育实验也将不断深化并走上一个更高的层面。

二、学校变革理论的性质与定位

上述学校变革理论的三大流派是在我国改革开放背景下，顺应经济结构转型、社会文化变迁以及时代精神的要求，在田野沃土上生发、成长起来的。它们介于官方基础教育课程改革理论与学校自主变革理论之间，处于理论与实践的结合面，因此能够起到承上启下的作用。站在学校自主变革立场解读其"启下"的意义，需要明确以下三点。

（一）学校变革理论建构的主体

学校变革理论的性质及地位决定了不同流派在很多方面存在共性。这些共性主要表现在以下几个方面：一是理论取向彰显主体、创新的时代精神；二是研究目标涉及学校教育的转型及变革理论的建构两个方面；三是在研究方法论上，理论与实践相互建构，区域性研究与以校为本相结合。洞悉时代精神、把握发展方向、建构变革理论离不开理论研究者，学校的转型、教学的变革离不开学校管理者和一线教师，区域性研究则关涉行政部门、教研机构以及交流平台。也就是说，建构学校变革理论的主体是由多层面的人员组成的。他们有共同的研究目标，有共享的教育理念，分工协作共同完成研究的任务。因此，参与研究的所有成员是一个研究共同体。

主体教育实验明确定位于一种教育思想的实验，"研究的范式是'形而上'的理论引导与'形而下'的实验研究相结合"（裴娣娜，2004）。新基础教育实验是生命教育观见之于学校教育实践的实验。新教育实验是教育理想学校教育现实化的实验，也是理论引导的实验研究。可见，共享的教育理念是研究共同体的灵魂，理念的创生者则是共同体的引领者，在共同体中处于核心的、领导的地位。实验参与者形成相关理念意味着研究共同体的初步形成。主体教育实验是"通过组织系统的理论学习及专题讲座，将主体教育思想转化为参与实验课题的成员的观念，在主体、主体性、主体教育等基本概念，马克思关于人的发展学说（实验的理论基础），以及发展性教学策略等重要问题上取得共识"（武思敏，2000）；新基础教育实验通过课题组成员日常指导、集中指导或集中培训的形式使实验教师成为学校改革实践研究的主体；新教育实验则通过创办新教育在线网站、每年一届的研讨会、新教育教师成长学院（海门市新教育培训中心）传播教育理想、创生教育理念。

从引领者与共同体中实践成员之间的关系看，前者基本上是全程指导，帮助实践主体有效地参与实验，在"摸着石头过河"中增长才干，后者是以教育理想（理念）点燃校长和教师的教育激情，新教育的诸多理论观点是在研讨会上形成的：在以"新德育"为主题的第四届研讨会上，新公民和新生命教育开始进入新教育实验的视野；第六届研讨会正式提出新教育的核心价值追求（过一种幸福完整的教育生活）；新教育研究会在成立仪式上提出"新教育精神"（理想主义、田野意识、合作精神和公益情怀）；第八届研讨会提出理想课堂的三重境界主张以及"知识、生活与生命深刻共鸣"的观点；第九届研讨会提出教师专业发展的"生命叙事理论"和"三专理论"。正是由于理论的田野意识，新教育实验的实验区和实验学校的数量远远多于前两个教育实验的相应数量。其中多数实验学校仅仅是从新教育网站、研讨会等平台获得资源，并没有得到引领者的直接指导。这对于没有学者引领的普通中小学校如何自主地变革无疑是具有启示意义的。

（二）学校教育变革理论的性质

我国教育改革的过程中有一个有趣的现象：世纪之交，有影响的教改研究多采用教育实验的方法，新一轮课程改革之后，质性研究方法被运用得越来越多。这一现象的出现反映了教育改革不同阶段需要解决的问题在性质上是不同的。20世纪八九十年代是我国教育改革理论与实践的探索期，作为科学研究方法的教育实验能够发现新时期教育现象背后的客观规律，验证相关理论的科学性、完整性和实践效力，为官方推进教育改革的深化提供理论与实践的支持。质性研究能探索教育现象之间的关系，探寻事实的本质，关涉情境，诠释主观世界，能够深层次展现基层教育改革实践的情形及师生的生活状态，契合了新一轮课程改革推进的诉求。

教育实验运用了科学实验的原理和方法，但与自然科学实验又有区别。由于人的主体能动性、教育的综合整体性以及关系的错综复杂性，实验的变量和条件不容易控制。几个变革理论的研究虽然都采用教育实验方法，鉴于理论指向及关涉因素的差异，在变量选择与控制、检验或验证方法上又有所不同。主体教育实验运用自然实验法，"采用整体性观点和综合性方法，不追求唯一的因果解释"（武思敏，2000）；新基础教育实验发挥实验主体的主动创造性，在不确定性中生成确定性；新教育实验的主要特质是理想主义和田野行动，实施"六大行动"，"用事实说话"，展现"三大改变"。三者的实施方法有各自的特点，最后都需要验证自变量与因变量的关系，发布实验的结果。实验的过程和结果是可以重复的，因此只要具备条件的学校就可以按照成功实验的做法改革学校的管理和教育教学实践。

建立在教育实验基础上的学校教育变革理论也有其不足的一面。首先，教育实验毕竟是科学实验，只能验证相关教育理论中具有客观属性的假设，无力穷极人文的、主观性的命题。即使是在不确定性中生成确定性，也只是把握住了不确定性范畴中的一小部分；"用事实说话"，准确地说是"用客观事实说话"，因为很多"事实"在不同视角下可以做出不同的诠释和理解，所以以此说话就会出现不同的声音。其次，教育实验总是在一定的条件下进行的，其结论在不同条件或不具备条件的场合就不成立了。例如，教育思想实验顺利进行的前提条件是相关思想转化为实验主体的观念，主体教育实验是通过组织系统的理论学习及专题讲座实现的，能够参与的人员毕竟有限，这限制了实验推广的范围；新基础教育实验以上海地区的学校为主，师生及家长的观念比较先进，软硬件良好，实验成果应用到其他地区就容易出现水土不服的现象。

（三）学校变革理论的适切性

经过教育实验验证的理论是科学的理论，可以推广应用到其他的学校，推进学校教育的变革。但是，站在学校的立场，经过实验检验的变革理论依然有一个适切性的问题。对于学校主体来说，具有普遍指导意义的变革理论不止一种，其中有适合自己的吗？如果有，哪一种或哪一些适合自己？如果没有，它们对自身的变革是否有一些启示？

任何理论都不可能放之四海而皆准，学校变革理论也一样存在其合理的界域。这里说的"界域"指的是满足相关理论成立条件的社会或诸如学校这样的单位。学校变革理论的结构体系有宏观的教育理念（包括学校教育价值观、学校教育目的观等），中观的学校管理理论及课程与教学观、学校教育活动模式，以及微观的学校管理制度和教育教学策略等三个层面；教育活动是科学性与人文性相统一的活动，学校变革理论既要揭示教育现象或过程背后的内在关系（客观规律），也要澄明人文信念，留有诠释情境和主观意义的空间。三个层面及理论属性与不同的界域相对应，可用图4-1表示。

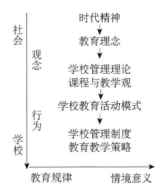

图 4-1 学校变革理论的层级结构与合理界域的关系

以新基础教育为例，基于时代精神提出的"新人形象"以及"生命·实践"的教育理念的合理界域是改革开放、社会转型的中国社会，这种理念是现阶段我国所有中小学校教育变革主体应该具有的基本理念；充满生命活力的课堂教学观包括课堂教学价值观、动态生成的过程观，兼及教学规律和情境意义，对学校教学实践的变革具有直接的指导意义；课堂的五大资源、教学的"五还"策略、"随程推进"的评价方式等与学校条件和情境直接相关。理论指导的力量、教师专业发展的水平、家长的观念和态度、学校教学的软硬环境等都会影响上述教学策略或教学模式的有效性，即使是参与实验的上海地区也不能保证每所学校都能够达到已有实验的效果。对可能出现水土不服的学校来说，充满活力的课堂教学应该是有自身特色的，有一套适合自身条件和文化情境的教学策略。在这种情况下，具有指导意义的学校变革理论就可能转化成为学校自主变革理论。

第二节　基于校情的学校自主变革理论

正如现代化征程中我国探索并坚定中国特色社会主义道路一样，基础教育改革的深化也需要每一所学校探索并坚定有本校特色的教改之路。当然，学校自主变革之路要与基础教育改革方向保持一致，是当前我国新一轮基础教育课程改革的具体化。课程与教学改革具体到学校层面，一方面要求把教改精神转化为学校发展的理念，另一方面要求把国家课程改革方案转化为契合学校情境、张扬学校优势的学校课程体系。这个转化过程实质上就是学校自主变革理论形成的历程。

参与专家主持或引领的教育实验的学校，如主体教育实验学校、新基础教育实验学校、新教育实验学校等，在专业研究人员直接指导下完成相关教育思想的转化，形成契合教育实验的学校发展理念及学校课程体系，这是形成学校自主变革理论的一条捷径——"他主—共识—自主"的路线。他主是对于学校主体而言的，在实验之初，实验的理论假设及背后的教育理念的拥有者是主持的专家，参与实验的学校主体首先要认可、接纳相关教育思想；共识是对于专业研究人员和学校主体双方而言的，在实验前期，通过培训、交流、研讨，学校主体同化或顺应教育实验的思想，双方在基本观念上达成一致；自主意指教育实验思想不仅转化成为学校主体的观念或信念，而且学校主体有自己新的理解或想法，并据此规划学校发展、设计学校课程、形成学校教学特色。如果说实验期间是专业研究人员扶着走、带着走，那么实验结束进入自主状态后，学校主体已经能够自己走了——清楚往哪走，知道如何走，能够回答为什么朝那个方向走、为什么这样走的问题。

我国中小学校的数量为 25 万多所,基础教育改革深化涉及每一所学校,但是,能够参与教育实验并被专家引领的学校只是很小的一部分。多数学校只有立足学校资源,发挥学校主体的主观能动性,才能探索出一条适合自身发展的道路。我们需要进一步思考普通中小学校如何形成自主变革理论的问题。

一、学校自主变革理论的形成机制

在基础教育课程改革全面推进的背景下,每一所学校的管理人员及教师的观念和教育教学行为都发生了重大的变化。如果这些变化仅仅是外部力量推动的结果,如通过培训接受了新观念,依据课程标准的要求采用了合作学习、探究学习等方式,则教育教学的"形"变了,"神"却依旧没变,学校发展的路子并没有发生实质性的变化。学校的转型是"形神"兼备的变革,但是,存在于学校主体的主观世界、融合于学校文化之中的"神"是看不见的,也不可能详尽言传。虽然如此,有一点却是可以肯定的,即学校主体的思想犹如一个人的灵智一样无疑是其中最重要的部分。学校自主变革理论就是学校主体思想的系统化。

学校自主变革理论与学校变革理论既有联系也有区别。学校变革理论也可被称为学校教育变革理论,是社会转型期关于学校教育如何培育时代新人素质的逻辑演绎和系统构思,主要回答时代精神、新人形象(个体主观世界的规定性)、学校教育的价值和目的,以及在现实学校教育情形下为培育时代新人学校应该如何变革等问题。变革的对象不限于个别学校或某个地区的学校,而是涉及新时期社会文化变迁境遇中的所有学校。与变革对象的范畴相对应,变革理论的主体把握社会发展趋势、引领学校教育发展方向,需要有哲学、社会学、文化学、教育学等多学科的视野。而学校自主变革理论是学校主体从学校文化情境出发、顺应国家教育改革的要求对学校发展蓝图做出的系统构思,需要回答办学宗旨、培养目标、课程设置、教学模式、教师成长等一系列的问题。学校自主变革理论的主体是以校长为核心的学校教工队伍,外围是学生家长。学校自主变革理论与学校变革理论、国家基础教育改革方案的关系可用图 4-2 表示。

在图 4-2 中,国家基础教育改革方案规范了中小学校教育变革的基本要求。课程改革的目标、课程结构及标准、新教科书的使用等不以学校意志为转移,学校必须做出相应的变革。学校变革理论有助于领会国家基础教育改革理念及精神实质,为学校推进教育变革提供理论资源或有益的启示。两者内化为学校主体的观念,成为学校自主变革理论的重要组成部分。当然,学校自主变革理论不只是两

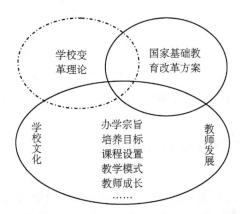

图 4-2　学校自主变革理论与学校变革理论、国家基础教育改革方案的关系

者的内化，还有来自学校实践情境、体现学校特色的内容，是"上下融合"的结果。

　　"上下融合"始于观念的冲突及问题的发现。《国务院关于基础教育改革与发展的决定》中指出，"实施素质教育……面向全体学生，加强学生思想品德教育，重视培养学生的创新精神和实践能力，为学生全面发展和终身发展奠定基础"，使学生"具有初步的创新精神、实践能力、科学和人文素养以及环境意识"（中华人民共和国国务院，2001）。《基础教育课程改革纲要（试行）》在课程改革目标部分指出，"改变课程过于注重知识传授的倾向，强调形成积极主动的学习态度，使获得基础知识与基本技能的过程同时成为学会学习和形成正确价值观的过程""改变课程评价过分强调甄别与选拔的功能，发挥评价促进学生发展、教师提高和改进教学实践的功能"等（中华人民共和国教育部，2001）这些素质教育的理念及要求与学校现实境况之间的差距形成"上下"的矛盾与冲突。学校主体在按照素质教育要求变革学校教育方式时，可能会遭遇到来自学校内部和外部的双重阻力。学校内部的阻力包括教师的发展水平及教学生活习惯、既有的学校体制以及相对落后的办学条件等；学校外部的阻力包括社会和家长以升学率和分数高低评判学校办学质量、上级教育行政或教研部门的某些统一性指令等。置身"没有分数就没有今天"的现实压力和"没有素质就没有明天"的理想蓝图之间，是选择"今天"还是选择"明天"？如果始终把它视为二选一的问题，学校的变革将一直停留在他主的被动发展阶段，不可能形成自主的变革理论。

　　"上下融合"的关键是校长形成自己的教育信念。传统校长的角色是学校行政领导者，通过制度规范学校秩序，相应的教师角色是技术型的教书匠。素质教育要求的校长是教育专家型的领导者，通过引领与调控生成学校动态的秩序，其中的教师也具备生成的特点，是善于反思的、不断成长中的研究型、智慧型的实践者。素质教育是时代的要求，教育专家型的定位意味着校长既要有时代的视野，也要有学校文化情境的意义，两者汇聚形成自己的思想或信念。以下是一位校长在接受记者专访时讲到的"金句"，表达了这位校长的教育信念：

> 教育的本源是什么？我想应该是以人为本，培养能适应社会发展、具备终身学习能力的人，为社会和国家做出贡献的人。
>
> 教育不是要争什么，比什么。它是一个慢工程，不能急，要学会等待，要有耐心。
>
> 幸福是什么？快乐和有意义。
>
> 老师不应该是重复劳动的教书匠，而应该是有境界、有情怀的引领者，是生命生长的引领者。
>
> 要培养"三高"人才：高境界做人、高质量学习、高品位生活。
>
> 没有分数就没有今天，只有分数就没有明天。（梁健敏，黄淑仪，2017）

有这样教育信念的校长，才有了如此有魅力的学校：

> 省实[①]的美，更在于省实人。在这里，有就就业业、个性鲜明的老师，他们以才高为师，以身正为范，还有自己专业以外的小特长，于是每位同学的省实时光里都会有几个视为知己、偶像的好老师、大朋友。在这里，有许多出色的孩子，他们可能是超级学霸，可能是科技达人，还可能是飞得起来的运动健将；他们可能是社团精英，可能是艺术奇才，还可能是打得了机的电竞高手。最重要的是，这些出色的孩子不是别人，而是你，在座的每一个省实的孩子。（梁健敏，黄淑仪，2017）

当然，在校长的教育信念与引以为傲的学校之间，还有一个漫长的自主变革理论与学校教育实践相互建构的过程。相互建构始于自主变革理论的初步形成阶段：明确办学理念，谋划学校发展蓝图，定位培养目标，设计学校课程体系。办学理念是教育信念与学校文化的聚合，如"追求和谐、享受快乐""一切为了学生，为了学生一切，为了一切学生""让每一个学生走向成功"等；发展蓝图是学校变革的目标，通过对话式规划达成学校主体的共识；培养目标指明学校培养什么样的人，既反映教育目标的要求，也体现学校文化的个性特征；学校课程体系是自主变革理论的重心所在，是基于办学理念对国家课程、地方课程与校本课程的个性化设计。

---

① 本段中"省实"是广东实验中学的简称。

与学校变革理论一样，学校自主变革理论也需要具有逻辑性、完整性的理论论证和具有科学性、合理性的实践检验。对于前者来说，有条件的学校可以咨询理论工作者或请专家过来指导或研讨，听取专业研究人员的意见；不具备上述条件的学校在发挥管理人员和教师的智慧的同时可以谋求市、县（区）教研部门的指导。就后者而言，有别于学校变革理论的教育实验，它是一种全方位的教育实践的检验，既包括教育教学实验、课题项目研究，也涉及管理、教学的日常工作及学校的其他事务。因此，学校自主变革理论的实践检验就是一个学校主体共同参与的行动研究过程。学校主体中的不同成员承担相应的任务、履行应尽的职责，通过经验反思、交流和研讨生成有效的实践策略，不断修正变革理论，并以实践的效果验证理论的科学合理性。可见，学校主体的实践探索需要每一位成员充分发挥主观能动性，积极参与到变革理论的反复建构过程之中。通过变革理论与实践探索的互动互建，以校长教育信念为核心的自主变革理论真正成为学校主体中每一位成员的理论，最终形成有学校自身特色的育人模式。

二、学校自主变革理论的三个案例

20 世纪 80 年代以来，我国的基础教育改革先后经历了自下而上的学校层面教学改革、区域层面教育实验以及国家层面课程改革几个阶段。20 世纪 80—90 年代，我国出现了众多在全国有影响的教学模式，如上海育才中学的"读读、议议、练练、讲讲"八字教学法、洋思中学的"先学后教，当堂训练"模式、魏书生的"定向、自学、讨论、答疑、自测、自结"六步课堂教学法等；20 世纪 90 年代以来，我国出现了以"主体教育""新基础教育""新教育实验"为代表的学校教育变革理论；2001 年之后，我国的基础教育改革进入国家课改理念和方案指导下的学校转型性变革，在深化课程改革的过程中，学校自主变革日渐成为基础教育改革的主战场。一大批顾及"今天"、立足"明天"的学校破土而出。这些学校都有自己综合性的自主变革理论，表现为学校的办学特色。因为学校自主变革理论生发于特定的土壤，难以移植到其他的学校，所以我们较少在公开刊物或出版的著作中看到"……学校自主变革理论"的表述。笔者以高校理论工作者的身份多次参与了附属学校教育教学改革的指导，这里选择其中的三所学校作为学校自主变革理论处于创建、发展、成熟三个阶段的个案，以便更深入地诠释学校自主变革理论的范畴及形成的过程。

（一）"童心教育"的初步构思与实践

"童心教育"是浙江师范大学附属义乌小学自主变革理论的初步构思及实践取向。

浙江师范大学附属义乌小学前身为楼下村初级小学，始创于1946年，2009年9月改名为稠江第二小学，2014年8月在义乌市教育局和浙江师范大学签约合作办学后更名挂牌。学校坐落于义乌江的天马湖畔，与钓鱼矶一峰塔隔江相望，一大半的生源是外来建设者子女，本地生源则以学校周边的楼下新村、童店新村的居民子女为主。

在该校校名为稠江第二小学期间，"学校坚持以德育为先，以课堂教学改革为中心，积极实践'办适合每一个孩子健康发展的教育，为孩子的幸福人生奠基'的办学理念。以'乐学，明理'为校训；以'和谐合作，自主发展'为校风；以'乐学善思，勤奋践行'为学风"[①]。

2014年8月，朱华英（义乌市政协委员）从义乌市实验小学调任浙江师范大学附属义乌小学主持副校长工作。带着义务市实验小学"阳光文化""为孩子的生命成长奠基"的理念以及"学导式"教学、"经典诵读"的经验和体会，站在学校发展新起点上，朱华英与学校教师一道研讨办学思路、探寻学校文化的核心，提出"童心教育"的设想，并通过制定五年（2015—2019学年）自主发展规划，开启"童心教育"实践探索的历程。

2016年制定的《浙江师范大学附属义乌小学章程》中对"童心教育"的学校发展格局做出如下归纳：

教育观：让儿童成为更好的自己。

学校办学理念：为了每一颗童心的美好未来。

学校办学目标：以童心育童心，让学校成为教师发展的乐土、儿童成长的乐园，办成有活力、高质量、面向未来的现代化优质学校。

学校办学特色：学校以"童心"文化为核心的教育价值观为统领，以"童心"课程体系为载体，培养"童心"学子。

"童心"学子培养目标：成为具有"礼、理、力、立"丰厚内涵的高素质公民。

校园文化：以"做童心的守护神"为校训；以"童心飞扬"为校风；以

---

① 佚名. 2014. 义乌市稠江第二小学. http://jhyw.zjzwfw.gov.cn/art/2014/5/20/art_27934_31853.html［2017-05-22］.

"尊重童心"为教风；以"童心向上"为学风；以"事在人为"为办学精神。（义乌市教育局，2016）

根据五年自主发展规划制定的《童心教育　童星闪耀——浙师大附属义乌小学童心课程建设实施方案》（内部文件）在课程背景部分界说了"童心教育"的内涵及理论架构（图4-3）：

　　基于教育者和受教育者纯正意义上人的发展的要求，遵循儿童生命发展的"次序"，让教育依归童心，依归儿童世界，提供贴近儿童发展的人生经历，关注儿童心灵和精神的成长，构建师生精神和文化成长的家园。

　　童心教育，让儿童成为儿童，把儿童的发展主体性还给儿童，把精神成长发展权还给儿童，使他们拥有自我选择和自我决定的权利，为孩子的生命发展和精神成长奠基，为儿童终身发展提供动力，让每一个儿童都成为那一颗最独特、最美丽的闪耀的星星。

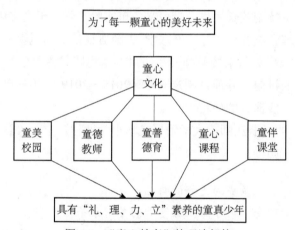

图 4-3　"童心教育"的理论架构

资料来源：《童心教育　童星闪耀——浙师大附属义乌小学童心课程建设实施方案》（浙江师范大学附属义乌小学内部文件）

该方案在课程目标部分对"礼、理、力、立"作如下阐释：

　　礼——有修养：学会做人，具备良好的文明礼仪习惯、学习生活习惯、品德行为习惯。

　　理——有智慧：学会学习，乐学善学、勤于反思，具备问题解决能力、创新的精神、信息意识。

力——有特长：学会选择，具有初步的选择意识和规划能力，萌发某方面的兴趣爱好或个性特长，为终身可持续发展奠定个性化基础。

立——会生活：学会做事，积极参与各项健康有益的活动，增强责任心，有效管理自己的学习和生活，认识和发现自我价值，发掘自身潜力，具有动手操作能力、实践能力和团结协作的精神，体验生活和成长的快乐。

根据《浙江省教育厅关于深化义务教育课程改革的指导意见》，该校课程分为基础性课程和拓展性课程两个部分，着力对拓展性童心课程进行了精心的设计（图 4-4）。

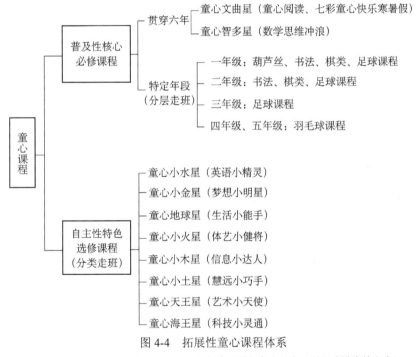

图 4-4 拓展性童心课程体系

资料来源：《童心教育 童星闪耀——浙师大附属义乌小学童心课程建设实施方案》
（浙江师范大学附属义乌小学内部文件）

在教学与课程评价方面，该校"推行'让学'理念，主研'童伴'课堂，不断探索适应素质教育的课堂教学新模式"，"注重过程性评价和综合性评价结合。不按考试成绩、学生名次作为衡量教师教学质量的唯一标准。开展好'童心大闯关'、'阅读酷跑通关'等趣味过关性评价活动"（义乌市教育局，2016）。

（二）"三生教育"的理论与实践

"三生教育"是浙江师范大学附属丁惠实验小学的自主变革理论与实践取向。

浙江师范大学附属丁惠实验小学创办于2014年，是一所新型的标准化学校。学校坐落于杭州市江干区东北部的皋亭山脚下，地处丁兰智慧小镇。筹办之初，江干区教育局专程派人考察引进湖北省优秀校长吴树超，希望他把浙江师范大学附属丁惠实验小学打造成全新的窗口学校。

初到这所学校时，吴树超徜徉于现代街区，四处寻找"根"的文化。智慧小镇、林立楼盘弥散着时代的气息，皋亭山下的"十里桃花坞"、孝子丁兰的佳话、历代文人的游历事迹赋予丁兰地方文化的特色。结合之前生命教育的理念以及"共度生命历程"的实践，他为浙江师范大学附属丁惠实验小学确立了"生命、生态、生长"教育理念。

吴树超很早就对生命教育进行了研究。他认为，生命作为社会存在物，从达尔文的物种起源，弗洛伊德对生命精神世界的研究，到现代强调人的生命质量提升和生命人格架构，无论哪个角度都是对生命的敬畏和尊重。生命与知识的融合，才是学校教育的主题。在浙江师范大学附属丁惠实验小学，他深化了这种教育思想，认为"生命、生态、生长"，才是完美的教育。生命教育，是赋予生命教育的文化性，目的是让学生懂得生命的意义；生态教育，是以文化涵养生命人文素养；生长教育，是给予学生成长过程的灵动性，本质是把快乐童年还给学生（方腊全，2016）。

以"三生教育"理念规划学校蓝图，首先要诠释办学理念、确定办学目标与培养目标，并通过"一训三风"奠定学校的"三生"主色调。

> 办学理念："三生教育"，即"以生命为基础，以生长为目标，以生态为支撑"。

> 办学目标：做"三生教育"，创智慧学校，育蕙美少年。力求校园建设智慧化、课程打造特色化、教育资源国际化、育人机制融通化、治理模式集团化，办成一所在全国闻名的具有国际特色的智慧化学校。

> 培养目标：培养具有"优雅生命、自由思想、责任担当、文化教养、品质创新"的蕙美少年。

> 一训三风：校训为"实施'三生'教育，成就孩子一生"；校风为"生命存德、生态育人、幸福生长"；教风为"博爱、优雅、智慧、创新"；学风为

"'蕙'雅、'蕙'思、'蕙'行、'蕙'美"。①

课程设计与教学改革是学校变革的重心所在。根据《浙江省教育厅关于深化义务教育课程改革的指导意见》《浙江省教育厅办公室关于建设义务教育拓展性课程的指导意见》《浙江省教育厅办公室关于促进义务教育课程整合的指导意见》，以及学校办学理念、学生发展的五方面核心素养（优雅生命、自由思想、责任担当、文化教养和品质创新），该校设置并践行了"三S"课程结构，如图4-5所示。

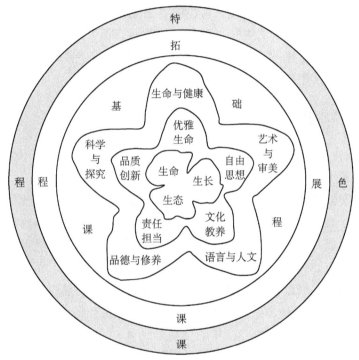

图4-5 "三S"课程结构

资料来源：《浙江师范大学附属丁蕙实验小学整体规划及特色项目汇编》（学校内部文件）

课程结构图寓意为蕙兰，蕙兰的叶繁花茂扎根于课程的五大领域（生命与健康、语言与人文、艺术与审美、品德与修养、科学与探究）。开出的五彩花瓣象征学生的五大核心素养，围绕五大核心素养的是基础课程、拓展课程和特色课程，螺旋式的环环递进。②

---

① 引自《浙江师范大学附属丁蕙实验小学整体规划及特色项目汇编》（学校内部文件）。
② 引自《浙江师范大学附属丁蕙实验小学整体规划及特色项目汇编》（学校内部文件）。

其中，基础课程包括国家课程和地方课程，通过再加工、再创造建立课程内容的分层分类体系；拓展课程主要分为普及性社团课程与精品课程两类，两者并驾齐驱，让所有学生都能根据爱好进行选择、学习；在五大课程领域下设置五大特色课程，分别是"生命教育""文化蕴养""蕙美听赏""三色生活""科技创新"。

在课程实施与评价方面正在探索的一些做法包括以下几个方面：弹性化的课时安排、融合式的课程整合、双边式的统整教学、智慧课堂的引进，以及主体参与式、自主选择式和阶段综合性评价等。

此外，该校建立并运行了颇具特色的"三生教育馆"和"智慧校园"两个资源保障平台，这被视为"三生"的摇篮。"三生教育馆"是生命体验馆、智慧生态馆、情意生长馆的总称；"智慧校园"由文化空间、物理空间、网络空间等三维空间组成，被视为学生自由成长的"生命场"。

（三）"博雅教育"的理论与实践

"博雅教育"是浙江省金华市柳湖小学（2017年5月与北山路小学合并为浙江师范大学附属小学）创立并处于实践之中的学校自主变革理论。

柳湖小学创建于2003年，是柳湖社区配套建立的一所配备现代化硬件设施的学校，坐落于城北尖峰山脚下，毗邻浙江师范大学，教师队伍由原来的两个村小的教师合并而成。第一任校长朱国华是一位美术特级教师，在美术教学（特别是水墨画教学）方面有丰富的经验。他发挥自己的特长和优势，在全校进行水墨画特长教育的实验。经过一年时间的探索，美术特色教学初显成效。在《中国美术教育》《当代小画家》杂志上先后刊发相关文章和专栏介绍之后，学校的水墨画特长教育为人们所认可和关注。

2004年，数学特级教师倪军健接任柳湖小学校长。经过管理层的多次调研与讨论，该校在延续水墨画特长教育的基础上，确定以艺术特色办学的基本思路；与此同时，倪军健着手思考学校精神的问题：

> 一次外出旅行，偶遇一老农在培树，我心想：树苗那么嫩小，等它长成之时，老农还能享受到吗？可老农却怀抱"前人种树，后人乘凉"的理念默默地继续他的培树之旅。思之深处，植树人身上展示的"只求耕耘，不问收获"的品格深深触动了我。再细细思量，我们的先辈们栽种这棵树时，想到的是子孙后代，根本没有他自己，根本不在乎有人是否知道他。这就是真心诚意、脚踏实地、默默奉献、着眼未来的植树人精神。

……思至此处，即立"植树人"精神为我们学校文化之精魂。（倪军健，2013：前言1）

倪军健校长用四句话形象地阐释了"植树人"精神的内涵：

植树人做的是平凡得不能再平凡的事，因为没人会羡慕——起的是平常心；植树人做的是容易得没有再容易的事，因为每个人都能做——拥有的是执著；植树人做的是永远不可能享福的事，因为树底下乘荫的是子孙后代——种下的是信念；植树人做的是没有多少人会理解的事，因为需要付出太多的寂寞和汗水——经历的是幸福。（倪军健，2013：17）

教育犹如植树，学生犹如所植之树。从"植树人"精神及办学特色出发，学校确定了学生发展的"八字方针"——健康、明理、好学、懂艺，作为一切工作的出发点和最终指向。2005年，学校挂牌"婺城少儿文化艺术学校"，经过三年的实践，"以文化为基础，以艺术为特长"的办学特色虽然取得了很好的社会反响，但是关注技艺的艺术教育因为缺乏人文内涵，出现了"高原现象"。

学校管理层意识到，学校需要一个教育思想来统领其教育实践，真正为学生的人生发展奠定坚实的基础。2008年，学校申请并获批研究课题"特长、特色、文化——少儿文化艺校实施博雅教育研究"，其下设立9个子课题，开始以课题引领实践的行动研究。2010年，课题研究完成了博雅教育理论和操作体系的建构，顺利结题并荣获婺城区优秀教科研成果一等奖。

"'博雅'，即'博学、雅行'。'博'是指知识结构层面的建构，注重人的知识技能的全面发展；'雅'是指精神气质层面的修行，培养言行举止优雅的人。"（英昌，2009）博雅教育操作系统如图4-6所示。

图4-6　博雅教育操作系统

资料来源：倪军健. 2013. 博雅教育的理论与实践.北京：北京大学出版社：26

博雅教育操作系统呈现为"1+1+2"的结构，即一个基础（体质体能）、一个中心（文明礼仪）、两个基本（经典诵读和琴棋书画）。操作系统包含博雅教育的目标体系、内容体系、评价体系和支持体系。

1. 博雅教育的目标体系

博雅教育的目标是：通过博雅教育，达到"文理交融、'技''道'提升、专能相承"，让学生成为具有广泛兴趣的人，初步掌握一些艺术技艺的人，具有谦谦礼仪的人，热爱生活、有社会责任感的人。具体而言，博雅教育的总目标包括健康、明理、好学、懂艺四大领域：健康，通过体质体能训练使学生具有健康的体魄和活泼的性格；明理，通过国学经典的学习，使学生养成"首孝悌，次谨信，泛爱众，而亲仁"的品行；好学，通过博雅教育内容的学习，培养小学生求知好学的精神；懂艺，通过琴棋书画的学习，培养小学生对艺术的兴趣，并初步掌握一门乐器的弹奏技巧。（倪军健，2013：26）

在博雅教育总目标下，具体目标包括体质体能目标、经典诵读目标、琴棋书画目标和文明礼仪目标。

2. 博雅教育的内容体系

博雅教育的内容包括体质体能、经典诵读、琴棋书画和文明礼仪四个方面。

体质体能有两方面内容：一是基于国家规定的小学生达标要求设置的体育项目；二是根据学校的培养目标设置的体质体能教育内容。体质体能教育依托大课间活动和体育健身班开展教学活动。

经典诵读内容有三条主线：国学经典、诗歌经典和儿童文学经典，按照年级分层诵读不同篇目。

琴棋书画方面，一般要求每个学生根据自身的情况选择修习一种或几种艺术，掌握某项艺术的操作表演技法，学习本项艺术的名人事迹和艺术史话，知道琴棋书画各种艺术间的文化关联等。

文明礼仪教育的文本内容主要是传统的《弟子规》和当代的《小学生日常行为规范》。两者结合成为一种制度文化，划分为两大主题：乘车、见面、课堂、集会礼仪和"坐、立、行、说、穿"的礼仪。（倪军健，2013：28-33）

3. 博雅教育的评价体系

博雅教育的评价体系包含弟子规践行评价、经典诵读评价、文明礼仪评价和体艺评价四个维度。

弟子规践行评价指标是以《弟子规》《小学生日常行为规范》《小学生守则》为基础编定的《弟子规践行评价表》，分为生活有规、学习有法和做人有德三大指标。评价采用学生自评、班主任评价和家长评价相结合的方式进行。经典诵读评价旨在了解学生的阅读兴趣与能力，包括阅读分层考核与阅读小博士评比两种方式。文明礼仪评价一般通过"争章""争卡"等活动加以落实。体艺评价由过程性评价与总结性评价组成。前者依据活动过程的记录发现学生的优点和不足，后者依照体育类或艺术类分项评价标准表，考核学习态度和学习成效。

4. 博雅教育的支持体系

博雅教育的支持体系包括物质保障、制度支持、师资保障和精神引领四个方面。

物质保障体现在体艺设施的完善和博雅环境的营造；制度支持着力于教科研管理制度和艺术场所管理制度的建设；师资保障主要通过校内培训与校外聘用的方式保证师资的数量和质量；精神引领指的是为人师者应"三立"，即立德、立言、立行，是"植树人"精神在教师身上的体现。

三、学校自主变革理论形成过程分析

在基础教育课程改革深化的背景下，上述三所学校的自主变革理论分别处于不同的发展阶段，具有一定的代表性。比较它们的形成过程，可以更清楚地看到三种理论各自的特点及共性所在，也能够为普通中小学建构并实践自主变革理论提供一些有益的启示。

（一）学校自主变革理论形成与发展的阶段性特征

1. 初构与摸索阶段的"童心教育"

初构与摸索阶段的学校自主变革理论具有以下特征：一是理论框架已初具雏形，但理论的逻辑性和完整性尚存在不足，有待于更充分的理论论证；二是已经有局部的实践操作体系，但尚未涵盖全局，实践策略有待于总结、概括。

以此反观"童心教育"理论，《浙江师范大学附属义乌小学章程》中厘定的教育观、办学理念、办学特色及"一训三风"集中体现了"童心教育"思想；图4-3展现了"童心教育"的理论架构。但是，从理论的完整性与论证的充分性加以衡量，"童心教育"理论在一些方面还有待于进一步完善。首先，如何定位童心的现实与未来的关系问题。在童年阶段，童心为本心；在成人阶段，童心还是本心吗？若不是，成人的本心是什么？抑或还有"社会心"？童心如何发展到"成人心"？依此推论，童心的美好未来是什么样的？"童心教育"应该对应于儿童阶段，青少年阶段是否该有另一种教育接续童心教育？与这些相关的是"童德教师"的提法，其中也有一些需要澄清的问题，童德是师德的一个组成部分吗？教师的童德与儿童的品德有何区别？一般的师德要求能否胜任童善德育？等等。其次，核心概念的界说。理论是由核心概念组成的结构体系。"童心教育"理论最核心的概念有"童心"和"童心教育"两个。对童心内涵与外延的规定是建立"童心教育"理论与操作体系的逻辑前提。例如，外延上若界说了童心包括童真、童趣、童美，"童心教育"就有了对应的三个维度。"童心教育"理论未对童心做出清晰的规定，影响了建构主体对"童心教育"本质属性的把握。这也是建构主体采用现象描述方式界说"童心教育"内涵的原因之一。除了上述两个核心概念之外，"童心教育"理论还涉及童心文化、童美校园、童德教师、童心课程、童伴课堂等基本概念，随着理论的丰富和充实，还会出现一些相关的新概念。因此，在加强理论系统完整性的过程中，许多概念及其相互之间的关系都有待于进一步澄清、完善。

目前，"童心教育"的实践体系主要有拓展性的童心课程、童伴课堂以及趣味过关性评价等。拓展性童心课程体系特色鲜明，渐趋成熟；相对而言，基础性课程校本化的设计尚未形成系统的操作体系。教学实践有了"让学"的理念，但"让学"的策略尚需探索。"让学"的童伴课堂有待于进一步实践研究。过程性评价和综合性评价的指标体系也需要逐步建立和完善。

理论和实践是互生互建的。"童心教育"既有了教育观及初步的理论框架，也有了卓有成效的实践变革。伴随着实践变革从局部扩及整体、从学校自主走向教师自主，新问题会不断出现。面对问题、解决问题是现阶段"童心教育"理论与实践的主旋律。

2. 发展与完善阶段的"三生教育"

发展与完善阶段的学校自主变革理论具有以下特点：一是理论框架比较健全，逻辑性和完整性的论证比较充分；二是形成了一整套的操作体系，实践创新方兴未艾；三是理论与实践全面互动，形成新共同体的雏形。

"三生教育"提出并践行的时间虽然较短，但学校在筹备时就有了全局性的理论设计，并将其作为学校办学及教育教学实践的指南，因此，在理论与实践的互动互建中很快步入了发展与完善阶段。

第一，"三生教育"是基于生命教育观提出的。新基础教育建立的"生命·实践"教育学派为生命教育观提供了哲学和教育学的依据，理论的建构者之前对生命教育的研究及实践也为"三生教育"奠定了坚实的基础。

第二，"三生教育"的范畴涵盖了整体的学校变革。"生命"与学校中人的因素相对应；"生长"聚焦、指向人的因素中的儿童；"生态"涵盖了学校物理的自然生态、学校人际的生态和学生人性的自然生态。因为"三生"可以统领学校变革所涉及的人、物以及相互的关系，"三生教育"实践就能够从校园建设、课程打造、教学创新、教育资源、育人机制、治理模式等方面全方位展开。这也是"三生教育"理论在短时间内进入发展与完善阶段的原因之一。

第三，"三生教育"共同体已经初步形成。一所新建的学校，一个智慧化的校园，一位构思了自主变革理论框架的校长，一个以高标准聘任的学校管理人员和教师队伍。组建的管理层和就位的新教师一开始就参与到校长开启的变革中，各自在相应领域研究、实践"三生教育"。当学校的"三生教育"育人机制正常运行之后，学校的管理层和教师就已经成为"三生教育"的共同体了。当前，学校制定了"德育新共同体"实施规划，表明"三生教育"共同体建设正向纵深的五大领域拓展。

第四，"三S"课程日趋成熟，"三S"课程是学校课程的顶层设计，其中的五大领域以及基础课程、拓展课程、特色课程的实施方案也就是"三生教育"教学的实践体系。依据"三S"课程的实施方案，各领域共同体及共同体中的每一位成员任务明确，"孝廉课程""生态德育新共同体""三维空间建设"等系列课题相继涌现，说明学校主体的主观能动性得到了充分的发挥。

第五，"三生"智慧教育格局形成。该校的变革理论包含"三生教育"和"智慧教育"，与两者相关的有生命教育、生态教育、生长教育、智慧校园、三生教育馆、三维空间、"三S"课程、体验教育、智慧课堂等。目前，对两者关系的理解停留在"遵循三生理念，推行智慧教育""做三生教育，创智慧学校"的表述上，学校没有对两者的性质及关系做出明确的界定。"智慧校园建设——丁蕙智慧教育实施规划"的建设目标中提出，"以'平台+应用+服务'的方式，将'管理·教学·服务'作为重点进行规划，以'系统平台·校园平台·办公平台·校园网站平台'的梯度进行实施，打造一个完整的'智慧校园'生态系统"①。可见，"智慧教育"是基于信息技术、"互联网+"的智能化手段或方式的育人活动，或者说是基于智慧校园的教育。笔者认为，两者的区别和联系在于，"三生教育"有价值取向、目标追求及课程内容，"智慧教育"立足于智能化技术手段，本身没有特定的价值取

---

① 引自《浙江师范大学附属丁蕙实验小学整体规划及特色项目汇编》（学校内部文件）。

向，主要是针对教育形式、教育过程展开方式而言的。因此，把两者关系定位于"基于'智慧校园'的'三生教育'"似乎更合理一些。如此，以"三维空间"的"智慧校园"为基，以强调体验的"三生教育馆"为纵轴，串起"三 S"课程，最后通达"蕙美少年"。这样一个"三生"智慧教育的立体框架很自然地呈现在我们的眼前。当然，这只是笔者在该校现有理论与实践基础上的一些想法，借此表达"三生教育"理论处于发展阶段，还有进一步完善的空间。

需要进一步完善的还有课堂教学的变革。关于课堂教学的重构，《浙江师范大学附属丁蕙实验小学整体规划及特色项目汇编》中有两种提法：一是"遵循学校的'三生'教育理念，打造适合课程培养目标的民主的、情感的、探究的、体验的、创新的五彩课堂"；二是"充分利用'信息高速公路'、'教育物联网'、'TEAM Model'智慧教育软件等信息技术手段打造智慧课堂……形成 TEAM Model 之教学、评量、诊断和补救等四大 e 化服务下的智慧课堂模式"[①]。前者从"三生教育"理论定位课堂的性质及价值取向；后者从"智慧教育"视角概括新型的课堂形态。如果认同"基于'智慧校园'的'三生教育'"，课堂教学模式应该是智慧形态的五彩课堂，暂且称之为"智慧五彩课堂"（或五彩智慧课堂）。即使学校主体认同了这一提议，"智慧五彩课堂"还是仅仅停留在课堂价值观及课堂形态层面，如何营造"五彩"的机制或策略有待变革性教学实践进一步的回答。这是"三生教育"走向成熟历程必须提交的一份答卷。

3. 成熟与稳定阶段的"博雅教育"

成熟与稳定阶段的学校自主变革理论具有以下特性：一是教育思想有充分的理论论证，理论框架的逻辑体系完整；二是实践体系的可行性与有效性得到实践的检验，形成一套比较成熟的运行体制；三是学校主体发展成为理论与实践的共同体，形成学校的教学实践范式。到了这一阶段，学校变革的重心从外在有形的变革转移到内在无形的变革，学校进入常态化变革性教学实践的理想状态。

柳湖小学的"博雅教育"理论与实践具备了以上这些特性，具体表现在如下几个方面。

其一，从基础教育本源及时代主体素养论证"博雅教育"适切性，确定基本范畴。在"博雅教育"研究课题展开之后，课题组成员首先对"博雅教育"的历史渊源进行了考察。在解读西方古希腊的自由技艺、中世纪的自由七艺、近代的博雅教育以及中国古代的六艺教育之后，"我们把亚里士多德的博雅教育理念、中国古代孔子的'六艺'以及我国现阶段的素质教育理念作为我校博雅教育内涵的

---

① 引自《浙江师范大学附属丁蕙实验小学整体规划及特色项目汇编》（学校内部文件）。

理论基础。最终我们认为博雅教育，其核心是人文教育，是一种人文追求，对以工具价值为主体的功利教育具有匡正之功"（倪军健，2013：23）。这样，"博雅"就对原有的"以文化为基础，以艺术为特长"的办学特色作了理论的概括和论证，并据此形成了与"博雅"相对应的、具有鲜明特色的艺术教育和国学教育两大领域，以及"1+1+2"结构体系。

其二，常态化的"1+1+2"教育教学实践成效显著。"1+1+2"常态化意味着一个基础、一个中心、两个基本不仅成为学校教育教学的实践取向，还形成了有效的运行机制。细而言之，体质体能的培育践行食补、动补、心补的"三补"观念及策略——吃出健康身体，练就强健体魄，养成积极心态；文明礼仪教育实行课堂明理、活动践行、生活自觉方略，做到"进退应对真正行、躬行践履做真事"；经典诵读依循呈现经典、打开经典、体悟经典的逻辑，让国学充满校园，让经典信手可及，让传统生发新义；琴棋书画教学把"双关"（把好教师艺术修养关，把好教师课堂教学关）、重自选，使"一天三练"日常化。我们可以把上述几个方面概括为"1+1+2"教学实践范式——博雅理念、国学涵养、艺术熏陶的教学实践范式。显然，内蕴理念、涵养、熏陶的教学是生成的、智慧的师生活动，是一种变革性的教学实践。

其三，"博雅教育"共同体特征明显。这具体表现为有共同的经历、共同的信念、共同的目标、共同的修养，当然还有共同的研究领域。共同的经历起于2003年学校初建之时的水墨画特长教育，之后有了"植树人"精神，再往后共同参与博雅教育课题研究，有了"博雅教育"思想以及实践探索。在国学教育、艺术教育实践过程中，学校开展了国学经典专题培训、教师才艺技能培训、教师礼仪过关培训、教师暑期师德培训，并要求"每位教师都必须学习掌握一门艺术专长，做学生的陪练""每学期教师明确一本背诵的经典，学校邀请国学老师每周一小时讲解，每周进行学习成果分享"（倪军健，2013：前言3）。这些举措为柳湖小学教师队伍打上了"博雅"文化的印记。从成员结构看，"博雅教育"共同体由三部分组成：一是本校管理人员和教师，是共同体中的核心成员；二是外聘专家，包括外聘的艺术教师和大学的学者，是共同体中的指导成员；三是学生家长，通过课题家长论证会等形式参与"博雅教育"课题，是共同体中的支持力量。多层次的结构既确保了共同体的稳定性，也保证了共同体力量的最大化。

"博雅教育"经过10多年理论与实践的互生互建已经比较成熟了，但不意味着学校变革使命的终结，可以按既定步伐重复教育实践活动。相对成熟的"博雅教育"主要体现在教育思想、理论框架、课程结构、国学与艺术教育教学的成熟，基础课程领域的"博雅"校本化以及"博雅"课堂教学等方面还有进一步发展与深化的空间。从未来发展趋势上说，与其他学校的自主变革一样，"博雅教育"理论与实践的精神与活力在于创新，需要在变革性实践过程中不断思考深层次的问题，不断修正自身以应对社会快速发展所带来的各种各样的新情境。没有创新，就不可能与时俱进，教育教学实践就会重新回到形式化的、固化的轨道，学校的光环就会慢慢消退。一所声名鹊起的学校在其辉煌时期应该对此有清醒的认识。

（二）学校自主变革理论形成与发展的关键因素分析

影响学校自主变革理论形成与发展的因素有很多。从大的方面说，社会文化的变迁、主观世界现实规定的改变、国家基础教育改革的推进、学校变革理论的发展、区域教育发展政策或规划的制定等都是促成学校自主变革理论形成的外部因素。具体到学校层面，学校历史文化不同程度地隐含办学精神、价值取向或某种理念，学校优势领域或条件预示学校自主变革的方向，社区文化情境潜含地域特色的教育主题，学校现有发展水平决定自主变革空间的大小，学校主体的观念及意向决定能否推开自主变革的大门并走上学校创新之路。在学校主体当中，校长是决策者、领导者。自主变革之门的钥匙在校长手中，因此，校长无疑是学校自主变革理论形成与发展最为关键的因素。

比较三所学校的自主变革理论，由于校长自身的专业背景、工作经历以及教育观的不同，我们可以看到它们各具特色的形成与发展轨迹。

调任的浙江师范大学附属义乌小学副校长朱华英原是义乌市实验小学副校长，语文高级教师，"学导式"教学、经典诵读教学成效显著，在《人民教育》等刊物上发表多篇相关学术论文。她原先所在的义乌市实验小学"秉承'教孩子六年，想孩子今后的六十年，为孩子的生命成长奠基'的办学理念，以'阳光文化'为核心，做'阳光教育'，建'阳光校园'，创'阳光课堂'，炼'阳光教师'，育'阳光学生'，创造了优异的办学业绩"①。以上经历和背景在她身上打上了阳光文化的印记。就任浙江师范大学附属义乌小学副校长后，创建学校自主变革理论自然进入其工作思路之中。带着"为孩子的生命成长奠基"的观念，她回溯该校前身稠江第二小学的办学理念，发现"以德育为先，以课堂教学改革为中心"以及"为孩子的幸福人生奠基"等接续生长点，也就找到了更名后新学校自主变革理论的出发点。沿着这一方向，继承学校的积淀，"童心文化"进入朱华英的视野。此后，学校邀请浙江师范大学文化创意与传播学院院长田中初教授等专家一起研读童心文化，在学校主体进一步的头脑风暴中形成"创童美校园，炼童德教师，做

---

① 佚名. 2014. 义乌市实验小学. http://jhyw.zjzwfw.gov.cn/art/2014/5/19/art_27934_24619.html［2017-05-23］.

童善德育，建童心课程，研童伴课堂"的"童心教育"方案。2016 年，作为大学与中小学合作的一项措施，浙江师范大学教师教育学院特聘教授、特级教师郎建胜外派挂职浙江师范大学附属义乌小学副校长，教师教育学院专家团队介入指导，围绕"童心"概念内涵、学校文化和办学理念改进，以及课程建设、师资队伍建设、制度建设等方面提出意见和建议。当前，初构的"童心教育"理论行动研究过程处于修正和发展阶段。

从浙江师范大学附属丁蕙实验小学官方网站的行政班子简介栏目，我们能了解到首任（现任）校长吴树超的专业背景和丰富的实践经历：

> 湖北省特级教师、湖北省教育学会第二届"基础教育科研之星"、湖北省教科研"百佳个人"、"黄冈市十佳创新校长"。先后被聘为国家教材编审委员、国培班讲师……湖北教材编写委员会委员、湖北省中青年教育理论工作者委员会理事、湖北教育学会理事、黄冈教育学会副理事长、湖北省教育学院特聘教师。他 19 岁即担任市毕业年级主任，22 岁成为市最年轻的教研员，28 岁创办湖北省最年轻的一所省级示范学校，31 岁被评为特级教师，34 岁担任市教育局党组成员、教研室主任……多年来，他致力于教育创新，力求使自己的教改形成特色，在教学实践中，他持之以恒地将自身积极的情感体验注入到教学的各个环节中，从而构建了独特的"情感引发—情感体验—情感升华—情感外化"的"乐学"模式，为省内外同行提供实验课、研究课、示范课、观摩课达 100 多节，有 300 多篇教案、论文在国家级、省级刊物上发表。承担多项国家、省重点课实验，多次获得国家、省一二等奖。参加了国家、省教材、教师用书、学生用书的编写多达 60 余本。[①]

这段资讯清晰地呈现了我国基础教育改革背景下一位理想校长的形象。他是教育实践家，从武穴市第二实验小学的变革性实践到教研工作，形成"乐学"教学模式，打造省级示范学校，成为湖北省中小学教育改革的一面旗帜；他是教育学者、教育专家，担任各级教材编委、学会理事、国培班讲师、高校特聘教师，参编各级教学用书，承担各级课题，对生命教育有深入研究，有坚定的教育信念及系统化的教育观。

系统化的生命教育观就是他启动浙江师范大学附属丁蕙实验小学自主变革这扇大门的金钥匙。从现在实践的"三生教育"理论看，吴树超校长在思考和谋划

---

① 佚名. 2016. 丁蕙实验小学行政班子简介. http://zsddhxx.jgedu.net.cn/art/2016/1/5/art_1102_264442.html［2017-05-22］.

学校建设与发展时涉及了如下几个主题：学生生命活动的展开及生命质量的提升、社区历史与现实文化——"孝文化"与智慧小镇、现代化校园优势——信息化校园，以及浙江省义务教育改革的指导性政策等。"三生教育"理论是这些主题聚合的结果。归因于校长良好的教育理论素养、丰富的变革性实践经验，以及江干区教育局的全力支持和研究生比例占六成的教师队伍，"三生教育"一开始就奠定了学校发展的步调，并很快进入发展与完善的快车道。

与前两位校长相比较，柳湖小学校长的"博雅教育"之路是一条崎岖的小道，走得更艰辛。这与他的专业背景及工作经历直接相关。

倪军键从金华师范学校毕业后被保送到浙江师范大学教育系学习，1996 年毕业后进入金华师范学校附属小学成为一名数学教师，其间时常作为金华市代表参加省里的新课程研讨及观摩教学示范课，很快成为青年骨干教师。他的课堂深受学生欢迎。倪军健曾由衷地感叹，当你真正爱上教育这项事业时，你会觉得其乐无穷""心需要心的关怀，心需要心的爱护。2002 年，他赴任白龙桥实验小学校长，着力建设"规范、示范、争创一流"的省级示范小学，成绩斐然，被业界称为"办学鬼才"。2004 年，新建仅一年的柳湖小学在艰难起步过程中迎来这位"鬼才"，开启了它的辉煌历程。

"鬼才"的神奇之处在于"山重水复疑无路"之时，总是能给人"柳暗花明又一村"的惊喜。他面对新建学校校园文化的迷惘，破天荒地提出"植树人"精神，于是有了学校文化的精魂；置身于"城市学校，农村师资"、学龄儿童少、生源竞争力弱的生存境遇，把水墨画特长教育拓展为艺术教育特色，开辟出了浙江省体育特色学校、浙江省艺术特色学校、少儿文化艺术学校的新天地。他发现琴棋书画的娴熟技艺缺失内在涵养、艺术教育进入"高原期"，从古人那里寻找答案，叩开国学教育的大门，走上了"博雅教育"的道路。当"摸着石头过河"至深水区难以前行时，总有领域专家指点迷津，让他抵达彼岸。

与倪军健接触多了才知道"鬼才"并非想象中的那么神奇。在接手柳湖小学之后，他也有过许多的困惑和迷茫，是教育之乐、关爱之情推动他不断突破困境，开创了一个又一个的新局面，是他的基础理论修养、教育教学信念、教育创新精神催生了"博雅教育"的理论，是逐渐形成的学校共同体的创新性实践造就了今天的名校。站在新起点上，"博雅教育"将会有更多的新成就展现在世人的面前。

纵观三所学校自主变革理论的形成与发展过程，起到关键作用的校长风采纷呈，但有很多共同的地方，如有强烈的事业心、进取心和使命感，有教育信念和自己的教育思想，有创新的精神和意向，走在教学改革的前沿，有浓厚的科研意识并有系列的研究成果，重视学校共同体建设、发挥教师的主观能动性，等等。

三位校长在这些方面也各有其优势，并影响着学校自主变革理论建构的方式。例如，浙江师范大学附属义乌小学校长有"阳光教育"理念及教学心得，并将其转化为适合新学校的变革理论——"童心教育"，需要边实践边完善；浙江师范大学附属丁蕙实验小学校长有自己深入研究的生命教育观，在实践展开前就完成了系统的理论建构；柳湖小学校长在这几方面比较均衡，在学校发展、解决问题的实践过程中一步步地找到了适合自身的"博雅教育"之路。

在学校走向变革性实践的今天，不同的学校结合自身的文化情境、办学条件及其优劣状况，如何形成自主变革理论？上面三所学校的自主变革理论及其形成与发展过程作为比较典型的个案，可以带给我们很多的启示。

第五章

学校教学实践范式的建设

教学是学校教育最基本的活动。学校自主变革理论需要具体化为教学实践体系才能实现育人的价值。一所学校的自主变革理论必须经过实践的检验，在互生互建过程中逐步完善。自主变革理论达到成熟阶段，相对应的学校教学实践也将进步到范式的层面。但这是否意味着学校教学实践范式必须以自主变革理论为前提条件？在目前多数中小学校尚未形成自主变革理论的情形下，学校的教学改革也在进行。国家基础教育课程改革推行了 10 多年，没有一所学校可以游离于课程与教学改革之外。那么，这些学校的教学改革之路会通向何方？20 世纪 80—90 年代，自下而上的教学改革风起云涌，出现了许多有影响的教学模式。它们关涉学校自主变革理论吗，与学校教学实践范式是什么关系？在基础教育课程与教学改革转向学校自主变革阶段时，学校变革性实践中的这些问题会陆续出现在人们面前。为了厘清它们，我们需要搞清楚什么是学校教学实践范式，以及它的形成与发展机制。

第一节 学校教学实践范式及相关概念

与学校教学实践范式相关的概念范畴有模式、范式、教学模式、教学范式、教学实践范式等。在这里，我们通过对这些概念的辨析廓清学校教学实践范式的内涵与外延。

一、模式与范式

"模式"是一个界域比较模糊却被广泛应用，似乎不言自明的词。在词源学上，"模"初义为模型，引申为规范、模范、楷式（商务印书馆编辑部，1988：877）。模式亦指范型，一般指可以作为范本、模本、变本的式样，在社会学中，是研究自然现象或社会现象的理论图式和解释方案，同时也是一种思想体系和思维方式（辞海编辑委员会，1999：3748）。《现代汉语词典》释义模式为"某种事物的标准形式或使人可以照着做的标准样式"（中国社会科学院语言研究所词典编辑室，2012：913）。英语中的模式与模型同义。模式（pattern）一词来源于拉丁语中 pater（父亲）派生的 patronus（保护者），引申词义为范例、样式、图案等；模型（model）一词来源于拉丁语中 modus（量器）派生的 modulus（小量器），引申词义为尺度、样本、标准等。可见，模式的本义是模型，引申为范例、范型、标准等。

模式作为现代学术用语，其基本含义超越静态的本义和引申义，有了动态、系统的意蕴。科学哲学"历史学派"代表人物之一、美国哲学家瓦尔托夫斯基（M. W. Wartofsky）在其著作《模型》中对模型的实质和作用提出了新的见解："我不把'模型'狭窄地理解为仅仅是对现有事物的摹仿或某个未来设施的雏型，我把'模型'的涵义加以扩展，认为它不仅是一个实体，更重要的是一种行动方式，它不仅提出未来的某个科学目的，而且说明达到此目的的手段。"（转引自：罗慧生：1981）在这种意义上，模型是根据实践需要和一定的科学原理设计和创造出来的新观念、新事物、新行为，是主体的某种创造性的构思，是"观念的东西转化为实在的东西"的中介（李定仁，徐继存，2001：282-283）。在日常语境中，模式也用来指代主体行为的一般方式，具有重复性、结构性、稳定性和可操作性的特征。

"范式"（paradigm）源自希腊语词 paradeigma，本义为"一个接一个地展示"，英语词典中解释为范例、样式、模式或某一科学的研究方法（李赋宁，1997：1026）。20 世纪 60 年代，美国著名科学哲学家托马斯·库恩（Thomas S. Kuhn）在其著作《科学革命的结构》中用范式指代科学革命之际相应科学领域发生变化的那部分内容中最为核心的东西。虽然范式是该书中的两大核心概念之一（另一个是"不可通约"），但并没有对其做出明确的界定。作者也承认它的"过分可塑性""几乎可以满足任何人的任何需要"（托马斯·库恩，2004：287）。

《科学革命的结构》一书中涉及范式含义的文本内容有以下一些段落或语句：

我所谓的范式通常是指那些公认的科学成就，它们在一段时间里为实践共同体提供典型的问题和解答。

许多著名的科学经典……都在一段时期内为以后几代实践者们暗暗规定了一个研究领域的合理问题和方法。这些著作之所以能起到这样的作用，就在于它们共同具有两个基本的特征。它们的成就空前地吸引一批坚定的拥护者，使他们脱离科学活动的其他竞争模式。同时，这些成就又足以无限制地为重新组成的一批实践者留下有待解决的种种问题。凡是共有这两个特征的成就，我此后便称之为"范式"，这是一个与"常规科学"密切有关的术语。我选择这个术语，意欲提示出某些实际科学实践的公认范例——它们包括定律、理论、应用和仪器在一起——为特定的连贯的科学研究的传统提供模型。

以共同范式为基础进行研究的人，都承诺同样的规则和标准从事科学实践。科学实践所产生的这种承诺和明显的一致是常规科学的先决条件，亦即一个特定研究传统的发生与延续的先决条件。

按照其已确定的用法，一个范式就是一个公认的模型或模式（pattern），在这一意义上，在我找不出更好的词汇的情况下，使用"paradigm"（范式）一词似颇合适。但人们将很快就会看出，许可这种合适的模型和模式的意义，并不完全是在"范式"定义中通常包含的意义。

范式一改变，这世界本身也随之改变了。科学家由一个新范式指引，去采用新工具，注意新领域。甚至更为重要的是，在革命过程中科学家用熟悉的工具去注意以前注意过的地方时，他们会看到新的不同的东西。这就好像整个专业共同体突然被载运到另一个行星上去，在那儿他们过去所熟悉的物体显现在一种不同的光线中，并与他们不熟悉的物体结合在一起。（托马斯·库恩，2003：X，9，10，21，101）

上面的论述向我们传递了范式的如下含义：范式是科学共同体（"一批坚定的拥护者"或"重新组成的一批实践者"）公认、共有的范例、模型或模式，是"已有的科学成就、一组共有的信念、一种成功的形而上学思辨、一组仪器操作规范乃至于一整套世界观和方法论的组合等在内的综合体"（陈俊，2007）。后来，针对主流科学哲学家对其范式概念含糊不清的批评，托马斯·库恩在《对范式的再思考》一文中对范式的两种用法进行了说明：一是抽象的用法，指一个特定共同体成员所共有的信念、价值、技术等构成的整体；二是具体的用法，指解决问题时具体的操作模式（范例）。

此后，范式这一概念被广泛移用于科学学之外的领域，很多学者在托马斯·库恩所说的"范式"意蕴的基础上作了进一步的界定。我国教育学者也对此作了不同的解读："范式就是指科学共同体用基本一致的思考方式来研究同一领域的特定问题，简言之，范式代表了一种近乎固定的问题和解题方式"（崔允漷，1996）；"'范式'是从事某一科学的科学家群体所共同遵从的世界观和行为方式"（陈向明，2000：378）；"范式是指在某一时代背景下，拥有共同信仰和价值理念的科学研究者在相同的理论基础的指导下从事的一系列实践活动"（王文丽，2017）。

综合国内外学者关于范式的理解，成熟的范式应该包含领域共同体、共同的信念、共享的理论或思想、需要面对的问题域、共有的工具和方法、操作规范等元素。范式的形成过程可能从信念、理论开始，然后慢慢扩及实践的操作规范，也可能从实践中的工具、策略、操作规范开始，而后形成信念、完善理论。如此，范式的结构关系就会出现以信念、理论为核心的结构和以工具、策略、操作规范为核心的结构。前者与托马斯·库恩所称的抽象的用法相契合，后者与具体的用法相对应。

如此，我们可以判定模式和范式是一种包容的关系，即范式是一类得到公认的、结构复杂的综合模式。

模式有理论模式、实践模式和综合模式之别。理论模式是关于自然现象或社会现象的理论图式和解释方案，包括思想体系、思维方式、方法论以及理论问题域，如中西方古代的人性论或灵魂论、卢梭的自然教育理论等；实践模式是一套改造客观或主观世界的行之有效的操作规范或体系，包括实践工具、实践方法、操作流程等，如教学实践中的"学导式"教学、"读读、议议、练练、讲讲"、"课堂教学六步法"等。综合模式既有理论图式和解释方案，也有操作规范或体系，如传统教育模式、"生命·实践"教育、"博雅教育"、"三生教育"等。

模式的创建和发展完善既可以由个体完成，如自然教育理论、课堂教学六步法等，也可以由群体承担，如中西方的人性论或灵魂论等。很多时候，模式由个体初创，需要他人或群体的参与才有可能得到发展与完善，如传统教育模式、"生命·实践"教育等。如果某一模式的成就空前地吸引一批坚定的拥护者，并为他们留下有待解决的种种问题，那么这一模式就发展成了范式。

二、教学模式与教学范式

教学模式的概念最早见于美国学者乔伊斯（B. Joyce）和韦尔（M. Well）的著作《教学模式》。该书从 1972 年出版以来，至今已修订至第 8 版。他们在第 1 版中对教学模式作了如下界定："教学模式是构成课程和课业、选择教材、提示教师活动的一种范型或计划。"（转引自：钟启泉，1988：162）值得注意的是，后续修订的版本中删去了这个定义，第7版中指出："教学过程的核心就是创设一种环境。在这个环境里，学生能够互相影响，学会如何学习。一种教学模式就是一种学习环境。这种环境有多种用途，从如何安排学科、课程、单元、课题到设计教学资料。如：教材、练习册、多媒体程序、计算机辅助学习程序等"（乔伊斯等，2002：15）。在该著作中，乔伊斯等依据教学模式是指向人类还是指向人类的学习，将它们分为社会型、信息加工型、个人型和行为系统型四种类型。

20世纪80年代，我国学者在中小学教改实验背景下引入这一概念，初期对教学模式的定义可归纳为两种意见：①模式属方法范畴。有人认为模式就是方法，有人认为模式是方法的综合，有人认为各种方法在具体时间、地点和条件下表现为不同的空间结构和时间序列，从而形成不同的模式。②模式与教学结构紧密相关，教学模式是人们在一定的教学思想的指导下对教学客观结构做出的主观选择（杨小微，旷习模，1987）。20世纪80年代末以后，教学理论研究开始从机械论方法转向系统论方法，人们对教学模式的理解也从局部视野扩展到整体视域，出现了如下一些具有代表性的观点："根据客观的教学规律和一定的教学指导思想而形成的，师生在教学过程中必须遵循的比较稳固的教学程序及其实施方法的策略体系"（柳海民，1988）；教学模式是"在一定的教学思想指导下围绕着教学活动中的某一主题，形成相对稳定的、系统化和理论化的教学范型"（李秉德，1991：256）。在21世纪国家新一轮课程改革全面推进的形势下，模式作为理论与实践的中介受到人们更大的关注，并反映在教学模式的定义之中：教学模式是"在一定教育思想或教学理论指导下所形成的关于教学的理想意图及其实施方案"（李定仁，徐继存，2001：286）；"教学模式是在教学实践基础上建立起来的一整套组织、设计和调控教学活动的方法论体系，它由教育（哲学）主题、功能目标、结构程序及操作要领构成"（杨小微，2010：199）。

对教学模式的理解，乔伊斯等从范型或计划到学习环境，我国教学理论界从教学方法或教学结构到策略体系、方法论体系，都是对教育实践变革所做出的反映，也是对教学模式认识不断深化的结果。综合国内外学者对教学模式的理解，我们可以用图5-1比较形象地展示它与教学理论、教学实践的结构关系。

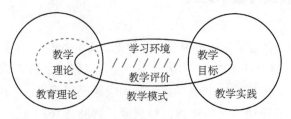

图 5-1　教学模式与教学理论、教学实践的结构关系

当前，教学模式已进入一些教学论著作的章节之中。相对于教学模式来说，教学范式这一提法相对少一些，教育教学实践当中有时甚至把两者作为同义词或近义词使用。基于前面对模式和范式关系的认识，教学模式与教学范式在学理上还是有区别的。

范式归属哲学范畴。教学范式是范式理论在教育学领域的具体运用。教学范式最早见于美国教学研究专家盖奇（Nathaniel Lees Gage）主编的《教学研究手册》（1963）。盖奇认为，范式就是思维方式或研究方式，"教学范式是由研究共同体、理论基础、研究方法、研究共同体统一的表达方式和评价标准所构成的综合体"（转引自：王文丽，2017）。盖奇关于教学范式的理解以及提出的教学研究三种范式（效果—标准范式、教学过程范式和教学机器范式）尚局限于教学研究的范畴。我国学者对教学范式的理解从研究共同体扩展到教学共同体，有强调其理论性的，如教学范式"是指人们对教育领域教学这一特殊现象和复杂活动的最基本的理解或基本看法"（陈晓端，2004）；有侧重实践一面的，如教学范式"是指教学人员及研究群体共同接受的信念，并在其支配与指导下对教学活动的基本规范和结构式框架的共同认识"（叶增编，2007）；也有学者认为，"教学范式是教学共同体（包括教学理论研究者和教学实践工作者）在一定时代背景下形成的较为稳定的教学理念和教学模式"（王文丽，2017）。它包含理论与实践两个层面：理论层面是教学研究共同体所认可和接受的关于教学的基本认知、研究思路和研究方法体系；实践层面是具体的教学范例，是理论层面在教学实践活动中的具体运用。简而言之，一个完整的教学范式在内容上应该具备教学理念（value）、理论基础（rules）、教学策略（solution）、教学案例（example）四项标准，共同服务于教育（education），即如图 5-2 所示的 SERVE 模型。

对 SERVE 模型与教学模式结构图作一比较，我们就可以概括出两者的联系和

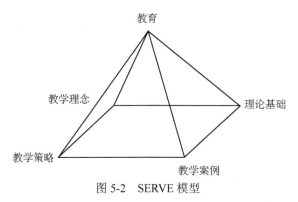

图 5-2　SERVE 模型

资料来源：王文丽. 2017. 试论教学范式及其变革研究. 东北师大学报（哲学社会科学版），（1）：179-183

区别。首先，教学模式是教育教学理论与实践的中介或桥梁，有一步步通向教学目标的程序；教学范式本身就包括理论与实践两个层面。其次，教学模式一般立足于教学实践，模式的创生与运用者主要是教学实践主体。当策略体系或方法论体系获得理论论证，并得到同行及理论界普遍认同之后，只要满足了教学理念、理论基础、教学策略、教学案例的标准，教学模式就发展成了教学范式。形象地说，教学范式是教学模式中得到教师和学生认可的"四好学生"，其他的则是教学策略、教学案例单项或双项"积极分子"。我们也可以把两者的区别聚焦到共同体上，有共同体的是教学模式中的教学范式，没有形成共同体的则是一般的教学模式。

三、学校教学实践范式

每一位教师都可以根据自身的特点和需要选择适宜的教学模式运用于教学实践中；每一所学校都可以根据自身的特点和需要倡导在教学实践中采用某种教学模式。当然，我们更提倡学校和教师在一定的教育教学理论或教学范式的指导下探索、形成自己的教学模式。但这些还不能被称为学校教学实践范式。

笔者所能获得的相关资料里尚未有"教学实践范式"的定义。在中文期刊全文数据库中以此为关键词搜索，篇名中有这一词组的论文仅有两篇，但都把它作为不言自明的概念加以运用。鉴于此，要廓清学校教学实践范式，有必要先澄明教学实践的基本要素以及教学实践范式与教学范式的区别。

当说到教学实践范式的时候，我们很容易就想到教学范式，实践当中两者混用的情形是比较普遍的。首先，从 SERVE 模型中可以看到，教学范式有教学理论与教学实践两个层面，教学共同体相应的包括教学理论研究者和教学实践工作者。教学实践范式的共同体则是教学实践主体。因此，教学范式比教学实践范式具有更强的普适性。其次，教学实践范式中教学实践的范畴相对于教学范式中教学实践的范畴（教学策略、范例）显然要大一些，前者是教学实践的全部，后者是教学实践层面中的一部分。最后，教学范式从教学结构的维度建构体系，教学实践范式则从实践要素的维度建构体系。

我国现行哲学教科书中一般认为，实践由三个要素构成，即实践主体、实践手段和实践客体。这一传统的观点是对实践要素的高度概括。但正由于概括程度过高，要素的分类过于笼统，不利于人们对实践的深入认识和把握，因此，有一些学者对实践的构成要素进行了更为具体的分析，提出了实践的四要素说、五要素说。四要素说有两种看法：一是从空间表现形式上把握，有主体、客体、手段、结果四个要素（冯国桢，1994）；二是从实践的内部进行考察，有目的、思想、手段、结果四个要素（姜井水，1993）。五要素说认为，"人类的实践就是实践主体在实践目的的指导下，运用实践手段，作用于实践客体，取得实践结果——'物化'实践目的的过程"（赵凤平，1999），其中包含实践目的、实践主体、实践手段、实践客体、实践结果五个要素。在这里，我们考虑到教学实践的性质及分析教学实践范式的需要，从实践过程考察，采纳四要素说的观点，把实践目的、实践思想、实践手段、实践结果确定为教学实践的四个基本要素。

学校是教学实践的基本单位。教学实践目的以培养目标的形式体现出来，如浙江师范大学附属义乌小学的"礼、理、力、立"、浙江师范大学附属丁惠实验小学的"优雅生命、自由思想、责任担当、文化教养、品质创新"、柳湖小学的"健康、明理、好学、懂艺"等。一般情况下，实现教学实践目的需要教师集体的协同与合作，个体的教学工作是教学实践活动中的有机组成部分。教学实践思想是学校主体为了实现培养目标，以一定的教育教学理论为基础，根据实践对象和学校条件所引出、所采取的用以直接指导教学实践过程的一种观念或理论。它寓于学校变革理论之中，是其中关于学校课程与教学方面的思想，包括教学管理思想以及教学价值观、教学过程观、学生发展观等。教学实践手段是主体与客体之间的中介物，包括教学教务管理制度、课程设计与开发、教学材料、教学设施、教学策略、学习方式，以及学校与社会文化等。教学实践结果体现为学生的发展水平，即通过一定阶段的教学实践活动之后学生素质发生的变化。

基于以上认识，我们认为，学校教学实践范式是指拥有共同信念的教学人员为实现学校培养目标，在自主变革理论指导下从事的一系列卓有成效的教学实践活动。其中，"拥有共同信念的教学人员"是指学校教学实践共同体，包括学校教学一线的教师、教育教学管理人员以及参与或支持学校教学改革的专家和学生家长；"一系列"是依循自主变革理论的框架对教学实践活动的规划，如前面述及的柳湖小学"博雅教育"理论与实践中的"1+1+2"体系；要成为范式，实践的结果必须是卓有成效的。学校建构了自主变革理论并依循相应的理论框架开展一系列的教学实践活动，结果不一定就能够达到预期的要求。这种情况通常出现在学校自主变革理论的建构期和发展期，即理论与实践的互生互建阶段。学校自主变革理论到了成熟与稳定阶段，结果不佳的实践方式被规避，卓有成效的实践方式变得常态化，这个过程同时也强化了共同体共有的信念。只有这个时候的教学实践活动，才可以被称为学校教学实践范式。

第二节　学校教学实践范式的形成

形成学校教学实践范式是变革性教学常态化的标志，也是学校自主推进课程与教学改革的目标之一。这是时代赋予每一所中小学校的历史使命。

校长、管理人员、一线教师该如何做才能形成自己学校的教学实践范式？那些完成了转型的名校有很多成功的经验值得学习或借鉴，开启了自主变革之路的学校既有亮点也有迷惑，可以从中得到启示。但是，其他学校的经验毕竟不是自己的，自己的路终归要自己去开拓。

从范式视域看，学校教学实践的要素主要有培养目标、教学思想（包括教学管理思想、教学价值观、教学过程观、教学方法论、学生发展观等）、教学手段（包括学校文化、课程方案、教学设施、教学材料、教学策略、教学方式等）和教学结果（涉及教学评价和学生发展评价）。创建学校教学实践范式就是想办法形成如图 5-3 所示的结构。

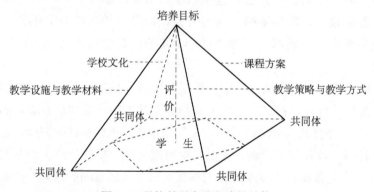

图 5-3　学校教学实践范式的结构

在这个结构图中，底面代表教学实践共同体和实践对象，中间是实践手段，顶点是实践目的（培养目标）。依据实践要素的逻辑顺序，首先要有培养目标。就如何实现目标来说，各要素也会有侧重点、有先后的抉择。重心偏向哪些要素、要素先后顺序的确定决定于学校现有的条件及优势。在创新学校教学实践范式过程中，依据要素中理论与实践的先后关系，我们可以把学校教学实践范式的形成划分出两条路线：一是理论指引实践的互动路线，即"培养目标→教学思想→教学手段→教学结果"；二是从实践到理论的循环路线，即"培养目标→教学手段→教学结果→教学思想"。

一、理论指引实践的互动路线

一般的学校都有"一训三风"，有学校培养目标。以下是三所学校的"一训三风"，代表着学校发展的三种类型。

第一所学校：

校训：奉献　创新　严谨　求实

校风：团结　守纪　勤学　奋进

教风：严谨　耐心　灵活　进取

学风：勤学　好问　踏实　精细

第二所学校：

校训：悦读启智　明德善行

校风：博学善思　励志创新

教风：修身笃行　书香育人

学风：诗书相伴　勤学进取

第三所学校：

校训：实施"三生"教育，成就孩子一生

校风：生命存德、生态育人、幸福生长

教风：博爱、优雅、智慧、创新

学风："蕙"雅、"蕙"思、"蕙"行、"蕙"美

三所学校的"一训三风"的区别还是比较大的。第一所学校的内容大众化，适用于任何学校，没有属于自己的东西；第二所学校有书香的氛围，隐含有关"书香"的故事；第三所学校散发着智慧的芬芳，有故事，更有自己系统化的思想。

与之相应，第一所学校的培养目标是"促进学生素质全面发展"这类普适性的教育目标，实现目标的手段主要是执行国家、地方教育行政部门的要求，校长的角色是学校行政管理者。这类学校有"一训三风"，有培养目标，但没有自己的

思想，还没有拉开自主变革的序幕。第二所学校的培养目标是"知书达礼、乐学善思、健康阳光"这样有特色的目标，实现目标的手段是创建书香校园。这类学校有培养目标，有特色办学思想，甚至有阅读理论，但它们不足以全面指导学校教学实践。因此，这类学校开启的是基于实践探索的自主变革之路。第三所学校的培养目标是"具有'优雅生命、自由思想、责任担当、文化教养、品质创新'的蕙美少年"这类"此家独有"的目标，实现目标的手段同样是独特的"三S"课程、三生教育馆、三维空间、智慧课堂等。这所学校有个性化的培养目标，有指导全局的思想，有理论基础，代表了学校教学实践范式中理论指引实践的形成路线。

选择理论指引实践路线的主要问题在于学校主体怎样才能有自己的理论。

第一种情况是校长是教育专家型的，有自己的教育信念和教育教学思想，如前一章述及的浙江师范大学附属丁蕙实验小学的校长吴树超。校长的教育思想结合学校实际情境，综合大家的意见并得到大家认同之后就转化成了学校主体的理论。

第二种情况是校长有教育信念但还没有系统的教育教学思想，需要凝聚学校主体的智慧建构自主变革理论。新基础教育、主体教育等学校变革理论，生命教育、理解教育、成功教育、建构主义教育等基础理论以及当代各种教学范式都可以成为理论资源，通过课题运作、学术研讨等实现理论的创生，或实现理论资源的学校化改造。这是现阶段学校转型过程中比较常见的情形。初建的理论虽然不一定完美，但有助于在较短时间内形成教学共同体，有利于后续教学实践变革的顺利展开。因为初建理论有待完善，所以学校往往需要外部专家的诊断和建议。

第三种情况是校长有变革意识，在无力内生自主变革理论的情形下寻求外部专家（团队）的帮助。主动参与新基础教育、主体教育、新教育实验等大型教育实验的学校是这类学校的代表。这些实验学校的首要工作就是在专家（团队）指导下把相关理论具体化为适合学校情境的理论。当然，学校主体还可以主动寻求与大学的合作，组成"大学专家（团队）+校长+中层管理人员+教师骨干"的合作研究队伍，创立学校个性化的理论。与参与实验的学校相比，它的优点在于没有先决的理论设定，理论生发的原点是学校情境。此外，学校主体全程参与理论建构过程，也是理论的创立者。

学校形成了自主变革理论，就能够规划并引领教学实践活动的开展。

以浙江师范大学附属义乌小学为例，首先，通过学校主体的研讨，形成教育理念"让儿童成为更好的自己"，确立童心教育观（遵循儿童生命发展的"次序"，把儿童的发展主体性还给儿童，把精神成长发展权还给儿童，让教育依归童心、依归儿童世界，让儿童成为儿童、成为更好的自己），把"更好的自己"具体化为培养目标（具有"礼、理、力、立"素养的童真少年）。其次，构建"童心教育"

的理论框架（图 4-3），把童心教育具体分化为童美校园、童德教师、童善德育、童心课程和童伴课堂五个方面。最后，依据学校现有条件规划这五个方面怎么展开，也就是规划实践方案，形成教学实践体系。因为"童心教育"理论与实践还处于初建探索阶段，童心课程的实践体系已经开始运行，童伴课堂处于实践摸索之中，其他三个方面在发展规划中提出了发展目标，具体的实践方案还有待进一步确定。

这里要说明一点，选这个案例是为了呈现从学校自主变革理论到教学实践变革的过程，揭示其间的关键环节——规划实践方案。

各领域实践方案贯通学校的理论与实践。它的骨架需要理论观点的支撑，具体策略和方法必须契合现实的境况。我们以规划童美校园的实践方案加以说明：首先，如何理解、诠释童美校园中的"童美"？童美校园是怎样的校园？对这两个问题的看法属于"童美校园"的理论观点。如果认为童美校园是充满童智、童爱、童趣的儿童成长乐园，那么童智、童爱、童趣就可以作为童美校园建设的三个维度（骨架）。其次，三个维度的校园建设如何展开？社区文化、校园物理环境、学校传统、学生意向等都是选择策略和方法的依据。当依照实践方案展开一系列教学实践活动时，教师的主观能动性成为决定教学实践成效的关键因素，教师专业发展成为变革性教学实践必须面对的课题。伴随变革性教学实践的展开，一系列新情况、新问题将接踵而来。某些新问题超出了学校理论的范畴，某些新情况可能在规划实践方案时没有被考虑到，或者实践主体在解决新问题过程中有了新的认识，这就是实践对理论的互动，反过来促进理论的进步、实践方案的完善。最后，一系列的教学实践活动是否卓有成效？学校依靠教学评价指标体系、学生发展评价指标体系等工具检测教学实践的结果。如果结果令各方满意，教学思想、教学方案、教学策略等得到肯定，一系列教学实践活动逐步常态化，学校教学实践范式就会形成。如果结果不理想，则需要回头重新分析理论架构、实践方案和实践策略并做出相应调整，直到结果令人满意为止。

二、从实践到理论的循环路线

国家全面启动新一轮课程改革之后，每一所学校都淹没在基础教育课程改革的浪潮之中。不管有没有变革的意愿，学校必须按照《基础教育课程改革纲要（试行）》的精神及要求设置课程，使用新版教材，依照各科课程标准变革教学实践，校长、教师必须参加统一组织的培训。经过 10 多年的改革，学校开发了校本课程，自主学习、研究性学习、合作学习成为课堂主要的学习方式，学校的教学实践确实发生了重大的改变。

学校教师熟悉并适应了新的教学实践方式，每天重复着新的教学工作流程，甚至按照学校的要求在备课本上添加了教学反思，这样似乎就完成了教学实践的变革。从形式上看，学校确实已按照课程改革要求建立了教学实践的新机制。但是，新一轮课程改革的实质是从形式化教学实践转向变革性教学实践，如果学校仅仅是执行国家课改中操作性的要求并形成一套新的教学流程，那么学校的教学实践依然没有突破形式化教学的格局。

变革性教学实践中的变革指的是内在变革，有主客体关系动态化、教学过程智慧化、实践内容契合社会生活变化等特点。以此衡量学校教学实践的变革，每所学校的实践主体各有智慧，实践思想和手段也各有特色。明白了教学实践变革的性质，实践主体就有了自主变革的意识，并从此拉开了学校教学实践深层变革的序幕。

学校深层变革的序幕可能是管理层拉开的，也可能是一线教师拉开的。通过校长培训、理论研讨、校际观摩或交流等，管理层看到学校变革的趋势，形成学校教学改革的意向并提出相关要求，甚至由校长牵头申报市、县（区）的研究课题，鼓励教师开展课堂教学改革研究。例如，浙江师范大学附属义乌小学的前身稠江第二小学就已经明确"以德育为先，以课堂教学改革为中心"，以"和谐合作，自主发展"为校风，课堂教学自主变革已悄然展开。即使学校管理层还没有自主变革的意识及要求，拥有新理念的新教师陆续进来、在职教师观念的变化都会促发个体自主变革的行为。教师是教学实践的主体，某一教师主观能动性的发挥会影响其他的教师，尤其是取得良好的实践结果之后更能够起到示范引领的作用。这时候，学校管理层如果能够给予大力的支持和鼓励，并以此为契机推进学校的教学改革，个体的实践探索将转化成为学校教学实践的自主变革。

柳湖小学无疑是从实践到理论的学校教学实践变革中具有代表性的个案。

2003 年，学校初建，兼任美术课教学的美术特级教师、校长朱国华发挥自身优势进行美术教学改革：整合学习内容，开放艺术理念，丰富表现形式，以体验与尝试作为学生国画学习的主要方式，建构以探究式为主要形式的学习模式（倪军健，2013：15）。经过一年的实践探索，水墨画教育初见成效。《中国美术教育》发表朱国华的教学研究论文《我的儿童画教学》，《当代小画家》专栏介绍了柳湖小学水墨画教学的场景及作品。

2004 年，新校长倪军健到任，结合新建学校的特点提出"植树人"精神，着手谋划学校发展的蓝图，确立学生发展的八字方针——"健康、明理、好学、懂艺"。

在接任柳湖小学校长一职时，新校长也曾犹豫彷徨过，也曾担心忧虑过，这样一所以水墨画教育见长的学校究竟该何去何从，怎么走才不至于昙花一现？通过管理层的多次讨论与调研，最终规划出台柳湖小学未来发展蓝图，形成了以艺术特色办学的基本思路，进而提出了柳湖小学特色发展的若干提案。通过全体教职工的反复论证，结合学校教师与学生的实际情况，最终形成了可操作的以艺术教育为核心的学校发展规划。（倪军健，2013：16）

2005 年，学校决定以"艺术特色"立校，通过"婺城少儿文化艺术学校"的申请并正式挂牌，开始招生艺术班。经过三年的努力，以艺术特色办学的实践成果得到社会的积极肯定和高度评价。

2008 年，持续深入的艺术特色教育进入"高原期"，"学校现在的文化艺术教育教学更像是文化艺术培训，缺乏一个能够总揽学校艺术教育大局的教学研究主线"（倪军健，2013：22）。因此，学校申请了博雅教育的市级研究课题。

2013 年，《博雅教育的理论与实践》一书由北京大学出版社出版，标志着"博雅教育"理论及其"1+1+2"教学实践范式建立并进入平稳运行阶段。

柳湖小学教学实践范式从实践到理论的形成过程如表 5-1 所示。

表 5-1　柳湖小学教学实践范式的形成过程

时间	主体	变革进程（事件）	成果影响	现实问题	阶段
2003 年	校长	美术教学改革	发表论文	生存困境	特长教育
	美术教育共同体	水墨画特长教育	刊物专栏介绍		
2004 年	校长	"植树人"精神	报刊报道、学生作品	高原现象	特色教育
	学校主体	艺术特色办学思路			
		学生发展八字方针			
		艺术教育操作体系			
2005 年	艺术教育共同体	"婺城少儿文化艺术学校"挂牌	报刊报道、社会肯定		
		艺术班招生			
2008 年	学校主体	博雅教育课题立项	报刊报道、发表论文、经验分享	课堂教学	博雅教育
		"1+1+2"操作体系			
2013 年	"博雅教育"共同体	"博雅"教学实践范式	《博雅教育的理论与实践》出版		

表 5-1 中的美术教育共同体、艺术教育共同体和"博雅教育"共同体表征柳湖小学自主变革过程中先后形成的三个教育教学实践范式，即美术教学实践范式、艺术教育实践范式以及"博雅"教学实践范式，分别对应于学校教育教学变革的

特长教育、特色教育和博雅教育阶段。我们之所以把水墨画特长教育、艺术特色教育阶段的教学实践也称为范式，原因在于有相应理论基础、有共同理念的团队、有实践操作体系，也有良好的实践结果。三个范式依次由点到面、从局部到整体，最后递进到"博雅教育"这一学校教学实践范式。此外，我们也发现，每个实践范式的形成都源于学校当时存在的问题。美术教学实践范式是为了突破学校初建时的生存困境，在当时校长的带动之下形成的；艺术教育实践范式是在寻求学校发展道路过程中出现的；"博雅"教学实践范式的形成则源自艺术教育的高原现象。当前，"博雅"教学实践范式在运行过程中也暴露出基础课程课堂教学的一些问题，用托马斯·库恩的话说，这是已有成就为重新组成的一批实践者留下的有待解决的种种问题。前面的问题因为原有范式无法兼容，更无法解决，于是有了范式的革命。课堂教学实践中的问题则是"博雅"教学实践范式有待解决的，也是能够解决的。这说明，在学校教学范式形成之后，无论是广度、深度还是理论、策略，进一步提升的空间是始终存在的。

第三节　教改背景下的教学范式

世纪之交，教育范式从文化传承转向文化建构，教学范式从传递式的形式化教学转向创新式的变革性教学。中西方社会文化背景不一样，对创新式变革性教学的理解也有所不同。美国教育学者杰克逊（Philip W. Jackson）把传递意义上的教学称作"模仿范式"，把促进学习者变化意义上的教学视为"变革范式"。"'模仿范式'的学习是以同步教学为中心加以组织、以个人活动为中心加以展开的"，追求的是正解与效率；"'变革范式'的学习是以合作学习为中心加以组织、以共同体活动为中心加以展开的"（钟启泉，2002），追求的是个性与创造性。用杰克逊的范式进行分类，则西方的创新式变革性教学主要是"变革范式"，开启于杜威的以学生为中心的"做中学"；我国的创新式变革性教学应该是模仿范式与变革范式的融合，即"习得知识技能"与"确立个性发展"的统一，主要表现为以学为中心的"适学课堂"。

国内外课程与教学改革过程中出现了很多新的教学范式。创生于学校教学实践的它们起初只是一般的教学模式，因为实践成效显著，模式的结构得到强化并日趋完整，成为"四好学生"，教学共同体也从学校成员扩展到教学理论界以及其他学校的教学实践者。如此，教学模式发展为教学范式。

教改背景下的主流教学范式对普通中小学校的自主变革具有借鉴意义，或带来一些重要的启示。有自主变革意向的学校，如果有自己比较系统的教育教学思想，可以借鉴有相近理念和理论基础的教学范式建构起自己的理论框架和实践体系；如果选择从实践到理论的路线，可以选择贴近学校实际情形的教学范式加以运用，在实践过程中加以调整或改造，探索出适合自身的教学模式。当然，学校在选择或借鉴的时候需要清醒地意识到特定教学范式的性质、特点以及适切的领域，只有这样，已有的范式资源才能真正地为自己所用。

一、变革范式：综合的转化教学

19 世纪初，西方的教学范式出现第一次变革，即以杜威为代表的"以学生为中心"的现代教学范式取代以赫尔巴特为代表的"以教师为中心"的传统教学范式。此后，美国教育界在学术与经验取向的抉择过程中涌现出积极学习、以学生为中心的学习、合作学习、体验学习、基于问题的学习等一系列关注知识建构的教学模式。进入 21 世纪后，美国教育和心理学界聚焦主流课堂教学模式，超越认知范畴，关注课程内容的个人意义转化，出现了一个综合性的教学新架构——转化教学（transformational teaching），这表征着西方变革范式最新的发展趋势。

（一）转化教学的形成过程

2005 年，美国俄勒冈大学心理学家斯拉维奇（George M. Slavich）教授首次提出"转化教学"的概念，用以表达如下观念：如果学生把课程视为人生成长的经验，那么教师能够促进学生生命有意义的变化。2012 年，斯拉维奇与斯坦福大学心理学家津巴多（Philip G. Zimbardo）合作发表了《转化教学：理论基础、基本原则和核心方法》一文，以积极学习和以学生为中心的原理统摄合作学习、体验学习、基于问题的学习等主流教学方式，对"课程内容真正内在化"（Slavich，2015）作了更具体的阐释："转化教学的目标是转变学生与学习相关的态度、价值、观念和技能，同时提高关键课程概念的掌握程度。"（Slavich，Zimbardo，2012）他们系统分析理论基础，完成了教学原则与核心方法体系的建构。与此同时，津巴多在其开设的选修课程"探究人性：生活变化体验"中形成了如下的教学策略：首先，基于课程，指导者确定一系列可能的身心变化范畴，帮助学生制订自我转变计划；其次，设计一系列活动或计划促进相关变化；最后，在指导者或教师助手的指导下，学生开展这些活动，检查计划实施效果。

此后，美国联合大学教育学者罗斯伯勒（Thomas R. Rosebrough）和莱弗里特（Ralph G. Leverett）于 2011 年出版著作《信息时代的转化教学》，认为"转化教学关注个人的终极幸福和潜能"，"教学应当通过学术的、社会的、心灵的目标整合转变学习者"（Rosebrough，Leverett，2011：95）。Christensen 和 Aldridge（2013：78-79）站在批判教育学的立场，赋予"转化"两层新的含义：关心并积极影响世界；在作用于周遭世界的同时改变自身生活。两方面的转化从课程材料出发，统一于"教学材料→生活主题→转化方案→实践活动"这一项目运作过程。例如，在学生学习能量守恒定律课程内容时，他们被要求观察和思考学校、临近街坊或社区的能量守恒情形，以个人或小组为单位各自选定主题内容，拟订介入计划并改善学校或社区的能量守恒面貌。

最近几年，转化教学在德国、加拿大、芬兰、澳大利亚、新加坡等国的理论界和教学实践中受到广泛关注，已经从大学教学实践扩及中小学校的课堂教学。

（二）转化教学的理念与理论基点

长期以来，"如果学生掌握了给定课程内容，我们就会感到满意；如果在课程结束 6 个月后学生还能回忆起所学内容，我们或许会感到吃惊；如果他们能把所学的新知识以意义化方式融入他们的生命之中——它意味着产生了个人变化——我们或许会感到震惊，因为我们通常并不认为课程是个体生命变化的阶梯"（Slavich，2015）。转化教学就是要把课程作为个体生命变化的阶梯，实现课程内容的内在化，促进学生生命有意义的变化。

转化教学以认知发展理论和建构主义学说为理论基础，同时吸收社会认知理论（social cognitive theory）、转化学习理论（transformative learning theory）、意向转变理论（intentional change theory）、变革型领导（transformational leadership）理论的相关概念范畴，确立转化教学的理论基点：实现未来愿景与理想自我、增强自我与集体效能感、挑战思维习惯与观念、超越自我成就共同目标。

未来愿景与理想自我是意向转变理论的概念范畴，个人在行为、思想、情感或观念等方面期望而持久的变化涉及彼此循环的五个方面：个人抱有理想自我和未来愿景；认识现实自我；制订适合自身、能够弥合现实与理想距离的计划；积极参与活动，体验新的行为、思想、感情和观念；与支持自己的人发展或保持密切的个人关系。

自我效能感源于社会认知理论，是指主体对自身行为能导致成功结果程度的认知。它通过影响人的情绪、面对困难和挑战时的态度和应对策略等对人的学术成功起到决定性的作用。

挑战思维习惯与观念源于转化学习理论——成年学习者通过修正他们的"参考框架"（frames of reference）（包括思维习惯与观念）改进其对世界的理解。"参考框架"受社会和文化影响，并在个人解决问题、与他人讨论问题的过程中得到修正（Mexirow，1996）。

超越自我成就共同目标是变革型领导的一般性范式，是对教学过程中教师作用的定位。与教师教学风格相关的概念范畴有示范影响、激励动机、智能激发和个人关怀。教师运用变革型领导策略旨在增强学生的积极态度、观念，使学生形成更强的自我效能感和自我决定意识，提升学生对课堂和教师的满意度（Beauchamp，Morton，2011）。

（三）转化教学的实践策略

在实践过程中，转化教学的基本理念具体化为三个原则：掌握关键课程概念；提升学习与发现的策略与技能；增强积极的、与学习相关的态度、价值与信念。掌握关键课程概念是转化教学原则的最基础目标，学习与发现的策略与技能有助于解决如何有效学习的问题，态度、价值与信念有助于学生形成良好的个人发展倾向。对个人发展倾向的关注赋予转化教学原则区别于其他课堂教学方式的独特意蕴：强调形成关键课程概念、相关策略与技能过程中的个人发展期望、参与度和责任心。

遵循上述原则，转化教学的实践按照以下主要方法组织和展开：建立课程愿景、创设体验课型、范式引领与经验、心智挑战与激励、个人关注与反馈、鼓励批判性反思。

"一个共享的愿景是关于班级、学生和教师在四分之一个学期或一个学期之后预期的成就。"（Slavich，Zimbardo，2012）课程愿景以课程大纲、任务书和网页的形式呈现，回答如下问题：我们的追求是什么？我们希望成就什么？我们如何做才能实现我们的目标？例如，大学本科统计学的课程愿景可陈述为："我们将学会如何利用统计分析技术描述数据并回答来自自然科学和社会科学的基础性研究问题。为实现这一目标，我们将积极参与课堂活动，尽我们所能完成委派的任务；相互鼓励、直面挑战、共享技能与洞见，充分发挥我们集体蕴含的巨大潜能。"（Slavich，Zimbardo，2012）

课程愿景通过体验课的运作得以实现。体验课具有以下几个鲜明特征：其一，学术、社会、心灵的教学目标一体化；其二，学术性知识与实践经验并重，与现实生活相联系；其三，课堂教学、课外自主学习、课外实践活动等多种形式并举。它立足于课堂又超越教室的时空界限，为学生提供了体验课程概念的机会，使学生能够更丰富、更有意义地理解和重塑课程概念，提升自信和课程内容的情感品质。

当问题解决的策略或技能是新的时，依据社会认知理论，教师应当为学生提供如何处理任务的范式或经验。范式或经验是指运用相关技能解决问题的一套行之有效的策略体系，包括解决问题的思路、关键信息及面对困难问题时的态度和观念等。一旦部分学生明白了任务，领会了策略，教师就可通过创设团队、采用同伴教学的方式促进学生的概念学习和问题解决能力的提升。

心智挑战与激励为实现课程愿景提供强劲、持续的动力。创设心智挑战要求初期根据学生一般的理解水平组织合适的议题或问题，随着时间的推移逐渐增加难度。教师充当促进者、激励者的角色，通过给予学生时间、资源和帮助为学生掌握关键课程概念和技能提供支持，激发学生反思现行态度和观念，在合作过程中从不同视角看问题，挑战惯常的假设。

反馈是了解、关注学生个性发展动态的一种方式，也是师生沟通、合作的过程，内容涉及学生的需要、态度、观念、动机、愿景、思维方式及技能水平等。反馈通常是双向的：学生在学习过程中接收教师的评价信息和建设性意见；教师在教学活动、课后交流过程中获得学生的反馈信息。在各种反馈渠道中，实施"自我转变计划"比较典型地体现了双向互动、螺旋上升的发展特征：它要求教师与学生一起确立未来个人愿景、当前优弱点的概要、个性化的学习计划、系列练习项目、提供支持的团队（Boyatzis，Akrivou，2006）。

鼓励批判性反思是转化教学取得成效的关键，决定着课程内容能否真正转化为具有终身价值和生活意义的文化生命。批判性反思包括预思（preflection）和反思（reflection）两个部分。预思是指在任务或活动开始之前对某一观念内容的假设、对某一问题解决方法的批判。预思的方式可以是个人构思，也可以是有指导的构思讨论。反思发生于任务或活动完成之后，活动或表现形式有日记、指导阅读、指导讨论、微型实验室、结构化论辩、开放式分享[①]等。

（四）转化教学的范例："探究人性：生活变化体验"课程

"探究人性：生活变化体验"是斯坦福大学心理学家津巴多教授开设的一门兼

---

① "开放式分享"是指这样一个场景：在教室中，学生环形围座，一个学生在中间分享关于某一主题的思想观点，其间，班级中的其他学生坐在外围倾听。

备学术与实践性质的选修课程。

该课程围绕"自我转变计划"这一核心，设置多种多样的主题内容，包括社会影响、时代视界、罪恶、积极心理学、害羞、人性等。课程的展开形式包括一周两课时的课堂教学，以及课外阅读任务、四篇心得小论文、一个期终检查和多样化的课外活动。

与"自我转变计划"相关的课程纲要如下：

探究人性与生活变化存在着内在的关联。作为课程的一个部分，你将有机会以更直接的方式转变你的生活。你将选择你想要改变的某一方面，制订一个你期望的自我生活转变计划，并在三个月的时间之内实施这一计划。学期末你将评估自我变化的效果如何。以下是你可以选择的主题。

1）约会和关系：获得更多关于约会的知识和对自己能力的信心，不管你在恋爱中是想永远和对方在一起还是试图摆脱对方。

2）害怕与恐惧：运用认知行为疗法的心理技术来克服你最大的恐惧。

3）希望：培养设定目标的能力，规划如何达到目标的办法，找到实现目标的动力，使自己成为一个更有效的人。

4）偏见：通过开发和建立一系列"控制提示"来克服你内心无意识的偏见。

5）害羞：了解自己的羞怯，学会如何摆脱束缚。

6）优点和美德：利用积极心理学的新成果，通过培养你的优点而不是关注你的弱点来获得持久的快乐。

7）时代洞察力：深入了解你的态度和行为受时代取向的影响，并利用这些知识来改变你的生活。（Slavich，2015）

统观转化教学模式，我们可以看到三个层次的转化：宏观层面的现实自我向理想自我的转化；中观层面的课程内容个人意义的转化；微观层面的"参照框架"的修正及个人发展倾向的转化。转化教学的基本理念、原则及主要方法与之相对应，立足课堂，走进社会生活，实现了学生内在体验与社会经验的统一，站在教学实践的立场回答了"课程内容真正内在化"的问题。如果对微观层面的转化作一些调整，把"参照框架"替换为适合未成年学习者的概念范畴，转化教学模式的适用范围就可扩展到中小学。这是整合当代主流教学方式的转化教学的应有之义（张华龙，2016）。

二、适学范式：多元的课堂模式

在西方教学范式出现重大变革之后的很长时间内，东亚国家和地区课堂教学的典型范式是"模仿范式"，这在中国、日本、韩国、新加坡这些东亚国家的学校里是司空见惯的（钟启泉，2002）。只是到了世纪之交信息化社会到来之际，教学范式才开始从"模仿范式"向亚洲型的"变革范式"转变。

相对于西方，亚洲型的"变革范式"是中庸之道的产物，不仅追求个性和独创性，还强调知识与技能。亚洲的学者把这种"变革范式"称为"以学为中心""以学论教"的适学范式。

适学范式有共同的理念和理论基础，在教学策略上则呈现百花齐放的局面。《中国教师报》把得到社会各界认同的课堂模式称为"教学范式"（刘堂江，2010），山东文学出版社出版了李炳亭主编的著作《高效课堂九大"教学范式"》。从范式结构看，它们有各自的教学理论、理论基础、操作策略及范例，是课堂教学领域的范式。适学范式是在信息化社会背景下产生的，对应教育教学实践领域，既包括课堂教学，也包括课堂之外的实践教学、社团活动、项目研究等。因此，适学范式和高效课堂九大"教学范式"以及其他课堂教学模式之间是一种包容关系。创建了"大单元教学"模式的天卉中学校长胡志民在接受《中国教师报》记者采访时说，"很多人没有弄清楚模式的本质意义，以至于把模式等同于模式化了。模式即方法，即流程，即规则。模式是我们做事的边界，是基本的课堂规则"（褚清源，2010）。这代表了教学实践领域人们对模式理性的理解。在适学范式结构上，我们把课堂教学模式视为行之有效的操作性教学策略，课堂"教学范式"是其中卓有成效、为业界所认可的课堂操作体系。

（一）适学范式的理念与理论基础

1. 适学范式的理念

适学范式的基本理念是"为学而教"。"为学而教"以学生和学生的"学"为逻辑起点和落脚点，是为学生的学习而开展的教学活动，旨在让学生体验学习的乐趣、学会学习方法，即乐于学习和学会学习（王鉴，王明娣，2016）。

"为学而教"要求教师成为学生学习的引导者、促进者、支持者、合作者、传授者，同时也是研究者、课程资源的开发者和利用者。

"为学而教"强调学生是学习的主体，主张把课堂还给学生，建构学习型共同体，让课堂焕发出生命活力。

"为学而教"倡导合作学习、自主学习、探究学习、实践学习、研究性学习、网络学习等学习方式。日本佐滕学教授在其代表作《静悄悄的革命》中对此作了进一步的阐释：

> 以"学"为中心的教学……我将之称为"活动的、合作的、反思的学习"，即是让那种与物与教材对话，与学生与教师对话，与自我与自身对话的学习成为教学的中心。具体地说，就是组织和指导有任务的学习，有小组活动的学习，有学生将自己理解的东西用作品表现出来与同伴共享、相互欣赏的活动的学习。也可以说，就是从个体出发，经过与同伴的合作，又再返回到个体的学习。（佐滕学，2003：41）

与"为学而教"相对应的课堂是"适学课堂"，即适合学生、适合学法、适合学材的课堂。适学课堂的实质是将课堂建构成适合学生学习的温馨舒适的学习共同体，使得课堂的范式更加有利于学生的学习（王鉴，王明娣，2016）。

2. 适学范式的理论基础

我国的适学范式产生于基础教育改革的实践中，理论基础是 20 世纪 80 年代之后形成的素质教育理论。

> 素质即人所具有的维持生存、促进发展的基本要素，它是以人的先天禀赋为基础，在后天环境和教育的影响下形成并发展起来的内在的、相对稳定的身心组织结构及其质量水平，主要包括身体素质、心理素质和社会文化素质等。
>
> 素质教育就是培育、提高全体受教育者综合素质的教育。它以促进人、社会、自然的和谐发展为价值取向，以德智体美劳全面发展的合格公民为培养目标，以全面贯彻党和国家的教育方针为根本途径，以教育质量的全面提升为显著特征。
>
> 关注人的发展是素质教育的灵魂、核心和目标。素质教育注重在教育过程中把人的全面发展放在中心地位，注重人的整体素质的全面提高、个性发展以及创新精神和能力的提高，发挥人的潜力和能力，为人的发展提供条件，并使人有能力掌握自身的发展，将个体的发展与社会发展统一起来。（"素质

教育的概念、内涵及相关理论"课题组，2006）

素质教育理论奠基于马克思主义关于人的全面发展的理论，同时广泛地吸取了当代哲学、心理学、社会学等领域的新思想和新成果。

马克思主义关于人的全面发展的理论关注人的智力和体力的全面、自由、和谐发展，支撑了素质教育的价值目标；后现代主义知识观摧毁了工具理性知识观的堡垒，赋予知识文化性、价值性和境遇性；社会学的学习型组织及终身学习理论改变了人类社会的学习理念和学习方式；心理学的多元智能理论为学生的个性发展提供了依据，建构主义学习理论提供了知识意义建构的机制，重塑了知识获得的过程，人本主义学习理论强化了学习者的主体地位。此外，知识经济理论、人力资本理论、可持续发展理论等从人的发展要求、人的发展方式等方面论证了素质教育的必要性及合理性。

这些新理论一方面融合、催生了素质教育理论，另一方面直接对学校的教育教学实践产生了影响，成为理论基础之外的支持理论。

（二）适学范式的实践策略

在素质教育理论的指导下，适学取向的课程改革于 21 世纪初开启。《基础教育课程改革纲要（试行）》的课程改革目标及教学过程部分明确提出："关注学生的学习兴趣和经验"，"倡导学生主动参与、乐于探究、勤于动手"；"教师在教学过程中应与学生积极互动、共同发展，要处理好传授知识与培养能力的关系，注重培养学生的独立性和自主性，引导学生质疑、调查、探究，在实践中学习，促进学生在教师指导下主动地、富有个性地学习"（中华人民共和国教育部，2001）。

这些都体现了国家新一轮课程改革的适学理念，课程的形式、内容、实施都内在地要求学校教学实践形成自己的适学策略。通过自主、参与、探究、动手、交流与合作等富有个性地学习，培养学生的实践能力及创新精神，是变革传统教育教学的良方。一个经典良方只是对应于某些共性的病症，具体到某个患者就需要对症下药。同理，国家课程改革开出了良方，但这还不是学校层面教育教学改革的处方。一些学校以不降低"教学质量"（考试分数）为底线，在保留或适当变革教学体制的情况下实施新课程，实践自主学习、探究学习、合作学习，但依然停留在课程与教学改革的执行阶段。一些学校（特别是农村薄弱学校）在生源、办学条件、教学质量等方面面临生存困境的情况下，抓住课改契机，摒弃传统框架大破大立，找到了应对学校之症的行之有效的适学处方，创造了"朴素的教育奇迹",如洋思中学、杜郎口中学、东庐中学等。他们创造的奇迹被概括成课堂教学领域的教学模式,在我国教育界产生了巨大的影响。这里选取这三种"源模式"作为适学范式实践策略的代表,介绍一所学校如何才能形成适合本校、适合学生、适合学法、适合学材的策略体系。

1. 先学后教,当堂训练

"先学后教,当堂训练"是江苏省泰兴市洋思中学在 20 世纪 80 年代创立的课堂教学模式。

洋思中学教学改革的理念源于对学校生存困境的思考,是解决洋思中学问题之道。1982 年,在民办教师蔡林森接任校长之际,村民集资兴办的洋思中学教学质量低下,没有一个学生中考数学及格,没有一个学生能够考上高中;学区生源不足 400 人,按江苏省的政策应该撤并。在撤与留未定之际,提升教学质量、办成一所好学校成为洋思中学生存的唯一希望。针对学生基础薄弱的实际情况,蔡林森校长带领学校教师首先确立"没有教不好的学生"这一信念,从改革教法入手,形成了一种崭新的课堂教学结构:先学后教,当堂训练。

> 所谓"先学",就是在课堂上,学生围绕"学习目标",在老师积极引导下所进行的自我实践、自我探究、自主学习;
>
> 所谓"后教",就是学生在"先学"基础上,就相关的"问题"所进行的相互实践、相互探究、相互学习;
>
> 所谓"当堂训练",就是为了及时、准确反馈学情,学生围绕"训练指导要求"所进行的又一次自我实践、自我探究、自主学习。(刘金玉等,2008)

蔡林森校长对"先学""后教""当堂训练"的操作策略进行了更具体的阐释:

> "先学后教,当堂训练"的实质,是课堂教学的全过程都让学生自主学习(不仅"先学""当堂训练"这两个环节,是让学生自主学习,而且"后教"这个环节,也是让学生自主学习,因为,"后教"是会的学生教不会的学生,教师只作评定)。
>
> "先学"之前教师要讲一两句,准确地、明确地揭示课堂教学的目标,还要指导学生自学,使学生明确自学的方法、目标、要求……在"先学"过程中……教师应通过行间巡视、质疑问难、个别询问、板演、提问、讨论等形式进行调查,最大限度地暴露学生自学中的疑难问题,并认真分析……把主要的、倾向性的新问题进行梳理、归类,为"后教"作好准备。

在"后教"这个环节，教师要做到三个明确：①明确教的内容。教的内容应该是学生自学后还不能掌握的地方，对学生通过自学已掌握的，一律不教。②明确教的方式。应该是兵教兵，会的学生教不会的，教师只评定对不对，完整不完整，对"不对"教师要帮助更正，对"不完整的"教师要帮助补充。③明确教的要求。要不折不扣达到大纲规定的要求……寻找出规律，真正让学生知其所以然。

"当堂训练"中教师要保证训练的时间在 20 分钟左右，不得少于 15 分钟，让学生能在实践中，把刚学到的知识转化为能力；训练的内容重在应用刚学到的知识解决实际问题……训练的形式像竞赛、像考试那样让学生完全独立地、快节奏地完成，教师不作辅导，学生不得抄袭。

采用"先学后教，当堂训练"的课堂教学结构，评课标准也必须改革，实现三个"转向"。评价目标，从"单一"转向"多元"。……评价主体，从"重教"转向"重学"。……评价重点，从"形式"转向"效果"。（蔡林森，2001）

"先学后教，当堂训练"开启了我国中小学"为学而教"革"为教而教"之命的先河，教改理念及实践策略顺应基础教育改革的适学潮流，切实做到了"减负不减质""减负又增效"。1994 年，泰州市委、市政府和江苏省教育委员会相继发文，推广"洋思经验"；2003 年，教育部《基础教育改革动态》（内参）连续四期长篇介绍洋思中学的成功之道；全国 100 多个教育行政主管部门、高校将该校定为"校长教师培训基地""学生实习基地"；截至 2008 年，就有 80 多万人次前往洋思中学参观、考察、取经。这些成绩说明，洋思经验在我国基础教育改革中起到了先行者、引领者的作用。

2."三三六"自主学习

"三三六"自主学习模式是山东省聊城市茌平县杜郎口中学教学改革与创新的成果。

1998 年，同样是农村薄弱学校的杜郎口中学面临类似洋思中学的生存困境。教学质量低下，学生厌学情绪浓厚，辍学现象严重，学校被列入撤并学校行列。经过讨论和分析，学校认为问题的症结在于课堂"满堂灌"、学生被动听讲。为改变这种状况，学校决定从改革课堂教学入手，提出"教服务于学，把课堂还给学生"的理念和变革思路。在五年时间内，课堂教学改革先后经历"0+45"模式（教师不讲，学生自学）、"10+35"模式（教师用 10 分钟时间分配学习任务和点拨引导，学生用 35 分钟时间"自学+合作、探究"），最后发展成为比较成熟的"三三六"自主学习模式。

　　"三三六"自主学习模式中的第一个"三"指的是三个特点——立体式、大容量、快节奏。所谓"立体式"，即围绕"情感、态度、价值观"、"双基"、"过程与方法"三大目标，采用多种形式的合作互动，全方位地调动学生的主动性和创造性。所谓"大容量"，即以教材为基础，师生共同适度开发课程，实施高效益教学。所谓"快节奏"，即教师根据教学内容的特点和学生学习的演进过程，及时调整教学方式，促进学生高效率学习。第二个"三"是自主学习的三个模块——预习、展示、反馈。其中，"预习模块"的主要任务是：在教师引导下，学生通过自学和合作学习，在一定程度上了解和理解学习内容，把握学习的重点和难点，明确学习目标。"展示模块"的主要任务是：展示和交流"预习模块"的学习成果，促进生生、师生之间的多向互动，使之产生思维的碰撞和激荡，以加深学生乃至教师对教学内容的理解。展示活动通常有个人在组内展示、小组代表在班上展示、个人自主适时展示等方式，教师及时给予点拨。"反馈模块"的主要任务是：让学生在"展示模块"后对教学内容进行反思和总结，对教学目标的达成情况进行检测。在此模块中，加大对学习"弱势群体"的关注，采用学生间合作互助的教学方式——学生"教"学生，让学习困难者在合作过程中受到启发，让学习优秀者在合作中提升理解的层次，提高表达、交往能力，增进同学之间的交流和友情，健全其人格。其中的"六"是"展示模块"的六个环节：在"预习模块"中预习交流，明确目标；在"展示模块"中分组合作，展示提升；在"反馈模块"中穿插巩固，达标测评。（宋宝和等，2006）

　　"三三六"自主学习模式实现了"少教多学"的理想目标，是中国名校共同体在"临帖实验"阶段推出的课堂贴，引领一大批学校开启了学校教学实践的变革。很多学校在"临帖"后进入"破帖"阶段，最后破茧成蝶，形成了具有本校特色的高效课堂教学模式，如山东省昌乐二中的"271 高效课堂"、山东省济宁市兖州区第一中学的"循环大课堂"、江苏省灌南县新知双语学校的"自学·交流"课堂学习、河北省围场满族蒙古族自治县天卉中学的"3D 高效课堂"、辽宁省沈阳市立人学校的"整体教学系统"、江西省武宁私立宁达中学的"自主式开放型课堂"、河南省郑州市第 102 中学的"网络环境下的自主课堂"、安徽省铜陵市铜都双语学校的"五环大课堂"等。它们被《中国教师报》评选为高效课堂的"九大范式"，彰显了杜郎口经验作为改革领跑者巨大的示范效应。

3. 教学合一"讲学稿"

以"讲学稿"为载体的教学合一课堂教学是江苏省溧水县东庐中学卓有成效的课改模式。

与前两所学校一样，东庐中学原来也是一所乡村薄弱学校，硬件、师资、生源差，观念、手段、质量落后，"在片面追求升学率的怪圈中苦苦挣扎而每每以失败告终，并因教育布局调整一度成为撤并对象"（陈康金，2006）。为了摆脱困境，学校领导参加多种培训，带领教师考察洋思中学、南京市六合区冶山镇初级中学等学校，与教师一起"重新审视多年来习以为常的教学行为，反思曾经进行过的一些改革，认识到教育改革成功与否关键在于'以人为本'的素质教育理念能否转化为实实在在的教育教学行为"（陈康金，2006）。

实实在在的教育教学行为始于教案的共享。为了提高教学质量，学校让业务能力强的教师先准备教案，再集体讨论，最后全组教师共同使用。教案共享首先在数学组、化学组试行，明显提升了学生的成绩。在一次教学研讨会上，一位教师提出能否对传统教案略加变动，让学生人手一份，也作为学生的预习作业、课堂练习和课后的复习资料。该提议得到了其他教师的认同，他们在数学组、化学组探索师生共用稿——"讲学稿"。经过不断的修改和调整，以"讲学稿"为载体的教学合一教学流程在全校所有教学组全面使用。

"讲学稿"是集教案、学案、笔记、作业测试和复习资料于一体的师生共用的教学合一的文本材料。使用"讲学稿"的教学合一操作流程如下：①寒暑假备课。教师拿到课本后，自己独立解读教材，写一份教材分析。②主备人备课。开学前一周左右，备课组长对本学期的备课任务进行分工。主备人写出一周的"讲学稿"草案。③备课组备课。所有组员集中讨论主备人提供的"讲学稿"草案，修改成定稿，形成共案。④课前备课。教师结合自身情况和学生情况，对上课的思路、环节进行调整，形成精案。⑤学生预习。教师在上课前一天将"讲学稿"发给学生，学生自行消化其中的基础题部分，学有余力的学生可以做提高题，碰到问题做好标记，第二天与同学交流或在课堂上向教师质疑。学生完成预习后，将"讲学稿"上交给教师，教师根据学生完成习题的情况，对教学内容和方法进行微调。⑥课堂教学。师生互动交流"讲学稿"。⑦课后反思。课后教师和学生分别在"讲学稿"的有关栏目填写"教后记"和"学后记"（陈康金，2010）。

从校长陈康金的介绍中我们能够感受到，"讲学稿"的使用不只是按流程一步步地做，关键是背后的设计理念——根据学生有效学习的需要设计和组织课堂教学。有了这个灵魂，"讲学稿"的设计和使用就是一个研究、创新的过程，课堂便是一个展现学生生命活力的舞台。从此出发，"讲学稿"编写与使用的原则及具体要求得以形成，进而有了对教师的捆绑式考核，有了周周清的课外辅导方式，有了非教学行为的规范以及教学管理的前移和上下移。在这个意义上，"讲学稿"不能简单移植，因为以"讲学稿"为载体的教学合一课堂是教学实践的转型，围绕着课堂这一核心，学校文化必然需要与之相辉映。"讲学稿"如此，杜郎口中学的"三三六"自主学习、洋思中学的"先学后教，当堂训练"也一样。

三所学校都是乡村薄弱学校，在面临生存困境时以置之死地而后生的勇气选择了大破大立的转型之路。它们创生的教学模式的课堂教学流程虽然有显著的差别，但教学结构都有预习、交流、反馈三个部分，都是彻底地把课堂时间和空间交还给学生。它们的成功昭示着我国中小学教学改革已经抵达的深度。无论是把它们定位为适学策略还是适学范型，三种模式都表征着"为学而教"适学范式。新范式总会有很多问题有待解决，有很多未知问题接踵而来。三所学校的经验并非完美无瑕。有学者认为，它们存在如下弊端：一是需要学生在课前做大量的准备工作，加重了学生的课余负担；二是没有教师引领，学习重心容易偏离方向；三是教学所要求的"堂堂清、日日清、周周清、月月清"中的"清"不易界定；四是"兵教兵"导致课堂信息量减少；五是指令性规定"讲与学"的程式及要求忽视了教师独特的教学风格（时晓玲，2013）。

江山野先生把学校教学过程中教与学的关系依照"教—扶—放"的逻辑划分为四类：先教后学、边教边学、先学后教和不教而学。先教后学是指学生的学习完全依靠教师引领和教导；边教边学是指学生的学习需要在教师的扶助下进行；先学后教是指学生相对独立地学习，教师把学习主动权交还给学生；不教而学是指学生完全独立地学习，教师的作用仅在于规律和方法的指点。四类教与学的关系建立在学生相关学习能力的基础之上，大致对应于小学低段（前三年）、小学高段（后三年）、中学阶段和大学阶段。从四类教与学的关系考察三所学校的教学模式、思考各学段的适学策略，以下三点值得我们关注。

一是不同学段教与学关系的合理定位。洋思中学等三所学校都是初中，课堂教学改革模式基本进入了先学后教阶段，对初中阶段的教学改革具有较大的借鉴意义。高中阶段学生的独立学习能力更强，在借鉴学习杜郎口中学等学校的模式时不宜"临帖"，理应考虑到高中学生的特点及本校的校情直接"破帖"，探索自己的模式。小学阶段学生的独立学习能力比较弱，在教学实践中应该建构的是先教后学、边学边教的适学模式。第四章中述及的三所学校的自主变革理论也说明了这一点。

二是基础不同的学校在教学变革路线上的选择。三个在全国影响较大的课堂教学改革的个案出现在同一类学校并非偶然。它们同是薄弱学校，同是初级中学，基础条件、师资力量、教学质量都很差，都处于怎么改也不会比原来更糟糕的状态。于是，它们能够摒弃传统的做法，完成大转身，创生出教师少教乃至不教的适学课堂模式。这是一条大破大立的变革路线，也是学校面临撤并危局时的求生路线。对于基础条件一般或较好的学校来说，要完成这样一个大转身反而困难得多。其一，教师原有的教学经验丰富，在转向为学而教的过程中依然具有很大的价值，不宜全盘抛弃而采用一套全新的做法；其二，教学质量得到家长、社会认可的学校如果大破大立，在探索期内教学质量有下降的风险，会有来自各方的阻力。我国教育教学改革范式不同于西方的变革范式，主流趋势是模仿范式与变革范式的融合——适学范式，这意味着学校教学变革的基本路线不是重起炉灶、另辟蹊径，而是一条渐进的变革路线。具体到某一所学校，选择突变路线还是渐进路线也不能绝对化。原来办学质量很好的学校选择突变路线顺利完成大转身的成功个案也不少，如山东省昌乐二中、兖州区第一中学等。只要适合学生、适合学法、适合学材，有利于学生学习的做法便是适学的策略，哪怕是先教后学、边教边学的课堂也可以是适学课堂。

三是适学策略的多元与创新。不同学段学生的学习能力有高低之别，适学策略会有所区别；适合某一学段的策略运用于学校，只有适合本校的学情、得到本校文化的支持才会产生效果。适学策略不局限于课堂教学，肯定会触及课程开发，学校课程特色决定了适学策略的独特性。模式作为策略的组合体系，只对应于孕育了它的环境。每所学校都有自己特定的环境，意味着每所学校都可以创生自己的模式。每所学校的模式都需要经历实践探索的过程，创生的经历赋予了教学模式校园文化品性。即使它表面上看起来与其他学校的模式类似甚至名称相同，实质上它蕴含了一所学校的专注追求和行动努力，依然是独一无二的。一校一模式、策略多元化，是学校教学实践自主变革的发展趋势。

（三）适学课堂的范例

为了说明适学策略的多元与创新，下面选取兖州区第一中学"循环大课堂"的一堂数学课堂实录——"二项定律"作为适学课堂的范例（黄明，李钧，2010）。

一、前段（25分钟）

课前10分钟，教师到达班级，板书本节课"学习目标"：①能用计数原理证明二项定理；②会用二项式定理解决一些简单问题。然后根据学情临时布置展示任务，下发下一节的导学案。学生在本组组长的安排下到指定的黑板板书本节要展示的内容。老师与学生交流，进一步明了学情。

上课。首先进入"5分钟讨论时间"。全体学生以小组为单位就昨天预习的内容进行站立讨论，老师查看黑板的板书情况，对错误的板书用红色粉笔标出，而后参与学生讨论，继续了解学情。

（5分钟后）

师：请同学们再看一下本节的学习目标，我相信这个目标一定会达到，同学们有没有信心？

生（全体）：有！

师：好！下面有请"lakers"小组上来展示第一个问题。

（学生$_1$在同学们的掌声中满怀信心地走到他们小组的黑板前。）

生$_1$：我们组展示的是问题（1）是在 $(a+b)^2$ 的展示式中为什么有四项，这是因为两个 $(a+b)$ 相乘，每个里面有一个 a 或一个 b，而且每个 $(a+b)$ 中，a 或 b 选定后，才得到展开式的一项，因此，由分式乘法计数原理可知，合并之前有 4 项。问题（2）是……问题（3）是……我们组的展示完了，大家还有什么问题吗？

（生$_1$环视教室，生$_2$站起。）

生$_2$：关于问题（3）我有一个不太一样的理解，关于 a^2 和 b^2 的得到，可以用排列数来解释。

生$_1$：这里面没有顺序性，不能用排列数来解释。

生$_2$：我认为可以，在数值上是一样的。

生$_1$：……

（全体同学看着他们两个，却没有发言的。老师意识到生$_2$提的问题已经超过了同学们的理解能力，于是作为"学习者中的首席"，教师开始点拨。）

师：我们应该肯定郭××的理解是没有问题的，但对于王×的解释，现在我们举个例子，大家算一下。（同学计算后）在探讨新的方法时，可以采用数学实验的方法，即再举几个例子，有可能就会找到反例。好，有请下一组。

（生$_3$上场，全场掌声起，因为该同学的学习成绩不是很好，同学们自发地给予鼓励。）

生$_3$：我来总结一下性质。第一，$(a+b)^n$ 的展开式共有 $(n+1)$ 项，a 的系数递减，b 的系数递增；第二……我的展示完了，大家还有什么问题吗？

生$_4$：应该是 a 的指数递减。

生₃：对，应该是指数，不是系数，我搞混了。

生₅：还有一点，我认为应该写每项的指数之和为 n。

生₃：是，我们组没想到这一点。

师：好，周×同学最近发言很积极，而且成绩进步很大，希望继续努力。有请下一组。

生₆：我们组重点讲解第三题……大家有问题吗？

生₇：你应该写答。

生₈：不写答应该扣分。

生₆：唉，对！

师：看来大家预习得很充分。最后有请"随意"小组为我们做小结。

生₉：本节课我们主要学习了二项式定理的公式和它的应用，还有一些简单的性质……最后给大家补充一点做题方法。在二项式的计算中计算量比较大，因此，我们要更加心细一些，把这个定理理解在我们心中，结合我们小组的名字，心随我意，我的人生我做主！

（全体学生爆笑，因为生₉平时是一个十分腼腆的学生。）

师：二项式定理是一个非常重要的内容，希望大家对这部分内容更心细一些。好，下面用 5 分钟的时间，大家做一下当堂检测的有关内容。

（全体同学安静下来，进入到检测中，老师巡视。5 分钟后，学生把检测内容对桌相互交换，批改，最后交给组长。教师评价本节各小组及个人的表现，并将得分情况写在团队评价的表格里，然后指导学生预习下一节。）

二、后段（20 分钟）

（老师把下一课的导学案发下去，提出学习目标，简述主要内容，让学生对下一课的任务有初步了解，然后指示预习方法。要求学生全面预习，独立地、尽量多地解决问题。）

师：下一节内容是本节内容的延续，我们继续研究二项展开式的应用，大家可以查询有关数学史上一些二项展开式的内容，动脑筋、想办法，找出解决问题的方法。好，现在开始个人预习，发现问题的请举手。

（同学们进入了紧张的个人预习中……老师巡视，直到下课。）

第六章
教师的教学生活与专业发展

学校有了自主变革理论，我们就可以说，学校变革进入了自主推进阶段；学校形成了教学实践范式，从理论上说，学校的教学实践就走上了自主变革的轨道。我们如果再进一步考察教师个体的教学实践，就会发现，作为学校教学实践共同体的一员，教师拥有共享的理念，也有范式指示的教学行为，但不一定都会致力于范式所留下的"有待解决的种种问题"。当教师运用共有的工具和方法、遵循操作规范运作的时候，如果没有触及"问题域"，具体的模式反而成为不需要教师个体探索的"教学变革"的捷径，本质上并没有突破形式化教学的老路。在尚未形成自主变革理论的学校，教学实践的自主变革通常沿着从实践到理论的循环路线，通过教师的教学改革意向和行为表现出来。也就是说，不管学校层面有没有进入自主变革的轨道，教学实践的自主变革总是立足于教师个体的教学实践。

因此，问题的关键在于教师个体的教学实践形态的转变，即从重复性、形式化的教学实践转变为变革性、生活化的教学实践。从变革性教学实践的存在状态看，实践主体的主观倾向、对教学过程的建构与体悟、实践中的反思与研究既是一幅教师教学生活的新图景，也指示了一条从惯常到求变、从经验到思想、从局部变革到教学新生活的专业发展之路。

第一节　走向变革性实践的教学生活

变革性教学涉及现实文化经验化与历史文化主体化的共生关系。在社会文化快速更新的今天，无论是学生还是教师，要实现现实文化经验化，仅仅通过浏览新闻资讯、阅读书籍杂志、观看媒体视频等是不够的，必须作为社会生活的一员亲历现实文化的变化过程。生活取向的新课程力图实现科学世界与生活世界的融合，教学实践也从课堂、校园扩及社区乃至整个社会。于是，教学便有了生活的意味，成为师生的生活方式。

教学作为师生的生活方式，取决于教师教学生活方式的状况。"没有教师生命质量的提升，就很难有高的教育质量；没有教师精神的解放，就很难有学生精神的解放；没有教师的主动发展，就很难有学生的主动发展；没有教师的教育创造，就很难有学生的创造精神。"（叶澜等，2001：3）当教学突破工作、事业的界线成为一种生活方式之后，教师不再是"燃烧了自己、照亮了别人"的蜡烛，而是闪耀着生命之光的"生生"之源。

"生生"之源是创新者的生活方式，是自由自觉的生活方式。2017 年 9 月 12日，美国《福布斯》杂志官网报道，"几十年前，中国在技术界被认为不过是一个模仿者……但经过多年的政府支持、国内生产总值（GDP）强劲增长和对教育的大力投入，前景发生了变化。中国已经从模仿者转变为创新者"（何金娥，2017）。技术界如此，教育界的变化也惊人地相似：教育范式从文化传承走向文化创新，教学范式从模仿转向模仿与变革相融，教师从因循经验的"教书匠"转变为自主变革的开拓者。

教育领域的这些变化目前还处于进行时。当初，多数教师是被"抛入"教育改革场景之中的。他们不仅面对新版教材和新的教学方式，还面对方方面面都发生了重大变化的教学生活。置身于教育教学改革的场景，多数教师都有过困惑和无措。借用认知建构主义的术语说，目前有些教师的教学生活表现为"同化"模式，还处于"不平衡"阶段，有些教师的教学生活表现为"顺应"模式，已经进入"新的平衡"阶段。这个过程也是教师从他主的教学生活转变为自由自觉的教学生活的历程。

一、教学生活的新场景

"生活"在汉语语境中指生存、活着，以及人的各种活动；在日常语境中还有生涯、生计、工作、手艺或成品的意蕴（辞海编辑委员会，1999：3901）。与人类的生存与发展相对应，生活可以分为生存层面的物质生活和发展层面的精神生活两大类。动物也生存、活着，但只有人的生存和活着才能被称为生活，因为动物和自己的生命活动是直接同一的，人则使自己的生命活动本身变成自己意志的和自己意识的对象。生存层面的物质生活是为满足人的自然生命而展开的活动，发展层面的精神生活则是生成、改善人的文化生命的社会活动。

教学生活是一种精神生活，教师通过这种精神生活引领学生的发展（赵昌木，2006）。理想的"教学生活是教师在特定的时空环境中，为了生命发展和完善，以及提升生命质量、实现生命价值与意义所进行的各种生命活动"（李定仁，罗儒国，2007）。在一定程度上，我国经济实力的提升、基础教育课程改革既为理想教学生活的时空环境提供了基础性的条件，也为教师的教学生活创造了全新的场景。

教学生活的新场景首先是课程的变化。《基础教育课程改革纲要（试行）》、课程设置、各科课程标准、新版教科书与之前迥异。有学者和一线教师对课改前后教科书作了比较研究。相对于 20 世纪 80 年代的教科书倾向于经典取向、政治取向、成人取向，现在的小学语文教科书在价值取向上倾向于生活取向、儿童取向，更重视趣味性（李海云，张莉，2012）；相对于 20 世纪 90 年代中期的《高级中学课本·代数（必修）》，2000 年的《全日制普通高级中学教科书（试验修订本·必修）数学 第一册（上）》更注重学生创新意识和实践能力的培养，更注重精选那些在现代社会生产、生活和科学技术中得到广泛应用的、为进一步学习所必需的且学生所能接受的知识，内容的编排体系上注意把学生作为学习的主体，教学方法上注重师生交流（潘振嵘，2003）。相关学科的教师对这些变化都有直观的感受、切身的体会。除了教科书的变化，综合课程、信息技术与课程的整合、地方课程、学校课程也发生了变化。除了地方文化、学校文化进入课程内容，校本课程开发也成了教师分内的事情。

伴随课程的改革，继续教育制度同步跟进。1999 年 9 月，教育部发布《中小学教师继续教育规定》，提出参加继续教育是中小学教师的权利和义务，对中小学教师继续教育的内容、类别、组织管理、条件保障、考核与奖惩做了具体规定。1999 年 11 月，教育部决定在全国范围内实施"中小学教师继续教育工程"，明确"中小学校是教师继续教育的重要基地，中小学校长是教师继续教育的第一责任人；各中小学校都要制订本校教师培训计划，建立教师培训档案，组织多种形式的校本培训"（中华人民共和国教育部，2000）。在新一轮课程改革全面推进之后，继续教育培训工作实行省、市（地）统筹和以县为主的管理体制，以及国家级骨干教师培训、省级教师培训和市（县）级教师进修学校教师培训三个层次的培训体系。以教师任职学校为基本培训单位的校本培训走向常态化，涉及指导教师制度、专题受训、行动研究、教学反思、区域合作、自学等内容（李化树等，2005）。

新课程的实施改变了课堂场景。课堂生活从之前的专业生活和制度化领域扩及课堂日常生活领域，并延伸到课堂生活世界之源泉的现实生活世界（王鉴，王俊，2013）。教师课前由备教材、备教参、备教学程序转变为备设计理念、备教材、备学生、备教学过程（吴亚萍，王芳，2007：11-13）；课中的师生交流取代教师的单向灌输，"自主、合作、探究"成为新型的学习方式，教室的空间布局不再是千篇一律的秧田式排列，有了灵活的组合；课后的反思与研讨成为教学活动的重要内容。此外，走班制打破了固定班级的组织形式；微课的时间变成 7～10 分钟，空间延伸到了网络；翻转课堂实现了在线开放课程与课堂教学方式的混合，置换了课中、课下教学任务的秩序。诸如此类的变化今天还在不断出现。

除了课堂场景的变化，信息技术的发展拓展了校园的网络空间。无纸办公成为可能，学校公共管理、教师专业成长、学生学习服务等网络平台打造了数字化校园。课程文化、地域文化与学校历史文化相结合，使学校文化的特色逐步形成。尤其是对于形成了自主变革理论的学校而言，其办学理念、变革理论、课程架构、教学实践范式、相关教学管理制度以及个性鲜明的校园环境融合在一起，不只是系统化的生活场景，还是一个有灵魂的生活场景。

教学生活场景的这些变化不是一朝一夕完成的，也不是教师个体能够左右的。老教师都亲身经历了这些变化，但变化后的教学生活场景对于新教师而言则是全新的。置身于变化了的生活场景中，教师个体一般都有一个从被动适应到主动变革的转变过程，或者说有一个从他主的教学生活走向自由自觉的教学生活的过程。

二、他主的教学生活

他主的教学生活泛指由异己力量所驱动和规范的与教学相关的一切活动。

教学生活场景由教学观念、教学习俗、课程文化、教学材料、教学设施、行为规范、教师和学生等因素构成。教师个体置身于特定的教学生活场景中，首先必须使自己融入场景之中，成为现存场景中的一个有机组成部分，取得学校和社会认同的教师身份。在获得身份认同之际，既有的教学生活场景规定了教师的教学生活方式，教师反过来又成为现存生活场景的维护者。在国家推进教育改革的过程中，不以个人的意志为转移，教学生活场景发生了不同程度的变化。在变化程度较小、外部推动力较弱的农村地区，教师一般倾向于惯常的教学生活；在变化程度较大的城镇学校，多数教师的教学生活虽然被改变了，教师却总是找不到生活的激情。究其原因，这样的教学生活是教师被"抛入"新场景之后被给予的，不是自己创造的，因而教师还不是自己教学生活的主宰者。

以下是他主的教学生活场景的三个片段。

（1）很少主动去做学校未安排的教学任务

Z 老师是宁夏回族自治区 G 市 F 镇初级中学语文学科的一位骨干教师，毕业于 G 市师范学校，从教 20 多年，多次获得县、市级奖励。以下是 Z 老师说的两段话。

> 农民是我日常生活中的身份，教师是我教学生活中的身份，这两个身份都不能舍弃，因为舍弃了我也就不复存在了。除非教师的身份能完全满足我的生活需要，但是看来是满足不了了。我生活的环境造就了我这样的双重身份。

> 像我们这样的农村学校，能把正常的课堂教学完成就已经很不错了，像课外辅导这样的事情，只能是高高挂起的理论而已。具体实施的教师很少，即使有，不可能像城市里的课外辅导那样专业，我们也只是在课堂教学休息期间对学生不会的问题就给他们个别学生指导指导，帮他们做好课外作业。如果说要抽出专门的时间给缺课和基础差的学生补课，帮助他们克服学习上的困难，这是很难办到的。原因：第一，我们老师的时间有限，没有那么多的时间来完成这样的任务。第二，不是学校安排的教学任务，很少有教师主动去花费自己的时间，不是说老师们不愿意，而是他们会利用这些时间回家干农活什么的。第三，如果有些教师利用放学后的时间给学生作辅导，有些学生家离学校远，辅导完再回家可能会来不及了。（王思源，2013）

（2）规训的束缚，教师的无奈

A 老师是西北地区××学校一位刚入校不久的新教师。以下是 A 老师的一节公开课的场景。

> 学校多媒体高高在前，学生整齐、安静地坐在大教室中央，全校三十多位老师则集中地坐在教室最后，离学生距离达两米之远！这堂课是 A 老师的英语课。

> A 老师始终是一副严肃的面孔，有一口流利的英语，先用英语问了几个问题："英国的首都在哪？你们去过英国吗？"学生们也一本正经地回答了老师的问题……课结束了。孩子们静静地离开了教室。多数老师沉默。短暂而又形式化的公开课研讨结束后，老师急忙回办公室取包，排队签名，走出校园。（杨瑞芬等，2011）

（3）身心疲惫的教师

一位教师描述了自己一天的生活。

　　天刚蒙蒙亮，女儿便问道，几点了？我半醒地回答，6点多一点。她马上就要起床。我说："太早，再睡会儿，天还黑着哪！"她又睡下了。

　　每天都如此，我很欣慰，她如今能自己按时上学了，能安排好自己的事情，回家就投入学习。我感觉到女儿长大了。

　　天大白，我也该上班了，起床，洗脸，来到学校。人们说三点一线，十几年如此，早读铃声响了，我来到教室，听着孩子们朗朗的读书声，感觉到一种希望，这些学生太可爱了，他们天真、好奇，用幼稚的眼光看着你，课堂上不由得你不用十分的劲头教给他们知识，用心讲解，严格督促。

　　我爱和孩子们在一起，爱看着他们嬉笑、玩耍、调皮捣蛋，心里赞叹，他们的生活多愉快呀！我在心里暗暗说年轻真好。和他们在一起，我觉得自己还年轻。

　　课一节接一节地上，我楼上楼下跑着。好不容易坐在桌前，我翻开书，阅读明天要上的课，理解内容，划出要点，在旁边做出见解。我又在脑中想用什么好办法教给学生，并且使他们乐于接受，学得快，想用这个又感觉不好，思前想后，最终敲定。我把这些想法写在教案上，落实在课堂上。然后，我翻开作业，检查对错，留下了对号和错号。

　　下班了回到家，身心疲惫，腿好像成了两截。[①]

　　三个案例呈现了他主教学生活的三种场景。Z 老师为生计在农民和教师两重身份之间无休止地转换，教学生活处于生计的最低层次。当教师身份满足不了物质生活的基本需要时，本应该是精神生活的教学生活就成了履行学校安排的教学任务。教育教学的变革是学校的事情，关涉教师的只是被安排的教学任务有所变化而已。A 老师到校一个月之后就消磨了个性，过着"适者生存"的教学生活，表征了"在'科学-规诫机制'（scientifico-disciplinary mechanisms）之母体中被积极地构筑的存在物"（道格拉斯·凯尔纳，斯蒂文·贝斯特，2006：58）。第三个案例中的"我"在"科学-规诫机制"之母体中"用十分的劲头教给他们知识，用心讲解，严格督促""思前想后，最终敲定"，过的是用心、劳累的教学生活。当所思所想突破现有的生活场域却无法挣脱既定生活框架的束缚时，思想与行为就会出现相悖的情形，"身心疲惫"就很自然了。从另一方面看，思想与行为的冲突也为教师从他主的教学生活转变到自由自觉的教学生活提供了内在的动力。

---

① 参见：郭建锋. 2012. 教学故事：一天的生活. http://www.5156edu.com/page/12-12-21/86132.html［2017-09-28］. 有改动。

三、自由自觉的教学生活

自由自觉的教学生活是教师个体内部力量所驱动、建构的与教学相关的一切活动。它包含两层意思：其一，自由的教学生活。"个体获取自由的大小取决于他克服社会所施加的限制和达到自我驾驭、过一种独具一格生活的能力。"（道格拉斯·凯尔纳，斯蒂文·贝斯特，2006：74）拥有自由教学生活的教师个体，能够挣脱社会、学校"科学-规诫机制"的束缚，按照自己的意志驾驭教学活动，成为教学生活的主宰者。其二，自觉的教学生活。教师对自己的教学生活状态有清晰的认识，不仅融入现有教学生活场景之中，是现存场景的有机组成部分，还是现存场景的建设者和改造者，在教学生活过程中发挥能动的作用。这样的教学生活是一种反思与批判的生活——反思自身的教学生活状态，批判既有的学校规制及场景；这样的教学生活也是一种动态与创新的生活——生成的、变革性的教学实践，每天都有新质的产生。

以下是描述自由自觉教学生活的两个故事和一个答问录的片段。

（1）丰富多彩的教学生活

C 老师是西北地区××学校一位三十岁出头的年轻教师，做事果断、雷厉风行，通常会尽量安排闲暇时间去散步、听音乐、做运动，在紧张、丰富的生活中多样地安排时间。她经常会安排时间去与朋友们一同欣赏高雅音乐，还把这种能力转化为英语课中韵律操的创编和英文歌曲的填词；经常利用周末进行短期旅行，旅行中的所见、所闻、所想丰富了教师自身的人文素养和自然情怀，点点滴滴转化成师生共同的成长素材；她爱看各种演出，经常会邀请学生们一起看，这样自然的娱乐既是精彩的课堂，也是师生共同在学习和体悟，只有对别人技术和演出心理的了解和学习才能培养起学生对艺术的热爱和感悟能力。（杨瑞芬等，2011）

（2）君子兰教室里的创意活动

记得 2009 年全国新教育年会在海门召开，朱永新教授提出了"书写教师的生命传奇"。那时我从乡村小学来到实验学校做班主任，正在四处寻求新的教育生长点，听到朱老师的演讲，我心动了。

2010 年刚送完毕业班的我和校长几番申请，最后我还是选择了教一年级。

因为我想努力践行朱永新教授提出的理念。此后的四年多时间，我和孩子们相守相伴一千多个日夜，创意在活动中诞生，习惯在沟通中养成。在这些日子里我放弃了很多娱乐和休息时间，每天工作 13 个小时。我知道自己是幸福并快乐着的，因为我的生命在君子兰教室中得以幸福地绽放。（高波，2016）

（3）没有制度约束的教学场景

随着改革的深入，杜郎口中学的课改已经发展到新的阶段，由课改带来的教师价值观和工作态度的转变，以及由此显现出的管理方法，成为新时期杜郎口课改经验的核心。

从管理层面，杜郎口中学的改革经历了三个时期。第一是有制度的管理阶段，当时我刚接手杜郎口中学，没有常规，没有秩序，需要建立教学常规、考评、量化、奖励、惩罚等规则；第二个阶段是 2002 年到 2008 年，我用学校优秀教师的敬业、课堂的创新、在课堂研究中的成果等作为学校发展中的方向性引领，发现优秀、培养优秀、树立优秀、重写优秀，让优秀成为工作的核心支柱；第三个阶段是"人人是主人，个个做校长"的新阶段，自律、自发、自主、自强，去制度化，下一步杜郎口中学的管理将没有制度约束，完全依靠教师自我对事业、人生意义和生命价值的全新认识，将这些付诸行动，工作就是道德，表现就是品质，贡献就是人格。①

两个故事呈现的都是动态、生成的教学生活，但"自由自觉"是两种状态。C 老师凭借其鲜明的个性及生活方式"同化"了"科学-规诫机制"，在两者间维系着必要的张力，似乎从一开始就没有受到现存教学生活场景的束缚，自由驾驭着自己的教学生活，保持着教师生活的本色。第二个故事中的"我"则借助新教育的力量挣脱了既有教学生活场景的限制，在君子兰教室中创生出独具一格的教学生活，体验着"幸福并快乐"的人生。在答问录片段里，杜郎口中学校长崔其升讲到了杜郎口中学教学改革的三个阶段：建立规制、突破规制、消除规制。第三个阶段是自由自觉教学生活最理想的场景，"完全依靠教师自我对事业、人生意义和生命价值的全新认识"，依靠教师自我驾驭独具一格的教学生活的能力。

值得进一步深思的现象是，同为新教师，同在一所学校，A 老师过的是他主的教学生活，C 老师过的是自由自觉的教学生活。这说明教师过什么样的教学生

---

① 杜郎口中学校长崔其升在全国首届高效课堂"课博会"新闻发布会上对香港《文汇报》记者提问的应答（片段），详见：刘堂江. 2010-04-14. 高效课堂九大"教学范式". 中国教师报，B2 版.

活虽然与周遭的教学环境有关，但主要还是取决于自己。国家推进基础教育改革本身就是一个追求自由自觉教学生活的大环境。在大环境的支持下，置身于未及转型的学校教学环境之中，教师个体是选择大环境下的教学生活还是融入小环境下的教学生活，决定性的因素首先是主观的倾向，其次才是驾驭独具一格的教学生活的能力。

在走向变革性实践的教学生活的过程中，我们期望年轻教师像 C 老师一样保持自己生活的本色，在教学生活与日常生活间维系必要的张力，而不是像 A 老师那样被"科学-规诫机制"所限制，入职一个月后就判若两人；我们期望有阅历的教师像第二个故事中的教师一样能够挣脱既有教学秩序的束缚，让自己的生命自由、幸福地绽放；我们也期望每一所学校都能去制度化，为所有教师过上自由自觉的教学生活提供最理想的场景。但这一切最终都将取决于教师是否有自己相信的生活方式、教育教学信念，以及对教学生活自我驾驭的能力。

第二节　教师的实践经验与个人实践理论

每个人都有自己的生活方式，但并非都认可自己的生活方式；每一位教师都有教育教学观念，但不一定有教育教学信念。观念只是一种看法、一种解释、一种主张，既可能来自书本或他人，也可能来自实践的经验；信念则是个体坚信的、成为精神支柱的观念系统，从观念到信念，必须经过实践的检验、确认或修正，达成经验与理论的统一。如果把生活视为生命的航程，那么信念就是心中的灯塔，指引着航向，而经验有助于避开暗礁，理论能够指示最佳航路。在同一视界里，走向变革性的自由自觉的教学生活需要教育信念的指引，需要实践经验的支撑，更需要个人实践理论的灵性。

一、主动和被动的教学实践经验

在中西文化语境下，"经验"的意蕴有些许不同。《辞海》对经验的解释为"经历体验""由实践得来的知识或技能""哲学上指感觉经验。是人们在实践过程中，通过自己的感官直接接触客观外界而获得的对客观事物的表面现象的认识"（辞海编辑委员会，1999：3304）。西方对经验的经典阐释是杜威的实用主义哲学，认为经验包含尝试及其结果两个方面，前者是机体与环境的相互作用，后者是主观和客观的统一体。中西方对经验性质的理解都有动态和静态两个层面，但对经验范畴的理解有所不同。我们立足我国教育改革的文化语境，把经验理解为经历体验以及借此获得的知识或技能。

旨在改造学生主观世界的教学实践是教学生活的核心。教学生活有他主和自由自觉两种状态，教师的教学实践经验相应的有被动和主动之分。

（一）被动的教学实践经验

在他主的教学生活里，教学实践的目的是由学校或课程标准决定的，教师按照国家课程改革的建议选用教学手段，采用学校其他教师的一般做法，教学场景一般由学校设定。教师名义上是教学实践的主体，实质上执行的是他人的意志，只是代理而已，教学实践经验只是适应学校教学环境，以及"有效"应对教学工作的策略及行为方式。

B 老师是一位近 50 岁的老教师，她敬业乐群，和蔼可亲，做事严谨认真，靠着丰富的经验总结出了备课的基本程序。

> 步骤：关键词摘、笔顺、笔画、规范组词、成语解释、引申表演（亮点）。
> 板书：细致，在常规中培养性格，沉着，冷静，文明，诚实……
> 要求：把握好教师工作节奏——写字组词。
> 提前完成任务的同学可以：看书、看杂志、静静等待。（杨瑞芬等，2011）

这是 B 老师在使用新课程标准和教科书后慢慢摸索出来的一套新的备课程序。总结出这一备课程序之后，每次备课就变得省时、省力多了。

对于 B 老师来说，这套备课程序是全新的教学实践经验，却是异己的教学新环境逼出来的，或者说，是教学环境的变化催生了 B 老师新的教学行为系统。在教学新环境没有出现重大改变的情况下，该"有效"策略将不断地重复出现，并成为日常机械化的行为方式。

（二）主动的教学实践经验

在自由自觉的教学生活里，教师通过对"科学-规诫机制"及现存生活场景的批判性分析和研究自主规划并展开教学活动。

每一位新入职的教师都接受过职前教师教育，接触到诸多教育理论，不同程度地拥有自我认同或确信的教育教学观念。进入一个全新的教学生活环境后，他们可能面临着两条道路的抉择：适应现有的学校秩序还是秉持观念过一种独具一格的生活？在已经踏上自主变革、建立教学创新机制的学校，学校发展已经站在教育教学改革的潮头，学校新秩序会引领或促进教师个体的教学创新，不存在二选一的问题；在教学改革停留在外部力量主导的学校（如前面案例中述及的西北地区××学校），两条道路存在分歧甚至冲突，就会出现 A 老师和 C 老师这样两种不同的选择，以及截然不同的经历和体验。

独具一格的生活包含与众不同的内容，意味着一种创新的、动态的生活。教学实践主体从自觉的教育教学观念以及周遭具体情境出发，审视、分析课程标准及教科书，自主开发校本课程，对国家或地方课程进行二次开发，拟定课程指导纲要或教学目标，精心设计教学方案，生成教学过程，通过教学反思检讨原有观念的合理性及实践过程中存在的问题，提出改进的思路和策略。它既是一个课程实施过程，也是一个行动研究过程，伴有非常丰富的内在体验。课程的开发、生成的教学、研究与反思都会形成新的认识和技能。这些带着气息、尚余激情的实践经验生生不息，为实践主体成为智慧型教师、研究型教师打下了坚实的基础。

具有被动的教学实践经验的教师受制于周遭的教学环境，具有主动的教学实践经验的教师积极应对周遭的教学环境。当周遭的教学环境不能满足变革性实践的要求时，实践主体就要对教学环境进行改造或创建新的教学环境。在这样的情况下，实践主体必须超越实践经验的局限，获得实践理论的支持。

二、教师个人实践理论的范畴

在国内外的相关研究中，教师个人实践理论经常与教师个人知识、教师个人实践知识、教师实践性知识、教师实践智慧、教师个人理论等概念混用。某些时候它们被视为同义词，某些时候它们又有各自的含义。因此，我们首先需要辨析这些似是而非的概念，才能厘清教师个人实践理论的基本范畴。

在诸多相关概念中，最早出现的是"个人知识"一词。个人知识是英国著名化学家、哲学家波兰尼（Michael Polanyi）在其 1958 年出版的《个人知识》一书中提出并用作书名的新词语，用来表述与纯粹客观的科学知识理念相悖的一种新科学知识理念——"所有的科学知识都是个体参与的"，或者说，"所有的科学知识都必然包含着个人系数（the personal coefficient）"（石中英，2001d）。20 世纪 60年代，波兰尼的个人知识理论受到著名教育哲学家赫斯特、谢弗勒、布劳迪等的关注，被引入教育理论研究领域。

1983 年，英国学者艾尔贝兹（Freema Elbaz）在 1983 年出版的《教师的思考：教师实践性知识研究》一书中首次提出"教师实践性知识"的概念。其后，加拿大学者康内利（Michael Connelly）和柯兰迪宁（Jean Clandinin）创造性地运用"教师喻像"等一系列用于表征教师实践性知识的术语，形成了系统的教师实践性知识观，成为教师实践性知识研究的集大成者。他们认为，"个人实践知识是产生于生活经验的实践知识与理论的结合"，"'个人实践知识'的'知识'是指从经验中出现的……和个人行动中表现出来的有意识或无意识的信念体。有疑问的行动是那些构成教学实践包括其规划与评价的行为。个人实践知识是浸透构成一个人的存在的所有经验的知识。它的意义来自一个人的经验历史——包括专业与个人历史——并为其所理解"（转引自：威廉·F. 派纳等，2003：580）。

2001 年之后，舍恩、波兰尼、柯兰迪宁等的教师个人知识理论、教师实践性知识观、教师个人实践理论被介绍到国内，这些概念也出现了文化语境的转换。

（1）教师个人知识的含义

我国教育界对教师个人知识有代表性的界说主要有以下几种：教师个人知识是指教师个人在具体的教育教学实践情境中通过自己的体验、沉思、感悟和领会并总结出来的有别于"公共知识"的实效性知识（张立昌，2002）；教师个人知识就是源自教师真正的教育经验的理论与实践知识的混合体（姜勇，2004），是"教师自我确证的真信念"（曹正善，2005）；教师个人知识是从事教育实践工作的教师个体所拥有的作用于其教学行为的全部知识（刘永风，2017）。

对照西方的个人知识观，我国学者对教师个人知识的理解吸纳了波兰尼的"个人系数"及康内利、柯兰迪宁主张的个人经验和信念体，同时对个人知识的范畴作了新的规定。波兰尼强调所有知识都是个人参与的，都有个人系统，因此所有知识都是个人知识；我国教育界呼应教师专业自主发展的强音，强调个人知识的非公共属性，契合了当前我国基础教育课程改革的文化情境。

（2）教师实践性知识的含义

我国学界对教师实践性知识的界说有狭义和广义之分。狭义的教师实践性知识与课堂教学情境相对应，是"教师在面临实现有目的的行为中所具有的课堂情境知识以及与之相关的知识，或者更具体地说，这种知识是教师教学经验的积累"（申继亮，2006：48）。广义的教师实践性知识与教师职业、教育教学实践相对应，是"在教师专业领域中存在着的一种以默会知识为主体的个人职业知识，是教师在教育教学实践中用于积极解决复杂情境问题、富有教育意蕴的行为图式与教育智慧"（刘洁，李爱华，2013），是"教师真正奉行的、并在其教育教学实践中实际使用和（或）表现出来的对教育教学的认识"（陈向明，2003）。华东师范大学的钟启泉（2001）概括了"反思性实践模式"中教师实践性知识的特点：

> 教师的"实践性知识"，有这样五个特点。其一，它是依存于有限情境的经验性知识，比起理论知识来说缺乏严密性和普遍性，却是一种鲜活的知识、功能灵活的知识；其二，它是作为一种"案例知识"而积累并传承的；其三，它是以实践性问题的解决为中心的综合多学科的知识；其四，它是作为一种隐性知识发挥作用的；其五，它是一种拥有个性性格的"个体性知识"。这些知识是通过日常教育实践的创造与反思过程才得以形成的。

这一表述揭示了实践性知识与理论性知识的区别。相对于国外学者强调个人经验成分的实践性知识，国内学者更强调"在教学实践中奉行、使用或表现出来"的知识（王跃红，王工一，2006）。

（3）教师个人实践理论的含义及构成

有学者主张，教师个人实践理论在严格意义上应被称为"教师个人关于教育的实践理论"，其含义基本等同于教师个人所持有的教育观念，是教师真正信奉的在教育实践中体现出来的教育观念，包括教师对教育——学校教育、教育目的、教与学、学生、学科、自己的角色和责任等的观点（鞠玉翠，2003）。另有学者强调，教师个人实践理论是在特定情境的教育现场形成的个人化的"理解""解释""体验"，是教师内心真正信奉的、在日常工作中"实际使用的理论"（罗红，2005）。还有一些学者把"个人理论"作为"个人实践理论"的近义词使用，认为"个人理论是指尚未脱离产生主体、贮存于个人头脑中、为个人所享有的理性认识成果"，"它们在很大程度上是教师依靠个人感悟、直觉或直接经验获得的'默会理论（tacit theory）'"（李小红，2002）；教师个人理论则是"教师在长期的教学实践过程中通过研究、反思、感悟和内化形成的自己独特的教学思想或教学理论"（杜芳芳，2010）。

上述关于教师个人实践理论的理解尚有几个问题需要进一步探讨。

其一，教师个人实践理论与教师个人所持有的教育观念、实践性知识之间的关系。按《辞海》的释义，知识是"人类认识的成果或结晶"，观念指"看法，思想。思维活动的结果"，理论是"概念、原理的体系。是系统化了的理性认识"（辞海编辑委员会，1999：4920，1423，3446）。在逻辑上，三者显然呈现包容的关系：知识包括可以交流和传递给下一代的显性知识和不能系统表述的隐性知识；观念是初步概括形成的知识系统；理论是高度概括的观念系统。在特定领域，观念可能是局部的，理论则是关于全局的系统认识。因此，教师个人实践理论应该是教师个人所持有的教育教学观念系统。

其二，教师个人实践理论与个人化体验、情境性知识的关系。有学者认为，个人实践理论是由个体的主观经验、热情、信念、价值等参与和卷入而形成的，是一种教师主体价值负载的个人化体验，一种在特定情境的教育现场形成的情境性知识（罗红，2005）。前面述及，经验包含经历体验以及借此获得的知识或技能。显然，个人化体验和情境性知识同属经验的范畴。理论是经验概括和升华之后形成的概念和原理的体系。一个明显的事实是，教师个人实践理论不仅仅来自实践经验，一般还有"传授的知识"成分。通过职前教师教育、培训进修获得的"传授的知识"经过个人实践的检验，如果契合实践经验就会被"同化"到个人实践理论中，成为其中的有机组成部分。一旦个体形成了自己的实践理论，其中的这些理性认识成分（如教育信念）在不同情境之下都会一以贯之地表现出来。也就是说，个人实践理论既包含情境性知识，也包含超越特定情境的个人的教育教学哲学。

其三，"不能够通过理性加以批判和反思"（石中英，2001e）的隐性知识何以成为默会理论。在论及教师个人实践知识或理论时，中西学者都强调默会成分，那么隐性知识是怎么形成概念和原理体系的呢？艾尔贝兹说，"为了能够概括实践性知识的内在结构特点，我们必须寻找能够恰当表述教师实践性知识的实践性、经验性和个体性三者关系的基本术语，它们是惯例、原则和喻像"（Elbaz，1983：132）。这些术语奠定了教师实践性知识的表征方式。柯兰迪宁等对其内涵、属性进一步独创性的理解与运用完成了对教师个人实践性知识具有创造意义的概括。例如，柯兰迪宁用喻像"似家的教室"对新教师斯蒂芬尼的实践性知识作如下描述：斯蒂芬尼的教师故事是在她的课堂活动、教室布置中得到生动的表达，走进她的教室的感觉完全不同于其他教室，教室里充满了属于她及孩子们的珍贵的物品，虽然摆放"杂乱"，但充满了温馨与愉快。斯蒂芬尼与学生形成了亲密的朋友关系，使教室有如一种家的感觉，她关注着每个学生的生日，总之，她的教育教学行为是受着"似家的教室"的实践性知识支配的。[①]

我们可以把斯蒂芬尼的个人实践理论称为"家理论"，其中"家""家庭关系""家的气氛"就是喻指教室、师生关系、课堂氛围的喻象。在西方学者看来，它们是新术语，是一种隐喻，而中国传统文化里则早就存在相关的概念范畴——"象"，思维方式表现为非逻辑的"以象说象"的悟性认识。正是有了"喻象"或"象"

---

① 参见：魏宏聚. 2006. 柯兰迪宁实践性知识观中的"教师喻像"内涵诠释. 教师教育研究，18（3）：43-46.

的概念范畴，隐性知识才可以通过非理性方式加以表达并呈现出系统化的状态，即默会理论。

根据以上的分析，教师个人实践理论与教师个人知识、教师实践性知识之间的结构关系可以用图 6-1 表示。

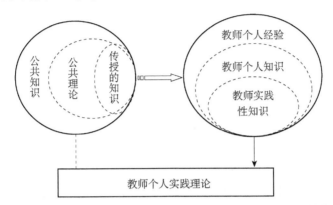

图 6-1　教师个人实践理论与教师个人知识、教师实践性知识的关系

我们认为，教师个人实践理论是教师个人在教育实践中形成的关于教育教学的观念系统。它包括显性理论和默会理论两个部分，是教师个人经验、传授的知识和价值观凝聚、融合的结果。

三、经验反思与理论指引

从他主的教学生活到自由自觉的教学生活，从被动的教学实践经验到主动的教学实践经验，从教学实践经验到个人实践理论，都始于对经验的反思——对教学实践的自觉认识。在反思经验、认识教学实践的基础上，教学实践的自主变革还进一步需要得到理论的指引。在变革性的教育教学实践中，"经验反思+理论指引"已然成为教师的生存之道，每一位教师都需要面对并回答反思什么、如何反思、需要什么样的理论、如何获得相关理论的指引等一系列的问题。

（一）变革性教学的经验反思

经验反思是对已经展开的教学实践活动的反观，对实践经历、体验及主观认识的检讨与再认识。从形式化教学到变革性教学，当认识对象发生变化时，经验反思的内容和过程也会随着改变，引发实践主体一系列的认识新问题。

　　对授受式教学秩序的经验反思，可以强化有效教学手段，规避低效或无效行为，使教学目标达成度不断提升，教师教学技能的熟练化程度越来越高。在教学实践转变到内在变革路线之后，变革的内容扩及知识的形成、实践的体验和情感态度价值观等带有强烈主观性的领域，经验反思的重心从普适的教学技术转向个性化的教学理念、教学伦理、教学背景。从已有教学实践经验反思的研究成果看，虽然新课程的实施已经 10 多年，但教师的反思对象还是以教学案例为主，对主题思想和策略、学科性质的反思比较少，这也表明教学变革转向过程依然艰难。

　　教学案例多指课例，也包括单元教学活动或一个时段的教学活动。基于对教学活动的体验，教师都会自觉或不自觉地反思自身的教学实践过程。教学案例因此成为教师初级的反思对象。对教学案例的反思过程是再现特定教学活动情境、验证教学预案的合理性、检讨教学活动的成效、发现并解决问题的过程。依据教学活动展开的先后次序，反思过程如下：首先，反思指向"课标"要求个案情境化的充分程度，判断教学设计是否合理；其次，审视教学活动的情形，检索存在的不足和技术性问题，思考进一步改进的策略；最后，依据学生的学习结果，判断是否出现了"课标"要求理解层面的问题。后两者将引导教师关注"课标"理念，使经验反思进入高一级水平，即对主题思想和策略的反思。

　　主题思想和策略在问题意识的驱动下进入经验反思的视野，成为教师反思的对象。这里的主题泛指教学实践中以课程目标、教学方式等为核心的维度或运行系统，如知识形成、过程与方法、情意取向维度，以及合作学习、体验学习、自主学习、探究学习的运行系统等。维度方面的主题是线性的，实践主体的思想意识贯穿始终，并通过一系列策略体现出来；运行系统是节点或单元式的相对独立的结构，是一种教学方式的运用到"教学模式"的成型过程，如洋思中学的"先学后教，当堂训练"和杜郎口中学的"三三六"自主学习模式。在教学实践中，教师个体对主题思想和策略反思的内容与水平偏重目标维度和教学方式的运用。"教学模式"的提炼一般通过学校课题运作方式完成，并在一个或多个教学领域的实践中经受检验，因此，经验反思的主体主要是教师群体。

　　对学科性质的反思是对所教学科的整体把握，引领学科价值、学科地位、学科方法和学科素养的定位，反思结果指向教师的学科观以及学科教学实践的变革方向。在学科课程标准中，不管是否有独立条目的阐释，学科性质都有提纲挈领的作用，贯穿每一部分、每一条目。以小学语文学科性质为例，一位特级教师眼中的"工具性与人文性的统一"涉及工具性与人文性及两者统一的内涵、工具性与人文性的基本范畴、掌握工具的途径以及在语文教育教学中的体现等方面的认识（林润生，2001）。我们从中可以明显地感受到认识主体语文教学实践的丰富阅历和切身感悟，以及明晰的价值观、文化观、生命观等。它很好地诠释了理论指引下综合性经验反思的样态。

三类经验反思代表了教师应对教学实践变革的三种方式：情境化、自主化和系统化。在教学改革过程中，教学案例是"课标"理念与要求落实到具体教学情境的结果。教师根据自己对"课标"理念的理解和已有的教学经验，在学情分析的基础上按"课标"要求设计并实施合理的教学方案，其间的情感体验加上对象性的反观与思考，凝聚成教学心得。这是一个"课标"理念与要求个案情境化的过程，总体上还是用别人设计好的课程达到别人设计好的目标。教师关注变革的形式，是变革要求的执行者。对主题思想和策略的反思是一个获得与主题和变革相关的理论信息、建构主题思想、生成主题策略的研究过程。在教改理念的指导下，教师是主题领域自主的变革者。对学科性质的反思意味着对学科教学实践变革的整体性把握，是教学实践经验与上位理论系统化，形成学科观并以此指引教学实践的过程。拥有系统学科观的教师既是研究者，也是教学实践变革的智慧生成者。

三类经验反思关涉的理论范畴有明显的区别：案例情境化立足于教师既有的默会或显性理论；主题自主化聚焦于课改理念，求援教育教学理论；学科系统化触及学科与教学哲学。后两者是自主推进的变革性教学实践的要求，是外部理论指引、内部观念调适与重构的结果。

（二）经验反思的理论指引

理论源于实践，是对实践经验的提炼和升华，同时又反过来指导实践。经验反思正是架通理论与实践的桥梁，一头连接个体丰富的实践经验，另一头通向个人实践理论，并延伸至公共理论。教师能不能反思及反思的质量如何关键在于教师所拥有的个人实践理论（王春光，2005）。

教师个体最初的实践经验主要是通过感性认识获得的，包括社会生活经验、受教育的经验、家庭育儿经验、课堂教学经验等。从发生学角度看，在常规性教学实践过程中，教师个人经验上升到个人实践理论存在以下几个阶段：其一，直觉感悟，形成默会理论。在一定的情境和原型的激发下，原始的个人经验融通成为能够指导自身实践的默会理论，如潜隐在教师身上的知识观、学生观等。这个直觉的认识过程建立在前意识现象——悟感的基础上，通常是在不经意间自动完成的。当教师在日常教学实践中面临新情境或遇到问题时，默会理论自动指引教师采取经验倾向性的应对措施，维持相对封闭和固定的经验行为模式。其二，经验反思，形成个人显性理论。在默会理论指引下如果找不到解决问题的策略，实践主体就会有意识地反观和分析已有的实践经验，甚至自觉地检视自在的默会理论，借助观察、判断、推理等一系列的思维方式形成相关的概念，寻求有效的策略。这是一个经验反思的过程，作为其结果的个人显性理论一旦形成，又反过来指引经验反思和默会理论的显性化，如此循环往复，使教师的教育教学观得到丰富和强化。其三，当个人显性理论依然不能提供问题的解决方案时，教师会进一步寻求公共理论的支持，引发个人显性理论的同化或顺应。这个阶段的经验反思是公共理论指引下对个人实践经验的重新审视和判断分析，对既有个人显性理论的评判和重构，实现了个人实践理论与公共理论的对接。

与教师个人实践理论形成与发展的阶段相对应，变革性教学实践过程中的经验反思呈现出三个层次的理论指引：常规教学过程中的默会理论指引、教学变革过程中的个人显性理论指引以及教学问题解决过程中外部的公共理论指引。

默会理论来自个人实践经验的直觉和感悟，对经验的反思具有倾向性的定位和选择。这种倾向性对主体的教学实践、对外部理论的关注都具有指导作用。它一方面指示反思的内容，衡量他人经验对自身的适切程度，另一方面决定着对待外部相关理论的取舍态度。在教学变革时期，默会理论的指导力与教师个体的社会生活环境、教育生活方式直接相关。社会经济与文化的快速变迁会引发个体的应变心态；周遭社区生活节奏的快慢会影响个体的责任心与时效观；教育教学改革的形势及现实热点问题会对教育价值取向产生潜移默化的影响；学校文化及教学秩序等会凝聚起隐晦的关于教学的概念。教师关注时代的旋律，对社会生活、学校生活的变化感受越深刻，默会理论的更新力度就会越大，经验反思就越容易摆脱常规行为方式的束缚，转移到变革性的实践问题上。对教学实践中新问题的关注反过来又会彰显默会理论的局限，引发个人显性理论的形成。

教师的个人显性理论来源于多个方面：其一，默会理论的显性化；其二，实践经验的提炼与升华；其三，所在群体的实践理论；其四，接受职前、职后教育或通过自学而持有的教育教学观等。后两个方面决定了个人显性理论与实然状态的教学实践之间存在的距离。这一距离通过改进教学实践会逐渐地缩短，同时这也增加了教师经验反思进入"高原期"的可能性。只有在个人显性理论不断超越教学实践现状的情况下，教学实践的改进空间才不至于消失。如此循环往复，教师专业发展就会进入螺旋上升的轨道。显然，不断超越的关键因素是个人显性理论之源的群体实践理论和职后培训等。"社群的互动才能导致共享意义的交流。没有这种交流，个人就会被切断与参与和交流的社群的联系，唯有这种社群才能促进个体的真正发展。"（Hall，Ames，1988：26）据此，参与教研活动、学术沙龙、科研项目等教师群体实践，建设教师教学、科研共同体，改进教师培训方式等，显然都是提升教师个人显性理论、改进教学实践的有效途径。

当个人实践理论不能解释和应对教学实践中的新情况时，教师就会产生困惑，感受到问题的存在。例如，教师持有生成教学的思想，课堂实施探究、自主、合作学习方式，学生的生成却没有达到预期效果。在既有的生成教学观无法解释、无法找到症结所在，多种应对策略依然无效的情形下，经验反思就会触及生成教学的哲学层面：为什么要生成？生成什么？如何生成？此时，抽象的建构主义、知识的主客观属性、认识的理性与非理性等公共理论变得具体，容易带给教师"原来如此"的豁然开朗之感。这就是教学问题解决过程中的公共理论指引，也是教师个人教学智慧、教学变革内在驱动力的形成过程。每位教师都会有自己的教学问题域，反思延及公共理论的范畴框定了教师个人教学哲学独特的内涵。立足于现实教学实践的情境，问题往往是被动出现的，或者是在问题意识的驱动下被发现的，实践主体似乎很难驾驭自身的教学问题域。考虑到教学情境与问题域的对应性，教师是否可以有意识地通过改变教学实践的范畴转换或扩大个人问题域？答案是肯定的。开发校本课程、开展课题研究等必然会拓展问题域的范围；融入教师群体教学实践、参与学校教学改革项目使个人教学实践扩及学校教学变革的范畴，形成的个人教学哲学就有了学校的视域，甚至达到时代变革的高度。

概而言之，教师默会理论关涉经验反思的态度和意向；个人显性理论驱动、引领教学实践的变革；外部公共理论指导教学问题的反思与解决。教师置身于时代变革的前沿，融入群体的教学实践，有意识地开辟教学新情境，则基于实践的经验反思将兼备理论的品格。这既是教学智慧之源，也是常态化变革性教学实践的基本诉求。

第三节　逾越教师专业发展的"高原期"

当前，教学反思已经成为教师教学生活、专业成长的基本方式，在中小学教学实践中普遍展开。教师在课堂教学之后一般都会写教学反思，并通过校本教研得到进一步深化。虽然经验反思是形成个人实践理论的必要条件，但并非有了经验反思就必然能够形成与时俱进的个人实践理论。有些教师认真完成学校或教研组布置的反思作业，却依然停留在他主的专业发展阶段；有些教师有强烈的自我发展意愿，却经常感到心有余而力不足；有些教师进入自主发展阶段后，稳定的个人实践理论成为其长期坚守特定教学实践方式的强大力量，限定了其自主发展的终点。教师个体在专业发展的过程中都会遇到关隘，有时经过努力就能够破关前行，有时长时间阻滞于某一关隘却无计可施。"山穷水尽"之际如何尽快突破困境、进入"柳暗花明"的新天地是变革性教学实践必须面对并解决的教师专业发展问题。

一、教师专业发展"高原期"的界析

"高原期"（plateau period）是心理学中的一个术语，"高原期亦称'高原现象'，指在复杂技能形成过程中，练习到一定时期出现的练习成绩的暂时停滞不前的现象。它在练习曲线上表现为出现一段接近水平（或平坦）的线段。在此之前，练习对成绩提高的效果显著，在此之后，成绩仍然会随练习而提高"（车文博，2001：99）。教师专业发展过程中的"山穷水尽"之际类似于技能形成过程中的"高原期"，借用这一术语，我们把教师发展过程中出现的暂时停滞不前的现象称为教师专业发展"高原期"。

有关教师专业发展"高原期"已经有了一些研究：结合教师群体专业发展阶段，运用现象描述方法论证"高原期"的存在，解析"高原平台"的状态，提出一般性的突破策略。

20 世纪七八十年代，西方学者对教师专业发展阶段的分析主要有两个角度：一是与教师年龄有关的职业生涯的发展；二是与教师认知发展阶段有关的情感、行为等方面的发展。前者有费斯勒（Ralph Fessler）的教师生涯循环理论、休伯曼（Michael Huberman）的教师职业发展五阶段理论（求生与发现期、稳定期、尝新与自疑期、宁和与保守期、游离悠闲期）（王建军，2004：92-95）、司德菲（Betty E. Steffy）的教师生涯人文发展模式（预备生涯阶段、专家生涯阶段、退缩生涯阶段、更新生涯阶段、退出生涯阶段）等。后者有伯林纳（David C. Berliner）的教师专业发展五阶段论（新手阶段、进步的新手阶段、胜任阶段、熟练阶段和专家阶段）、本纳（Patricia Benner）的教学专长发展阶段理论（新手、高级新手、胜任者、精熟者和专家）等（唐玉光，1999）。我国学者自 20 世纪八九十年代以来，在认知心理学有关教师素质结构、教育和伦理学有关教师专业化理论框架等研究成果的基础上，借鉴欧美的相关理论，运用思辨、问卷调查、个案研究等方法，提出了教师专业发展的四阶段论（准备期、适应期、发展期和创造期；适应阶段、成长阶段、称职阶段和成熟阶段；适应期、发展期、成熟期和持续发展期）、五阶段论（非关注、虚拟关注、生存关注、任务关注、自我更新关注；适应期、探索期、建立期、成熟期、平和期）（罗晓杰，2006）。多数学者并没有视"高原期"为一个独立的阶段，但其中的适应期、成熟期、称职阶段潜含"高原期"的诸多症候，为之后教师专业发展"高原期"的提出奠定了基础。

进入 21 世纪后，在我国义务教育课程改革全面推进的背景下，教师专业发展成为课程与教学改革的决定性因素。教师的教学观念和实践行为在经过一段时间的调适之后普遍遭遇到"高原期"的困扰。有部分中小学教师对此进行了理性的思考，认为"高原期"对教师来说具有自蔽性，身处其间的教师不能觉察到自己所处的位置，甚至误以为它是发展的终点，大约有一半甚至更多的教师终生没有走出这个时期。为此，学者概括并描述了"高原期"的一些症候，以便教师判明自身所处的位置：

> 很难感觉到像前一个时期那样的快速成长，相反，他发现自己很多事情都是在重复；能保持中等状态的教学效果，但即使再努力，也没有明显的提高，不过一般情况下也坏不到哪里去；工作内容和范围长期没有变化，自己也不知道还有什么事情可做，偶尔有一些新的尝试，也看不见什么效果；发现自己从同伴那里不能再学到更多的东西，觉得同伴懂的自己也基本上都懂；工作热情明显下降，但能维持基本的工作状态；开始关心教学理论，但没有哪一种理论能完全说服自己，觉得这些理论都与自己切身的感受不一致。（李海林，2009）

还有学者从职业生涯的视角考察绕不过去的"高原期"，认为教师成长过程一般要经过适应期、成长期、高原期、成熟期等不同发展阶段，其间一般会经历三个停滞不前的"高原期"：第一个出现在入职后的 3～5 年，第二个出现在工作后的 8～10 年，第三个出现在工作 20 年左右时。这个时期意味着满足于现状，不知向哪个方向努力，也常常是教师发展的分化期，只有少数人付出相当的艰辛，不断对自己提出新要求、新目标，在不断完善自己的知识结构、能力结构和教学行为中度过"高原期"（齐健，2009：179）。

上述研究或是基于经验的现象描述，或是基于教师专业发展阶段的一般性分析，还没有触及"高原期"的形成机理。如果我们认可教师专业发展是一个从传授的知识、实践的经验起步，经由经验反思的桥梁通达并不断更新个人实践理论的过程，那么我们就能够通过确定经验的性质、反思的层次、个人实践理论的状态，进一步加深对教师专业发展"高原期"的认识。

教师专业的发展首先是经验的变化。从经验的性质角度，经验可被划分为被动的经验和主动的经验；从经验的内容角度，经验可被划分为同质经验和异质经验。在入职后的一段时间内，教师专业成长主要表现为适应并胜任基本的教学工作，如熟悉教材、了解工作程序、完成教学任务、建立工作关系等。其间，关于如何开展教学工作的经验不断积累，逐步达到"熟门熟路"的程度。此时，如果没有教学新领域、教学新要求的出现，教师很容易长时间维持着已经熟练化的工作方式，囿于日常教学经验的反思可能反过来进一步强化固有的教学生活方式。这样的情况意味着"经验定式高原期"的到来。如果出现教学新领域、新情境和新要求并且教师仅凭已有经验不足以解决新问题，则教师借助"传授的知识"或校本教研的智慧展开探索性的实践，就会形成开拓型的异质经验，突破日常经验的反思成为通达个人实践理论的桥梁。教师初步拥有个人实践理论标示着自我教学风格的形成，也意味着教师进入了智慧型教师的行列。在这个时段，教师的个人实践理论及教学风格能够解析、应对现有教学秩序中的各种新情境、新问题，很容易进入"理论固化高原期"。当课程与教学秩序出现较大变化的时候（从课程三维目标深化到学生发展的核心素养、学校自主变革理论的建立等），原有个人实践理论的局限性才会明显地暴露出来，促使教师产生自觉更新的新要求。具体到每一个教师个体，经验定式和理论固化的"高原期"可能不明显，也可能多次出现。作为研究者，只有走进教学生活现场、倾听教师的所感所想才能看到教师在专业发展"高原期"的存在状态；作为教学实践者的教师，有意识地经常反观、审视自身教学经验、个人实践理论的状态才能规避或觉察"高原期"，尽早开启超越"高原期"的新征程。

在走向教学实践自主变革的过程中，"经验定式高原期"是教师专业发展的分水岭，跨越了这个时期，教师将逐步形成个人实践理论。因此，我们主要从经验定式的层面进一步论述"高原期"及其超越之道。

二、教师专业发展"高原期"深描

笔者曾经多年承担在职教育硕士教育管理、小学教育专业"基础教育改革研究"课程的教学工作。学员的从教年限介于 3～12 年，多数不同程度经历过专业发展的"高原期"，有一些还滞留于"高原平台"。课程教学时段安排在暑假，主要采用小组研讨、"开放式分享与交流"（张华龙，2016）的教学方式，以及课堂表现和开卷考试相结合的评价方式。在 2015 学年、2016 学年的课程教学过程中，笔者首先要求学员完成课堂作业：反思自己的教育教学实践（教育教学观、教学变革、专业发展等），并结合相关情境对问题现象进行描述。课程结束之际，作为开卷考试的一个部分，笔者要求学员对自身教育教学实践中的问题现象进行重新描述，并寻求理论支持、运用相关理论分析问题和设计解决方案。

第一次的现象描述反映了学员日常经验反思的水平。第二次的重新描述带着理论意向反思并组织经验、呈现经验的主观意义，是对自身教育教学实践过程中问题现象的深度描述。以下是从第二次描述中选取的有关专业发展"高原期"的内容，除了能够展现其间的脉络和主观意义之外，还能够引发我们进一步的思考。

（1）李老师的经历：他主的工作框架

> 参加工作的第二年，我就担任学校的大队辅导员一职，负责学校的德育管理工作。由于自身专业与从事的岗位工作毫无关联，自身又缺乏相关经验，加之这一岗位的工作繁重，开始时我就像一只无头苍蝇，听着校长说向东就向东，说向西就向西。一年下来，我非常忙碌和疲惫，又无所得。
>
> 从第二年开始，我理清工作思路，以每年上级检查要求为纲领安排好每学期相应的工作。由于工作有了方向，比上一年轻松了许多，同时也顺利通过上级部门的德育工作检查，并获得了优秀的等次。
>
> 这样的工作状态持续了两年，在"以检查"为指导方向的工作态度之下，德育工作慢慢变成了机械重复、毫无创造性的工作，与自己原来所期望的创造性工作相去甚远，同时自己也觉得在这样的工作中没有收获，也没有成就感。
>
> 这个时候，我开始反思和尝试改进自己的工作。可是，由于无法跳出自己的工作思路框架，加上天然存在的惰性，所有的努力和改变收效甚微。
>
> 这一切的转机来源于2015年4月底的一次培训。市教育局组织全市大队辅导员前往南京参加为期5天的培训。在此期间，我参观了南京晓庄学院附属小学，听取了学校校长和德育处主任的介绍，对这个学校的德育评价体系产生了较大的兴趣。
>
> 我意识到要让孩子的道德水平有所提高，光靠枯燥的说教效果是不会好的，一定要让孩子对德育实践活动产生兴趣，积极主动地参与德育实践活动，在具体体验中提高他们的道德水平。
>
> 回校以后，我马上开始付诸实践。基于自己学校的状况设计了本校的学生荣誉勋章，通过设置不同的奖章吸引学生参与到不同形式的德育实践活动中，并对达到设定标准的学生颁发奖章，初步建立起了"目标—体验—评价"

的德育实践过程。

这些改变还只是开始，对于自己学校的德育管理体系的建设和摸索还有很长的路要走。当前的在职硕士研究生学习提升了我的理论水平，也大大增强了我对未来学生管理工作的信心。

一般情况下，第一个"高原期"多出现在工作风格形成之后的经验定式阶段。李老师参加工作已经有 6 年，他的德育教学风格初露端倪，但在适应期就经历了一个以检查内容为工作框架的"高原平台"，他的"高原期"必然存在一些与众不同的地方。从现象描述中，我们能够感受到李老师的心路历程：接任大队辅导员一职时的迷茫与无奈、等待校长指点工作时的无措与心焦、忙碌于繁杂工作事务的疲惫与空虚、找到工作方向的心安与轻松、通过上级部门检查并获得优秀等次的成功体验，以及成功体验在之后重复性工作过程中的消失殆尽等。借鉴南京晓庄学院附属小学的德育评价体系，他建立了"目标—体验—评价"的实践过程，突破了以"检查内容"为指计的"高原平台"，但工作框架还是他人提供的。目前，李老师对工作充满信心，反思性的德育实践引领着他的教学生活方式从他主向自主阶段转变。在职硕士的学习历程有助于他形成自己的教育思想，教育思想被运用于德育实践工作之后，他将逐步形成自己的教育教学风格。那时，李老师能否绕过第二个成长的"高原期"？李老师有这种意识吗？

（2）潘老师的心事：为人母的幸福，为人师的烦忧

如果说教学前三年是新教师专业成长的黄金时期，那么我想我是没把握住这三年黄金时期。

非师范生的我从刚参加工作没多久就连续地完成人生大事——结婚生子。身边同辈同事论文课题已经满天飞、上课已如鱼得水时，我还在烦恼如何上好课，害怕有人来听课。

如今，我已进入教学生涯的第 8 年，生产复出后，积极参与教研活动、上公开课、参与团队赛课，也取得了不错的成绩。但自此之后，理论认识停滞，教学风格一成不变，做事也缺乏主动性和积极性，总感觉少有进步，该如何突破发展的瓶颈呢？

入职后的青年女教师都要面对婚育及事业的问题。潘老师参加工作后不久即结婚生子，有些老师则等到教学娴熟后婚育，无论是哪一种选择都应该受到尊重、得到关心和鼓励。选择后者，保证了专业成长的连续性；选择前者，初为人母的

幸福感及养育体验有助于提升教学的品质。虽然产假延迟了成长的进程，但复出之后专业成长的主观能动性往往会有所加强，因此，不必为暂时的滞后而烦恼。

令人欣慰的是，潘老师的烦恼转化成为成长的动力，在几年时间内就形成了自己的教学风格，"取得了不错的成绩"。不到 8 年，她就出现经验定式的发展瓶颈，这既是"高原期"的挑战，也说明专业成长的进程赶超了同辈同事。尤其值得肯定的是，潘老师意识到了"理论认识停滞，教学风格一成不变，做事也缺乏主动性和积极性"等"高原期"的症候，在学历进修过程中明确了应以反思性的教学作为自己专业成长的动力，留意自己教育教学生活点滴，随时记录自己的所行所思，让反思渐成习惯。即使置身于"高原期"依然有这样强烈的进取愿望及行动，相信潘老师不久之后就会重新进入专业发展的快车道。

（3）潘老师的自觉：承受压力，用心做事

我从事小学教育即将迎来第 9 个年头，如果用一个词来描述这几年的状态，"奋斗期"这个词语十分贴切。毕业至今，我一直为成为一名优秀教师而努力拼搏，从备课到上课，以及课后的辅导和补差，我都用心地做好每一件事。在这期间，我也取得了不错的成绩，被评为温州市教坛新秀，受到了同事、家长和学生的一致认可。但我发现，自己的工作状态在悄悄发生着变化，来自各方面的压力让这一阶段的教育教学状态进入了"高原期"，表现如下：

其一，专业发展的压力。如备课或准备一节公开课时会考虑更多的因素，教学方法和手段是否新颖、教育教学工作对其他老师是否有指导性和示范性等。专业发展的自我提升压力随之而来。这样的思索往往会陷入瓶颈。

其二，教师职业的压力。本人刚被调到一所农村学校工作，骨干教师的身份让我更带有一份责任感。但学校对英语这门学科不是很重视，缺乏英语学科教学教研氛围，我在工作中体会不到更强的存在感和成就感，自身的价值没有得到充分体现。

这是另一位姓潘的老师，本着对现象描述者的尊重，我们也用潘老师的称呼。

前两位老师或者所学专业与从事岗位"毫无关系"，或者参加工作不久就结婚生子，在专业成长的起步阶段就出现了一些比较特殊的情况。而这位潘老师与多数教师一样，一开始就进入了"奋斗期"。

这位潘老师有很强的进取心，努力拼搏、用心做事，很快成为优秀骨干教师，教案、公开课对其他教师起到了示范性的作用。之后感受到的压力实质上来自进取愿望与工作状态之间的落差。当备课或准备公开课没有以前那么多新意，潘老师就有了对其他教师是否还有指导性和示范性的疑虑；当教学环境发生变化，找不到之前的存在感和成就感，潘老师就对自身的价值产生了疑问。前者体现了专业成长暂缓或暂时停滞的现象；后者反映了进入"高原期"之后进取心态的变化。农村学校的教学环境相对来说要差一些，这是"英雄无用武之地"还是大显身手、体现自身存在价值之时？新的教学环境对教师来说正是开启成长新历程的一个难得的际遇，认识到这一点，潘老师就能够意识到自身更大的存在价值：从英语学科入手，变革学校的教学环境。如此，调任新学校工作将成为突破专业成长"高原期"的契机，潘老师将重新找回"海阔凭鱼跃，天高任鸟飞"的豪情，在新的工作岗位上开辟出另一方全新的天地。

统观三位教师的专业成长历程，他们在进入"高原期"之前有一个共同的特点，那就是取得了比较好的成绩，得到了同事、家长和学生的认可。李老师"获得了优秀的等次"、两位潘老师"取得了不错的成绩"或"被评为温州市教坛新秀"。这意味着他们已经拥有了胜任工作的经验，形成了一套行之有效的工作流程，能完全独立地处理好日常工作事务。在教学环境相对稳定的情形下，基于经验的这套工作模式足以很好地应对各种实践问题，往往会有工作顺利的良好感觉。当教学情境发生较大变化或出现新观念、新场景后，多数教师才蓦然发觉自己是在"高原平台"上安享成长的红利，已经鲜有迎难而上的热情与冲劲。这是"经验定式高原期"，是走向教学实践自主变革过程中的一大关隘。突破了这个关隘，教师就能够走上二次专业发展之路，形成个人实践理论，教学实践就能够从外部要求和周遭环境的束缚中解放出来，进入变革性实践所要求的自主变革的态势。

三、教师专业发展"高原期"的跨越

如果把教师的成长之路比喻成一条奔涌的江河，开始的快速进步如支流的不断汇入，江河变得越来越宽，河水变得越来越深；"高原平台"仿佛教师专业发展之路上泥沙淤积的堤坝，一直阻滞于此就会形成湖泊，不再继续流淌，冲破或漫过堤坝就可能一路向前，最后汇入大海。因此，"经验定式高原期"是教师专业发展两极分化的开始，"大约有二分之一甚至更多的教师没有走出这个时期"，"大约三分之一的教师进入了第二次专业成长期"（李海林，2009）。

这么多的教师停滞于"高原期"，定型于"无需意识控制的自动化水平"，意味着多半教师的教学实践不能够进入自主变革的状态。这些教师能否逾越"高原期"将直接决定中小学教学实践的变革能否实现外部推进到教师自主的转型，决定基础教育课程与教学改革深化的程度。

在思考如何跨越教师专业发展"高原期"之前，我们先了解一下相关学者对人才成长"高原现象"的归因及其突破之道的描述：

> 出现"高原现象"的原因十分复杂，大致原因有：①心理惰性，缺乏内在动力；②目标不高，或没有新的更高目标；③意志和毅力水平低；④知识结构障碍，学识水平有限；⑤思维定势和经验主义倾向；⑥家庭和工作单位因素影响；⑦领导或人际关系原因；⑧角色位置或所处的地位关系；⑨社会环境因素；⑩健康原因等。
>
> 能取得这一突破并走向新的发展，往往与以下因素有关：①有更高的目标和追求；②有强烈的进取心和自我实现的成就需要；③坚强意志和毅力，能自制和自我心理调节；④继续学习，更新、充实、完善知识结构；⑤有明确可行的目标计划；⑥在实践活动中务实求真，善于总结，富有开拓创新精神；⑦有较强研究能力；⑧得到组织和领导的培养、支持；⑨有导师或名家的指导、帮助；⑩超越功利，勇于和善于自我完善。（王森龙，2004：8-9）

具体到教师专业发展"高原期"的原因，相关论著有一些现象的描述：工作环境单一、工作强度过高，错误归因、压力过大、疲惫心态、厌倦情绪，知识不足、知识结构不合理，付出努力程度不够，没有明晰的发展目标，缺乏敬业精神，怯懦、自卑、缺乏开拓精神等不良人格特征，等等。从此出发，跨越教师专业发展"高原期"最终取决于教师自身的努力：正确认识"高原期"，寻找问题的根本原因，充分利用周围资源，开展"课堂拼搏"行动研究（郑金训，2005：228-229），加入学习型组织，点亮自己的目标（钟发全，张朝全，2009：191）等。

观照前面三位教师的成长历程，从教师教学生活的视域归纳专业发展"高原期"的成因，我们可以把导致"高原期"的诸多因素概括为教师的主观倾向、教学环境的状态以及发展空间的大小三个方面。

（一）教师的主观倾向

教师的主观倾向是指教师在职业态度、自我发展价值、自我发展愿景等方面所持有的意向，是教师专业成长的动力系统。动力减弱，专业成长的速度自然就会变缓，失去了动力，专业发展自然就会渐趋停滞。

教师专业发展的动力系统由内在动力和外部推力两部分组成。在个人的成长过程中，受社会尊师重教风气、家庭文化背景、授业恩师的人格魅力等方面的影响，有些教师在入职之前就喜欢上了教师职业，憧憬着成为一位优秀的中小学教师，入职之后由衷热爱教育教学工作，表现出强烈的进取心及饱满的工作热情。这种内在动力源于个人的生活经历，带有强烈的情感体验，在正常情况下能够持久保持。当然，很多人在进入师范院校、成为一位教师的时候谈不上喜欢这个职业，但在入职前后形成对教师职业的深刻认识、有清晰的自我发展规划，这也是一种教师专业自主发展的内在动力。除了内在动力，从走上工作岗位的那一刻开始，每位教师都会接收到来自学校领导的期望、来自同事的鼓励、来自家长的评判，以及来自这个时代"智慧型教师""研究型教师""专家型教师"的诉求。它们汇聚成一股强大的力量推动着教师不由自主地向前走。

外部推力减弱甚至消失是工作 5～6 年后普遍出现"高原期"的主要原因之一。工作成效得到了领导、同事、家长和学生的认可，也获得了"教坛新秀""教学十佳""优秀教师"等荣誉，原来的外界期盼和要求变成了赞赏、信任的眼神。这个时候，如果教师自身没有更高目标的设定，外部又没有出现新要求，教师就会误以为自己已经达到了专业发展所需要的水平，也就没有了进一步发展的动力。

进入"高原期"之后，在学校领导、同事、家长和学生的推力减弱的情况下，教师能否在较短时间内逾越"高原期"的关键就集中到了内在动力方面。喜欢并热爱教师职业、即使进入"高原期"也保持着教育教学热情的教师就容易跨越到第二次专业发展的阶段；对教师职业出自内心的喜欢和热爱的人毕竟是少数，多数教师的内在动力主要来自职业的自觉、目标的定位和价值的追求。前者伴随情感体验慢慢形成，难以一蹴而就；后者与理性认识相关，可以通过提高对时代精神、教师职业、专业发展的认识得到改进，是多数教师突破"高原期"必不可缺的"药引"。

获取"药引"，形成进一步发展的意向，首先要在社会生活过程中感受时代的脉搏，形成自我发展的理想愿景。多数教师都期望自己能够成为一位优秀教师，但是否都深入思考过我们这个时代优秀教师的内涵？教师入职五六年后，教学如鱼得水，广受好评，获得各种荣誉，工作业绩斐然，可被称为优秀教师；工作 10 年、20 年后，如果依然是这样的状态，还能够被列入优秀教师的行列吗？优秀教师的内涵具有鲜明的时代性，个体成长的阶段性要求呈梯级上升趋势。若有阶段性发展目标，有自我发展的远大愿景，则阶段性的定型就会成为新一段进程的起点。其次要反思自己的位置，审视发展的状态。经过几年时间的奋斗，一位新教师终于成长为合格乃至优秀的教师。当体验到成功、沉浸在成长喜悦中的时候，他不知不觉之间可能正在进入"高原期"。当他意识到工作机械重复、教学风格一成不变、缺乏主动性和积极性、没有收获和成就感、少有进步之际，他往往已经驻留于"高原平台"很长一段时间了。在教学实践过程中，教师一直在反思教学，却很少反思自己的发展状态。有意识地对自己的工作状态进行前后比较，判明自己在专业发展过程中所处的位置，才能够在进入"高原期"的第一时间明确继续前行的方向，及时调整心态，减轻"高原反应"，用最短的时间走出"高原期"。

（二）教学环境的状态

教学环境是指学校开展教学活动所必需的各种客观条件和力量的综合，包括物理环境与心理环境两个方面。教学环境有广义和狭义之分。社会制度、科学技术、家庭条件、亲朋邻里等在一定程度上制约着教学活动的成效，都属于广义教学环境范畴；狭义的教学环境主要是指学校教学活动的场所、各种教学设施、校风班风和师生关系等（田慧生，1996：7-8）。

一方面，人的思想观念、处世态度和行为方式来自社会生活环境，受限于所生活的环境；另一方面，人的实践活动积极地改造着客观世界，以便更好地促进自身的发展。具体到教学实践领域，教师的教学观念、态度及行为方式受到教学环境的影响，同时也积极作用于教学环境、改变着教学环境。我们注意到，教师与教学环境之间的关系有其特殊的一面：其一，教师教学实践的目的指向学生主观世界的改造。因此，教师作用于教学环境的直接目的不是自身得到更好的生存和发展，而是学生得到更好的发展。其二，广义教学环境范畴的各因素对教学专业发展都会产生直接的影响，教师个体产生作用并改变的教学环境主要是学校教学环境。

教师在改造教学环境的过程中实现了自身的发展，但是，变革教学环境的首要目标并不是教师自身的发展。教师发展与教学环境之间的这一特殊性决定了教师专业发展容易滞留在自然自在的状态。"高原期"就是教师在自然成长过程中需要经历的节点。

"高原期"总是出现在教师能够胜任教学工作的时候。胜任意味着教师已经适应了所处的教学环境，能够营建有效促进学生发展的局部教学环境（如课堂教学环境）。在学校整体教学环境相对稳定的情况下，与之相适应的教学观念、态度及行为方式因为满足了学生发展的基本要求得到延续、保持。这对于教师发展来说就是"高原期"。在这个意义上，稳定的教学环境是导致教师专业发展"高原期"的重要原因之一。

在寻求对策之前，先要澄清一个问题：教学实践过程中稳定教学环境的存在是否合理？

这里所说的稳定指的是没有变化或变化很小。从人的主观世界的历史规定性与现实规定性的角度看，在两者几乎处于同一水平的古代社会，教育的使命是历史文化的传承，历史文化是相对确定的，加上社会发展、环境变化缓慢，稳定的教学环境与之适应，具有历史的合理性。在现代社会，主观世界的历史规定性与现实规定性的水平差距越来越大，现实规定性必须置身于变革中的社会文化环境中才能形成，稳定的教学环境不能够及时反映快速变化的社会文化，已经失去了存在的合理性。

当代的教学环境应该处于不断变化的状态，理论上应为教师专业的持续发展提供可能。但在现实之中，教学大环境（科学与信息技术、家庭及社区文化、教育教学理论及政策等）的变化日益加快，学校层面的教学环境相对来说却平稳得多。我们都能看到这样一个现象：相对于一般学校，在一所锐意创新、自主变革的学校里，教师的发展态势要好得多，"高原期"也会出现，但持续的时间会短一些。可见，推进学校的自主变革、不断更新学校教学环境不仅是深化国家基础教育课程改革的诉求，还是助力教师逾越专业发展"高原期"的有效策略。

推进学校自主变革的关键在于创建学校自主变革理论。学校自主变革理论是在全校教师参与之下逐步形成的，其形成之后对教师的教学实践起到指导性的作用，并在实践过程中得到不断完善。学校自主变革理论的创建与完善是促进教师专业发展最有效的变革性实践活动，甚至能够打破"高原期"教师的经验定式，为他们开辟出一条二次发展的道路。随着学校自主变革理论的日渐完善，理论本身对教师发展的推进力会慢慢变小，营建起来的创新型的学校教学环境要求教学实践的创新，能够持续推进教师的专业成长。

（三）发展空间的大小

对教师个体来说，学校自主变革理论、创新型的学校教学环境都是自我成长的外部条件，专业发展的态势最终取决于个体的主观能动性及拓展发展空间的努力。

教师的发展空间是给定的。从教师成长的角度看，发展空间的大小由其所处的教育教学环境决定。教师置身于这个时代，教育教学的大环境是由社会给定的；进入一所学校后，教育教学的周遭环境是由社区、学校给定的。适应期教师的教学生活处于他主的阶段，主要是在社区、学校给定的发展空间内成长，有一定的限度，这个限度通常以"经验定式高原期"的形式表现出来。

教师的发展空间也是可以拓展的，这里的拓展指的是超越社会、学校给定的发展空间。它包含两个方面：其一，扩展社会给定的教育教学大环境，如在社会生活中感悟时代主题、文化潮流、新人形象，从教育改革动态中把握中小学校教育教学的变革趋向，等等。这是把潜在的发展空间转化成为现实的发展空间。其二，改造学校给定的教学环境。教师个体的力量不足以改造大环境，但能够在一定程度上改变周遭的教学环境，小到课堂环境、教研环境，大到学校制度、学校教学实践范式。教学环境变化拓展的发展新空间，将促使教师从"高原平台"过渡到具有成长性的新平台。

"高原平台"由给定的教学环境和定式的教学经验构成，是平面化的。具有成长性的新平台是动态的、立体化的，其中的"新"，一是指教学环境的不断延展，二是指教学经验向教学理论的升华。

在教师专业发展"高原期"深描部分，李老师参观了南京晓庄学院附属小学，听取了该校校长和德育处主任的介绍，对他们学校的德育评价体系产生了较大的兴趣。回校以后，他马上开始付诸实践。这意味着教学环境的校际延展，类似的还有校际教研、区市级教研活动、实验研讨会等。除了校际延展外，从学校延伸到社会生活也是教学环境的延展，其中的关键在于观念的改变。从课程开发者的视域考察社区环境，以教师职业的心态感悟生活的变化，社会生活就成了教学生活的有机组成部分。

教学环境的延展是平面上的扩张，教学经验升华到个人实践理论则是纵深维度的拓展。经验是行为与结果的联结，只有触及行为的合理性、行为与结果的内在关系，经验才可能上升到理论的层面。面对新情境、新问题，在原有经验不再有效的情况下，这样的反思才会出现。有时，这样的反思往往会陷入瓶颈，需要他人的启迪或公共理论的引领。校本教研、团队研究等有助于开拓思路，但学校同事所处的教学环境类同，实践与理论层次接近，互动互生有一定的局限性。自主的理论研习、参加培训或进修、参与学术会议、寻求专家指导等是获得公共理论支持的基本途径。面对问题、深度反思、理论指引催生教师对教学实践的新认识，一系列的新认识用于实践并在实践过程中得到检验和修正，凝聚成有体温的个人实践理论。这是一个行动研究的过程。

概而言之，教师教学实践的自主变革必须在个人实践理论的指引下展开。从依循经验的教学实践到自主变革的教学实践，教师的成长通常会经历"高原期"。"高原期"意味着教师的教学观念、教学技能、教学风格没有或很少变化，专业发展处于停滞状态。跨越了这个阶段，教师就可能形成自己的个人实践理论。遵循求"新"的思路，教师跨越专业发展的"高原期"需要做到：一要增强专业发展的主观倾向，保有前行的内在动力；二要在创新型的学校教学环境中，充分利用为教师二次发展提供的成长性的新平台；三要发挥个人主观能动性，自觉拓展自我成长的空间。学校的自主变革及教师的行动研究则是三方面举措现实化的最有效的路径，也是实现教学实践从国家推进到学校、教师自主推进的关键所在。

适学取向的中小学教学模式选介

学校教学实践范式起始于教师对课堂教学模式的探索。教学模式必须契合学校情境，在探索过程中借鉴"他山之石"也是必要的。本书第五章第三节"教改背景下的教学范式"已经对洋思中学的"先学后教，当堂训练"、杜郎口中学的"'三三六'自主学习"、东庐中学的"教学合一'讲学稿'"等适学范式中具有代表性的教学模式作了介绍。在它们的影响下，有很多学校"破帖成蝶"，形成了自己的教学模式；也有很多学校在面对并解决问题的过程中闯出了属于自己的一片新天地。它们的经验通过记者的报道、科研的成果展现在世人面前。我们从报刊或学校官网中选择了其中有一定影响力的教学模式进一步介绍给大家，期望对广大教师探索教学实践有所启示，有所帮助。

1. 循环大课堂

循环大课堂是山东兖州一中借鉴杜郎口中学的"三三六"自主学习模式，结合高中学段与学校情境创建起来的高效课堂教学模式，被山东省列为学习杜郎口中学经验的实践典范。

循环大课堂包括"三步六段"，"三步"即课前、课中、课后。课前，老师编订导学案，学生在导学案的指导下进行自学。课中包含"六段"，课堂上老师要重申目标，目标是课堂的神；然后做学情调查，要知道学生自学解决了哪些问题，还有哪些问题学生没有解决；老师可以收导学案，或者在课间10分钟学生在黑板上板书展示的时候看学生的反馈情况；上课之后5分钟学生站立交流，老师找出问题，在黑板上标注；问题汇总，老师要明白本节课要完成什么样的任务，之后要进行精讲点拨，点拨要深入到问题的内部，要使学生一点即通；当堂检测，然后小结作业，作业即是下一节课的导学案。

课后，老师要反思。

为什么要循环？一是用课堂上的高效拉动课下的高效，更多地激发学生的潜力。二是狠抓第二课堂，抓课下学生学习的能力。把课堂45分钟分为两段：35+10。35分钟解决上一节课布置的所有任务，迅速收起学生的导学案。后10分钟拿出新的导学案，立刻明确目标，指导方法，点拨难点。这10分钟可以称为点火预热。课下的时间则是学生自加热和同伴互相加热阶段，然后到课堂上前35分钟再解决所有任务，依次循环。（杜金山，2012）

从兖州一中校长杜金山对循环大课堂的介绍中可以看到，"循环"不只是"课上—课下"35分钟与10分钟内容对接的循环，也包含了"理念变观念、观念变方法、方法变文化、文化变信仰"的循环。"大课堂"则是以45分钟课堂为核心，联动课下第二课堂，形成课前、课中、课后一体化的课堂系统。

2. 整体教学系统

辽宁省沈阳市立人学校一直致力于课堂教学改革的探索，借鉴杜郎口中学和天卉中学的经验，逐渐形成了一套较为完整的具有自主特色的整体教学系统，其被同行赞誉为"辽沈大地上的杜郎口"。

立人学校的"整体教学系统"可以概括为"一、二、四"。"一"是根据整合教材后的知识体系明确定位一节课的教学内容；"二"是用自学课和验收课两种课型完成教学任务；"四"是在教学中按照"目标明确、指导自学、合作探究、训练验收"四大教学环节操作，完成学习目标，实现课堂高效。学校校长李洪江介绍，"自学课"就是让学生"自学"，即自主合作探究，要求学生带着导学案中的自学提纲（分为学习目标、自学问题和学习方法），进行有序的独学、对学、组学；通过合作探究、展示交流、反馈测评、小结达标等操作过程，使学生对知识初步感知、认识、记忆与理解，从而掌握基础知识，形成基本技能，提升自学能力。"验收课"则是学生巩固所学知识，并应用知识解决实际问题的过程，以导学案为依托，以学生展示为主要形式，在教师的点拨、引领下，进行双基、拓展训练，让学生掌握解决问题的思路和方法，通过学生自主练习、小组合作探究、展示汇报、达标测评、训练验收，达成学习目标。教师在设计训练题时，还充分体现出基础性、层次性和拓展性，满足各层次学生的需求，让学生都能获得提高（于淼，2010）。

整体教学系统是从教材出发，对教材实行第二次加工，加强教材各知识点之间的联系，形成系统的知识体系，最终又回归到教材本身，使教师对教材掌握于胸，课堂教学驾轻就熟，从而提高教师的备课能力，提升教学效果。立人学校运用整体教学系统探索教学改革的出发点依然是育人。董事长李志信深有体会："作为一所民办学校，我们最根本的经验就是——始终把育人作为办学目标，不折不扣地贯彻国家的教育方针，实施素质教育，扎扎实实地落实新课程改革的要求，夯实基础，全面育人，培养二十一世纪的创新人才……"（于淼，2010）

3. "自学·交流"课堂学习模式

"自学·交流"课堂学习模式（简称新知模式）是江苏省灌南县新知双语学校"临帖"杜郎口中学的"三三六"自主学习模式之后的破茧成蝶，是一种完全把学习权利和课堂时空还给学生的教学模式。

> 自学和交流，是课堂构成中两个基本的板块。
> 自学，由学生面对文本（课本、学案、工具书等）独立进行；此时，课堂是安静的。文本中的学案，由教师在课前拟写：内容上，体现课程计划；形式上，尊重全体学生的需求。自学，是基本的板块和状态。……此时，教师是一个发现者：发现学生是否在学、学得如何。教师还要就学生的不足、不当或不对，即时个别指正；就学生的进步、努力或正确，作出肯定。
> 交流，在自学之后，在同学之间进行。这又分两个部分：动态小组内水平相当学生的交流，静态小组内水平不相当学生的交流。此时，课堂是生动、活泼的，甚至是欢腾的。学生根据自己的需求把思维（即自学）的成果和思维的过程表达出来，表达给学习小组内的同学和小组间（即全班）的同学；这是对思维的澄清和凝定。表达不拘方式，可以是口头的，也可以是书面的。……交流双方则构成相互之间的横向碰撞，求证、纠偏或补充，质疑、丰富或拓展，欣赏、激发或鼓励……构成课堂学习共同体、课堂生活的"狂欢"。（徐翔，2013）

相对于杜郎口中学的"三三六"自主学习模式的"教服务于学"，"自学·交流"课堂学习模式拥有更为激进的适学理念——"教融于学"。"自学·交流"课堂学习模式的着眼点或聚焦点是学生学习，课堂生态是学生在学习。教师也是一个学习者，参与学生的学习，和学生共同学习。

4. 小组合作教学模式

大冶市还地桥镇中小学的小组合作教学模式是在农村基础教育改革背景下，基于前人对小组合作模式的探究，并结合其课堂教学案例而提出来的。

农村的基础教育和城市的基础教育存在较大差距，学生的学习往往得不到较好的指导。随着教育发展的均衡化以及农村基础教育条件的不断改善，农村中小学校在改革过程中出现了不少成功的教育教学模式。大冶市还地桥镇中小学提出的小组合作教学模式就是其中的代表。

还地桥镇中小学的小组合作教学模式是教师结合学生的成绩、性格，按男女搭配等原则，把每个班的学生分为若干小组，一般是每六人为一组，形成 AA BB CC（A 学习成绩相对较好，B 中等，C 相对较弱，每月调整一次）模式，组内形成"学优扶弱、团结互助"的良性机制，让所有学生共同进步。为了让小组之间形成公平竞争，均衡发展，评分细则规定：根据答案的全面、准确性，小组六人中，在展示环节，组内的 A、B、C 作为主答人，小组得分依次增加，以此鼓励每个学生主动参与、勤于探究、善于互助。在完成目标导学和学生自主学习后，教师根据导学助教策略引导各小组学生对导学案中的问题进行探讨，加深理解、发散思维。随后，各小组分别派代表汇报小组探究内容，在这一环节，其他小组学生可以对所汇报内容质疑，汇报小组同学解答或全班讨论；如果全班讨论也难以获得最佳答案，则由教师灵活地引导、解惑。在互助探究、质疑讨论中，所有同学都认真参与到课堂学习中，每个学生都是教师，实现"兵教兵"、"兵带兵"的帮扶机制（附图 1）。在课堂教学中，根据教学环节不同，教学主体随之而变，但师生之间的"交集"不变，学生多方面的学习能力得到提高，并且实现寓教于乐。（丁星，余新武，2017）

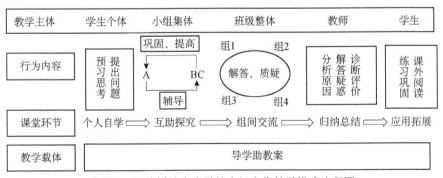

附图 1　还地桥镇中小学的小组合作教学模式流程图

资料来源：丁星，余新武. 2017. 农村基础教育改革背景下的小组合作教学模式探索——以大冶市还地桥镇中小学为例. 湖北师范大学学报（哲学社会科学版），37（2）：139-143

小组合作教学模式在还地桥镇中小学教学过程中取得了一些显著的成效，其中最显著的就是学校教学质量得到了明显的提高，学生个人能力得到了多方面的提升。根据教育部门公布的数据，全镇六所初中在中考中都取得了非常优异的成绩，连续九年整体成绩位居大冶市第一，省示范高中上线率逐年提高，还地桥镇各中学中考的报考率都达到 100%，低分率也从 0.85% 降为 0%（丁星，余新武，2017）。这种现象在其他农村中学是极为罕见的，可以看出，小组合作教学模式在其中起到了十分重要的作用。

5. 自主式开放型课堂

自主式开放型课堂是江西省武宁私立宁达中学实践的一种课堂教学模式，该校有"江南杜郎口"的美誉，每天各地来学校参观、考察、学习的人络绎不绝。

自主式开放型课堂是学生在教师的引导下通过主动学习、深入探究、动手实践发现新知识、掌握新概念、解决新问题，获取经验、发展能力的一种课堂教学模式。

宁达①的 45 分钟课堂划分为三个模块：预习、展示、测评。

宁达的课堂三模块大致按照时间划分为：15（分钟）、25（分钟）、5（分钟）。

以小组学习为基本合作单位，每间教室分为九个小组。每个小组依据好、较好、一般三个层次组合，每组 6～8 人，设立小组长和副组长共两名。组长是学习的带头人，也是"教师助理"，负责指导并解决本组其他同学的学习问题。

宁达的预习课围绕的学校目标叫"课堂指南"，课堂指南主要由五部分构成：一是学习目标；二是重点、难点；三是学习过程；四是当堂测评；五是拓展提升。

教师上课前，把"课堂指南"发放给每个学生，然后让组长带领组员"预习"。预习的过程先以自学为主，遇到障碍时，组员之间开展合作探究。在这个过程中，教师退居幕后，只是学生学习的指导者和协助者，起到的是点拨、启发、引导作用，而不是知识的唯一传授者。教师参与学生知识的形成、归纳和总结，而不是把"标准答案"告诉学生。

宁达的课堂关注学生的学习过程和学习状态，注重把知识转化为能力。他们的展示课就是"还"这个教学理念的充分体现。教师鼓励学生把"得到"的东西大声"说"出来，或者在黑板上"写"出来。而对于那些学习有困难的学生，宁达还注重"分层"，设置不同的"教学要求"，从而让每一个孩子

---

① 本页及下页引文中的"宁达"均指武宁私立宁达中学。

都能体验到课堂学习的快乐。

宁达的展示环节，不仅是把时间还给学生，也是把个性和尊严还给学生，把质疑的权利和知识的迁移能力还给学生。

宁达的课堂不是简单的一个"还"字，他们通过课堂开放这样的形式，注重落实课堂效果，这个过程叫当堂测评。在宁达的课堂上，测评虽然只有短短的 5 分钟，但通过组员对组员"一对一"的形式完全可以实现。

对于测评中发现的遗留问题，假如课上有时间，教师一般会让知识掌握较好的学生帮助解决，如果时间紧张，则把"问题"留给小组长，课后让小组长帮助解决，他们把这个步骤叫做"捻针尖"。这个过程对于那些帮助别人的学生是一次很好的"复习"，而对于存疑的学生就是能力的升华。（李炳享，2008）

武宁私立宁达中学的经验其实就是"把学习的权利还给学生"。当年从教育系统"出逃"，挣了钱返乡的张项理校长发誓要创办一所"生长人性"的好学校。他说，教育的一切问题集中在课堂。抱着给教育治病的悲天悯人的济世情怀，张项理校长开始了对大江南北名校的寻访，最终不出意料地选择了杜郎口中学。他的"名言"是，教育必须完成进化，既然要课改，绝不做拖着尾巴的"类人猿"。他七次考察杜郎口中学，然后选择了与"共同体"结盟。他和大多数共同体的校长达成共识：要提高办学质量，就必须在高效课堂上做足文章，唯有课堂优质，才能真正把学生从应试教育的模式里"解救"出来，才能"把时间还给学生"。正是围绕着这个"还"字，武宁私立宁达中学先从尊重学生出发，在临帖杜郎口中学课堂技术的基础上，提出"把问题学生当成生病的孩子"这样的育人理念，想方设法让每一个孩子努力成为学习的主人。

6."学案导学"教学模式

"学案导学"教学模式发端于浙江金华第一中学。1997 年秋，浙江金华第一中学的领导与教师首次提出了相对于教师教学"教案"而言的学生学习的"学案"，并将借助学案的教学法称为"学案教学法"。1997 年，山东省平邑第一中学开始"学案教学模式"的课题研究。此后，江苏省启东中学等学校对"学案导学"教学模式进行了探索。

传统教育的教学方法主要是讲练结合，培养学生的应试能力，对学生的发展不够重视。在探索、实践素质教育过程中，浙江金华第一中学从课堂教学入手，分析了教师、学生、教学内容等因素，认为只有体现学生在课堂上的主体地位，以学生的发展为本，才能真正解决教与学的问题。学案是学生的学与教师的教之间的中介，借助学案来改进现行的教学模式，可以有效地促进教学过程中的师生互动，引导学生正确地树立学习目标和选择适合自己的学习策略，增强学生学习的主动性和积极性。在教师的指导下，学生能够自主学习、主动探究，变教师的教为学生的学，将学生被动接受学习的过程变为学生主动发现知识的过程，以培养学生的探究精神、科学精神，提高学生的自学能力和创新能力，最终提高学习效率和教学效果。

"学案"是指教师精心设计的，学生用来进行自主学习的材料依据。它主要包括学习目标、学习重点难点、学习探索过程、学法指导、学能测试、矫正反馈等环节。

设计"学案"时，一是要把握三条线：知识线、学法线和能力线。其中知识线是明线，学法线和能力线是暗线，以知识为主线编写学案，把知识线、学法线和能力线有机地结合起来。

二是做好充分的准备工作。做到深入研究教学大纲和考试说明，以确定适宜的教学目标；熟练把握教材，以明确教学重点、难点、疑点和三易点（易错、易混、易漏的知识点）；研究学生已有的认识水平和每个学生的学习实际水平，以提高编写学案的针对性。

三是制定恰当的学习目标。认知目标应以创新能力的培养为中心；情感目标以情感能力的培养为中心；技能教育以动手实践能力的培养为中心；学习能力以自学能力的培养为中心。

四是编排合理的知识体系。根据学生的认知规律，将知识点进行拆分、整合，设计成不同层次的问题，找到一条引导学生积极认知的最佳思路网络，编排出最合理的知识体系。

五是精选达标练习题，实施反馈矫正，对新知识加深理解和巩固。紧扣学习目标精选适量习题让学生练习，练习中进行"一题多解"、"一题多变"、"多题一解"等训练，以使学生达到融会贯通、灵活运用的程度。当堂达标练习，教师要及时发现学生在知识掌握上的薄弱部分进行针对性地补救，对学生的错误加以纠正，从而实现教学的"反馈—矫正—深化"，彻底达标。（刘成坤，2000）

"学案导学"教学模式变传统的封闭教学为适应现代教育发展的教学，突出了学生的主体地位，注重学生能力的发展，符合课改的要求，在教学实践中取得了一定的成效。同时，它也存在一些有待进一步完善的地方，比如，"学案导学"教学模式并不适用于所有的学科，对教师的要求比较高，课堂的形式也容易呆板单一。总体来说，"学案导学"教学模式在课堂实践中的发展前景比较广阔，一线教师需要与时俱进，不断发掘"学案导学"教学模式的潜力，以适应现代教学改革的新要求。

7. 学科分层走班教学

学科分层走班教学是山东省潍坊中学在 2002 年下半年开展的课堂教学模式。

潍坊中学在新课程改革背景及现实平行分班情况下，针对基础好的学生"吃不饱"、中间学生"吃不好"、基础差的学生"吃不了"的现象，开展了以学科分层走班为特征的教学改革实验。

学科分层走班教学是指以固定的行政班为基础，学生根据自己在某一学科上的认知、学习潜能和兴趣等方面的差异，在导师、班主任、任课教师、家长的指导下自主选班，年级宏观调控，组成不同层次的教学班而开展有针对性的教学，从而使全体学生都在原有基础上学有所得，在知识和能力方面都得到应有发展的一种教学模式（桑明国，2012）。

潍坊中学校长王伟对分层分类教学阐释如下：

> 我们充分分析学校实际情况，坚持因材施教，关注学生的个性差异，发展每一个学生的优势潜能，搭建分层次走班教学平台，为每位学生提供适合的教育。
>
> 在保留行政班的基础上，根据学生的基本情况和发展趋向，在指导教师的帮助下，学生选择适合自己学习情况的层次班级。这是一次重新组建教学班级。每个学科的教学设计分成 A、B、C 三个层次，A 层教学班面向学科基础薄弱的学生，B 层教学班面向学科基础一般的学生，C 层教学班面向学科基础好的学生。广大教师在"把时间还给学生，把方法教给学生"的理念指导下，在分层教学上作出了一系列探索：加强学生学情分析，实行分层设备；开展自学探究，实行分层施教；实施"导师工程"，实行分层施辅；采用个性试卷模式，实行分类施考；学分分类记载，实行分类施评。（王伟，2011）

潍坊中学学科分层走班教学的具体操作概况如下。

1）组织学习，编制相关实施方案。成立领导小组，指导分层走班教学的相关工作。首先，学校多次组织教师到全国著名中学学习经验，拓展视野，转变观念；

其次，学校多次召开课改调度会，既查找不足、解决问题，又总结经验与好的方法；再次，学校启动名师培养工程，让名师成为分层走班教学的带头人，发挥名师在新课改中的骨干作用；最后，学校制定以老带新办法，开展"蓝青工程"，促进新教师成长，提高教师的整体业务水平。

2）结合分层走班需要，配备相关设施。

3）加强各方沟通，达成分层走班共识。学校通过班会、全体学生会、家长会、家访等形式进行组织动员，通过宣传沟通，学生家长打消了顾虑，消除了误解，达成了共识。

4）在教师指导下，学生自主选层：①学生自主选层。学生根据自己的学科成绩及在班中的名次，同时考虑自己的兴趣爱好及自认为发展的潜力填报《教学选层志愿表》。②教师指导选层。班主任、任课教师、导师要在学生选层过程中进行指导，让学生在对自己的学业水平、兴趣爱好、发展潜力进行正确评价的基础上合理选层，防止不切实际的选层越发影响学生学习质量的提高。③年级统一调整。在尊重学生自我选择的基础上，教育部结合学生平时听课、作业、过程性测验和模块检测成绩，进行综合评价，确定学生的层次，统一安排。

5）加强分层走班教学管理。建立以任课教师为班主任、多个课代表共同管理的教学班管理模式（桑明国，2012）。

从潍坊中学的教学改革中我们可以了解到，学科分层走班教学模式首先是能够真真切切地考虑到每个学生的兴趣与需要，在尊重学生意愿的基础上由教师及学校对学生选择的层次做出调整，而且每个层次的学生都有相应的适合他们的教学目标，这遵循了我们一直所倡导的因材施教原则，能对不同层次的学生进行不同的教育，增强了学生的学习兴趣，不再是原来的一刀切模式，学生更加容易取得进步，获得心理满足，从而极大地调动了学生的学习积极性。同时，在这种模式下，当学生取得进步时，教师的教学热情也在高涨，学校也发展得越来越好，前景更加广阔。

潍坊中学教学模式的改革不是一帆风顺的，在学科分层走班教学模式实施前以及实施过程中都遇到了相应的问题。首先，思想观念上的转变，其中包括家长、学生以及教师长期以来习以为常的观念，要推行这种教学模式，最关键的是大家从心理上接受、认可它。其次，由于学科分层走班教学是一种动态的教学模式，相比于班级授课制教学模式，班级管理难度增加了很多。最后，在评价环节，无论是教师对学生的评价还是学校对教师工作的评价，都并不容易。这些困难都是潍坊中学不可避免的，但基于此潍坊中学也做出了相应的措施配合教学工作的实施，例如加强沟通，帮助人们真正地理解这种教学模式以便更好地推行，而且学校实行了精细化管理，做到了环环相扣、层层分级，使得整个教学模式顺利推行并取得了很好的效果。

8. 网络环境下的自主课堂模式

网络环境下的自主课堂模式是河南省郑州市第 102 中学在"临帖"杜郎口中学课堂教学模式的基础上，把电子白板技术融入"预习、展示、调节、达标"等教学环节，形成的"交互白板环境下的高效课堂"教学模式。

自主课堂教学模式的核心是"道德与自主"，价值是"安全和合作"，强调自主的小组合作学习。在操作层面上，"预习、展示、调节、达标"四个环节在课堂上大体呈现的流程是这样的：创设情境，引入新课，明确学习目标，自主学习，合作探究（对学、群学），展示交流，疑难点拨，当堂检测（反馈），课堂评价（佚名，2011）。

> 课堂新技术和信念元素的植入，使课堂迅速地完成了"变脸"：黑板变"白板"，课堂变"学堂"，教师变"学长"，教材变"学材"，教案变"学案"，"一言堂"变"百家鸣"。电子白板只是"班班通"的一部分，它连通网络，配合录像设备，可以把每一节课，包括课件、学生的讲解、修改过程、教师的讲解圈注等都储存下来，自动上传至校园网络，供老师、学生们调阅、反馈、总结、互动。目前，学校 46 个教学班全部安装了"班班通"设备。网络环境下的课堂真正互动起来，学生有了更多到白板前展示、表现、练习和合作的机会。师生的交互合作成为一种常态，人机互动、师生互动、远程互动成为现实，完成了课堂新技术与新文化的高度融合。（佚名，2011）

网络环境下的自主课堂从信息化的角度对教学模式进行改革。2003 年，该校承担了中央电化教育馆"全国信息技术与课程整合的理论与实践研究"课题组研讨会，共同探究如何在信息技术及网络环境下优化课堂教学。2004 年，由全国中小学计算机教育研究中心（上海部）主办、该校承办的"全国初中信息技术与课程整合优秀课例展示会"举办，此次交流极大地深化了该校教师的课程改革理念。该校还积极与其他学校交流成果，进一步优化课堂教学，推动教学模式的信息化建设，推动实验区与实验学校的发展。

9. "三疑三探"教学模式

"三疑三探"教学模式是以杨文普为代表的教研团队结合洋思中学等学校的教改经验和西峡县的教学实际创设的一种高效课堂教学模式。

2003 年 4 月，杨文普调任西峡县教研室主任。当时西峡县的教学质量是南阳市最差的，被教育局点名批评是家常便饭。在这种状况下，杨文普觉得教学改革势在必行。他带领教研团队考察洋思中学等学校优秀的教学模式，结合西峡县的实际教学情况，创设了一种新的教学模式——"三疑三探"，包括"设疑自探""解疑合探""质疑再探""拓展运用"四个环节。

> "三疑三探"教学模式主要通过疑问与探究结合等相对固定的教学环节，促使学生学会主动提出问题，独立思考问题，合作探究问题，同时养成敢于质疑、善于表达、认真倾听、勇于评价和不断反思的良好品质和习惯。
>
> "设疑自探"：这是课堂的首要环节，即围绕教学目标，创设问题情境，设置具体问题，放手让学生自学自探。
>
> "解疑合探"：通过师生或生生互动的方式检查自探的情况，共同解决自探难以解决的问题。合探的形式包括三种：一是提问与评价……；二是讨论……；三是讲解。
>
> "质疑再探"：让不同学生针对所学知识，再提出新的更高层次的疑难问题，诱发学生深入研究。
>
> "拓展运用"：针对本节课所学知识，分别编拟基础性和拓展性习题，让学生训练运用。在此基础上，予以反思和归纳。此环节包括三个层次：一是教师拟题训练运用……；二是学生拟题训练运用……；三是反思和归纳，具体操作是学生先说，教师后评。（杨文普，2008）

"三疑三探"教学模式无疑是一次勇敢的尝试。这一模式充分体现了学生在学习活动中的主体地位，同时也恰到好处地发挥了教师的主导作用，真正践行了陶行知先生所倡导的"好的先生不是教书，不是教学生，乃是教学生学"这一伟大的教育思想。其经验先后被《中国教育报》、《中国教师报》、《教育时报》、《中国教育》、《中共河南省委内参》、人民网等媒体介绍，引起全国教育界的关注，有 21 个省（自治区、直辖市）、数百个教育团队、数万人到西峡县考察，"三疑三探"教学模式已在 13 个省（自治区、直辖市）得到推广（柏伴雪，曹壮伟，2011）。

10. "三环五步"课堂教学模式

"三环五步"课堂教学模式有两大类型：一是安庆市迎江区根据新课改的理念和要求，在试点实验的基础上，逐步探索形成的一套新的教学模式；二是广州市南武中学在"学生学会学习、拓展潜能、自主发展的实践研究"的课题实验过程中建构起来的课堂教学模式。

（1）安庆市迎江区的"三环五步"课堂教学模式

"三环五步"指的是课堂教学过程中的三个环节和五个教学步骤，即明确"先学后教、以学定教、当堂训练"三个教学环节，突出"预习→提问→梳理→探究→练习"五步教学流程。

"三环五步"课堂教学模式的核心理念是自主、合作、探究。具体而言，体现为"五个关注"。

关注预习：在学习新知识前，让学生经历一段有计划、有目的、有成效的预习过程，切实提高课堂教学的效率和质量。

关注问题：教师充分把握教材潜在的培养学生能力的因素和学生的思维基础，把思维的机会、时间和空间留给学生，引导学生学会提问、善于提问。

关注合作：小组学习成为课堂最大特色，"在合作中学会学习，在学习中学会合作"成为课堂的主旋律。

关注生成：关注课堂生成性资源，力求通过动态生成的课堂完善教学资源，提升教育的意义和价值。

关注效果：教师正确认识练习的功用，把握练习设计的原则，精心设计课堂练习及课后作业，让学生在积极思考、激活思路的过程中掌握、巩固、探索和获取新知识。（江兴玲，江冰，2015）

（2）广州市南武中学的"三环五步"课堂教学模式

"三环"是指在课堂教学中分为三个环节，即"教师设导→学生思疑→变式拓展"。第一环"教师设导"是指教师以"问题"为导向，启迪思维，创设有利于学生主动求知、宽松和谐的学习环境，从而诱发学生内在的认知动因，恰当地引导学生思考、动手和交流，使他们形成对学科知识的理解和有效的学习策略，教师只做学生学习的激励者、引导者与合作者。第二环"学生思疑"主要是教师要把课堂还给学生，让学生带着"问题"主动参与教学活动，通过学生自己思考、讨论、探索、归纳，亲自感受知识产生、发展、形成的过程，形成自己的知识结构，获得探索问题、解决问题的策略。第三环"变式拓展"是前两个环节的升华，是课堂的"点睛之笔"，这一环节为学生的自由发展创设一个舒展灵性的空间，为学生潜能的开发提供契机。

三个环节具体落实到如下五个步骤上。第一个环节"教师设导"落实到课堂教学是第一步"设疑激励",教师把每节课教材的重点和难点内容转化为问题,通过知识问题化,以此引领学生钻研教材,探究问题,激发学生的创造热情。第二个环节"学生思疑"落实到课堂教学是第二步"带疑探讨"和第三步"破疑归纳"。"带疑探讨"是通过学生独立思考或生生互动的形式,引导学生自主获取知识、探究教师提出的问题。"破疑归纳"是通过师生互动的形式,对探究的结果进行归纳、小结和点拨,培养学生的认知能力。第三个环节"变式拓展"落实到课堂教学是第四步"拓疑引申"和第五步"化疑提升"。"拓疑引申"是在教师主导下,针对教学重点和难点问题,进行变式、引申、拓展,将学生的思维诱向深入,使学生获取的知识更进一步完善、迁移和提高。"化疑提升"是通过师生互动的形式,呈现学生具有代表性的探究结论,教师评析、归纳提升,引导学生达成由表及里、由此及彼的知识迁移,达到举一能反三、触类会旁通的学习效果。(欧阳国亮等,2011)

两个学校各自创生的教学模式都叫作"三环五步"课堂教学模式。前者把核心理念"自主、合作、探究"化为"学""教""练"三个环节,从活动形式角度概括教学流程的五个步骤。后者目标指向学生学会学习、学生潜能拓展、学生自主发展,从思维活动角度概括三个环节及教学流程的五个步骤。两者都具有较强的可操作性,能够取得良好的课堂效果,但后者对教师的教学智慧要求更高,因此能够更接近学生发展的实质性内容。

11."三案·六环节"教学模式

"三案·六环节"教学模式是连云港市教育局于 2009 年 8 月在全市推行的课堂教学改革成果。

为了贯彻执行江苏省教育厅等发布的《关于进一步规范中小学办学行为深入实施素质教育的意见》和《连云港市中小学教学常规管理要求(试行)》以及开展连云港市教育局 2009—2010 年度"课程实施发展年"活动,连云港市教育局于 2009—2010 年度"课程实施发展年"活动上提出,以自上而下的方式,通过市教育局统一推行"三案·六环节"教学模式改革,以响应新课程改革对解决当前课堂教学中存在的诸多问题的要求,真正实现促进中小学生全面发展的目标,全面提升教育教学质量。

所谓"三案·六环节"教学模式,即把学生的学习活动分为六个环节,并且规定了每一环节教师和学生的重要活动内容及活动任务。其"六环节"之间是学习任务不断反馈调节的关系，如附图2所示。

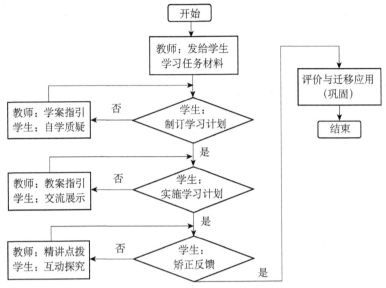

附图2 "三案·六环节"教学模式操作流程

资料来源：周如俊.2010.对课改视域下"三案·六环节"教学模式的思考.中小学教师培训，（2）：28-31

　　"三案"是指"学案、教案、巩固案"。"学案"设计立足学生实际，突出引导功能，注重问题设计的针对性、启发性和引导性；"教案"设计突出学生学习过程，注重学习方式的多样化；"巩固案"设计注意作业形式的多样化，有试题，也有活动任务，还有拓展迁移，但作业量适当。

　　"六环节"是指"自学质疑、交流展示、互动探究、精讲点拨、矫正反馈、迁移应用环节"。自学质疑环节主要让学生明确学习目标、设计学习问题、点拨学习方法；交流展示环节主要解决预设知识建构和问题求解；互动探究环节主要在于把握预设问题的互动探究的生成；精讲点拨环节主要是突出教学重点的突破和教学难点的剖解；矫正反馈环节主要是设计学习问题的反馈途径；迁移应用环节主要指精选习题，要设计部分联系实际的习题。

　　其中"三案"是抓手、是载体，在具体实施过程中，可以分列，也可以整合。六环节则是学习过程的六个基本步骤，在具体实施过程中，要因学段、学科而异，进行优化和完善。自主学习、交流展示、互动探究、矫正反馈、迁移运用等要体现学生主体地位，努力调动学生学习的积极性和参与性。（周如俊，2010）

"三案·六环节"教学模式放手让学生去思考和学习,要求教师在教学过程中讲究课堂教学艺术,注重课堂实效,突出学生自主、合作、探究学习,培养学生的独立思考能力、创新能力和实践能力,发展学生的个性特长,是在"以生为本、以学定教"教学理念指导下建立起来的、具有一定普适性的教学模式。

12. "三环六步"课堂教学模式

河南省郑州市第八十五中学、江苏省新沂市第四中学探索成型的教学模式都被称为"三环六步"课堂教学模式。黑龙江省大庆市育才中学的"三环六步教学法"在有些场合也被称为"三环六步"课堂教学模式。其中,相对比较成熟、影响比较大的是郑州市第八十五中学的教学模式。

（1）大庆市育才中学的"三环六步教学法"

"三环六步教学法"是在"导学法实践基础上,以分层教学思想为技术指导,运用"先学后教""以学定教""少教多学"的教学原则,结合学校课堂教学实际总结的具有课改推进性、实用性的课堂教学模式。"三环"是在"导学法"提倡的"低起点、小跨度、大容量"原则基础上设置的"自学、展示、反馈"三大环节。"六步"是对自学、展示、反馈的详细注解,包括明确目标、自主学习、小组研讨、质疑点拨、总结归纳、检测达标六个步骤,如附图3所示。

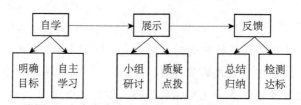

附图3　大庆市育才中学"三环六步教学法"图解

资料来源:黄丽霞.2015.浅析三环六步课堂教学模式.http://www.doc88.com/p-0751499498596.html

[2017-05-26]

（2）新沂市第四中学"三环六步"课堂教学模式

新沂市第四中学的"三环六步"课堂教学模式以自主、合作、探究为主要特征,是在借鉴杜郎口中学、洋思中学、东庐中学等名校教学改革成功经验的基础上,结合学校实际,经过近三年的实践研究逐步建构起来的。

"三环"是指"指导自学、展示交流、总结反馈"三个环节。"六步"是指"出示教学目标、检查预习作业、展示预习成果、变式巩固训练、教学目标检测、归纳总结反馈"六个步骤（黄继苍,2011）。其操作流程如附图4所示。

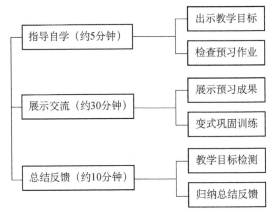

附图4　新沂市第四中学"三环六步"课堂教学模式的操作流程

资料来源：黄继苍. 2011. "三环六步"课堂教学模式的实践与探索.

教育研究与评论（中学教育教学），（4）：23-26

（3）郑州市第八十五中学"三环六步"课堂教学模式

2014年8月，郑州市第八十五中学抓住《中国教师报》课改专家莅临指导的契机，融合道德课堂理念，以关爱学生生命状态、促进学生思维发展、促进学生精神成长为理念，实施高效课堂教学，形成了适合本校发展的"三环六步"课堂教学模式。

"三环"是指预学、研学、固学三大环节。"六步"是明确目标、自主学习、合作展示、释疑点拨、拓展提升、巩固练习等六个步骤。

第一步：明确目标。目的是让学生总体把握本节课学习内容和学习目标。在明确目标的同时，我们要求：①制订学习目标要紧扣新课程标准，要具体、准确，易操作、能检测；②学习目标内涵要全面，不仅包含知识的要求，而且还要根据教学实情渗透学习方法、学习效率等方面的要求；③学习目标要规定出哪个是需要独立完成的，哪个是需要合作探究的。

第二步：自主学习。在教师出示自学提纲、指导自学方法、明确自学要求之后，学生根据自学提纲自学课本，从中发现问题，进行自主探究。对于自学中有疑问的地方，学生可以互相交流、讨论。在这期间，教师要通过巡视、提问等方式，及时发现学生自学过程中存在的疑难问题，为后期教学做好准备。

第三步：合作展示。在自主学习的基础上，对于探究性的问题进行有效的小组研讨。通过师生、生生之间的讨论、质疑、分析等互动形式，形成组内全员参与、积极探究的浓厚氛围，把课堂教学推向深入，使学生享受到获得知识的快乐。

第四步：释疑点拨。释疑点拨是教师对小组在展示过程中暴露出来的问题及时加以点拨，释难解疑，重在鼓励学生进行知识创造、能力提升，这也是高效课堂教学模式中最重要、最精彩的部分……教师在答疑、点拨、更正、补充过程中，要充分鼓励学生质疑、发问，实现知识的迁移延伸。

第五步：拓展提升。教师在进行拓展提升的时候应完善板书，总结归纳知识面与知识点之间的区别、联系及内在规律，然后顺势进行横向和纵向拓展，拓宽知识面和本节知识点的深度，以培养学生思维向纵深处发展。拓展的内容尽量让学生总结归纳，教师及时进行更正和补充。

第六步：巩固练习。巩固练习的题目要精选细筛，具有典型性和代表性，注意基础知识与迁移延伸内容相结合。在学生当堂练习时，教师做好巡视，及时发现问题，动员学生集体讨论、共同解决，以收到巩固、达标的效果。（靳俊良，2016）

多元化的"三环六步"课堂教学模式的结构、流程各异，但有一个共同的特点——自主、合作、探究，是"先学后教、以学定教、少教多学"思想在各自学校情境下成就的教改硕果。面对近几年开始的教材变更带来的新一轮教育改革趋势，郑州市第五十八中学将2017—2018学年定为学校的"教学改革年"。这意味着"三环六步"课堂教学模式所追求的"课堂是舞台，教师是导演，学生是主角""课堂为学生探究、发现、创造的场所"在学生发展核心素养的目标框架下将被赋予新的内涵。它体现了教学模式随着教育改革的深化做出自我修正的演进趋势。

13. 五环大课堂

"五环大课堂"是安徽省铜陵市铜都双语学校坚持改革课堂教学模式、改变学习和教学方式的优秀成果。学校以人的能力结构为依据，设立教材学习课、校本研习课、个性展示课、行为养成课、社会实践课等"五环课程"，经历"打倒传统课堂—构建有效课堂—经营高效课堂"三段推进式的课改，成功构建起较完善的"五环大课堂"体系。

"五环课程"由五类课堂模式来实施落实：以学科教学为主的教材学习课堂；以校本研习为主的研训课堂；以个性发展为主的特色课堂；以学生心理、人格养成为主的行为养成课堂；以实践活动为主的社会实践课堂（李炳亭，洪湖，2010）。

学校将预习、上课、训练、培辅、反思等常规项目整合成工厂流水线式的学科导学流程,命名为自研课、展示课、训练课、培辅课、反思课等,并进入日常化、生活化、制度化、精细化管理之中,让师生的教与学有章可循,有规可依,有的放矢。

学校围绕着"结构"和"方法"两大原点自主构建"三模五环六度"高效课堂模式,既保证课堂导学的紧张有序,又彰显出开放性课堂的生动活泼。"三模"是指"定向导学、互动展示、当堂反馈"三大导学模块;"五环"指的是导学流程中要经历"自研自探—合作探究—展示提升—质疑评价—总结归纳"五大环节;"六度"是要求教师导学设计及课堂操作过程中要重视学习目标的准确度、自学指导的明晰度、合作学习的有效度、展示提升的精彩度、拓展延伸的合适度、当堂反馈的有效度。

铜都双语学校的导学稿,是展示课型的主要联结点,学校要求教师高度关注展示课型的"三模五环六度",着眼于"自学指导"、"互动策略"、"展示方案"的精心设计。

在实施改革的过程中,学校也建立起了一套五环节、重标准的校本管理体系。……具体包括:落实三定备课制度,夯实高效课堂的基础;建立课堂监评系统,保证课堂教学的高效;构建培优帮困机制,实现全面发展、全面提高;完善反馈检效策略,加强管理的目标性和针对性;明晰绩效考核评定方式和途径,彰显优劳优酬的激励功能。(李炳亭,洪湖,2010)

2013年第二届《全国最具特色中学》名单发布,铜都双语学校由于五环大课堂、五环课道、五环学道等学校特色当选。该校的课程改革让我们看到了民办学校改革的新视野、新出路。

14. "五环三位"课堂教学模式

"五环三位"课堂教学模式是重庆市珊瑚中学创建的高效课堂教学模式,旨在体现"学生为主体"的精神,将课堂还给学生。

重庆市珊瑚中学是一所市级示范中学,地理位置较为优越,学校设备较为先进。2012年,重庆市教育委员会提出了建设"卓越课堂"的教育要求,珊瑚中学作为示范中学开展了卓有成效的探索。全校100多名教师在观摩学习我国课改试验区杜郎口中学、昌乐二中等多所学校的课改成果基础上,创立"五环三位"课堂教学模式,践行"高效活力课堂"。

"五环三位"课堂教学模式的教学流程主要是"五个教学环节"和"三个到位"。

"五环节"分别指：预习、展示、释疑、深化拓展、检测评价。

预习环节：可在课外、课前、整节课预习，可以是个人也可以是小组，用预习案的方式将问题前置。

展示环节：通过自主学习、小组合作交流后，呈现预习中的问题和结果。

释疑环节：在老师的引导下，对教学目标下的"双基"进行落实，同时解决小组学习过程中生成的问题。

深化拓展环节：依靠老师丰富的知识、精心的准备，引导学生提问，促进学生知识的建构，平衡预设与生成的关系，解析学生在学习中遇到的问题，并将授课内容向纵深发展。

检测评价环节：可以是适当的小测验、小练笔，也可以是总结归纳等方式，目的是巩固所学知识，加深对所学知识的理解与运用。

"三位"指的是在整个教学活动中遵循三个到位：学生自主学习到位、小组合作学习到位、老师引导点拨到位。

"五环三位"课堂教学模式灵活运用"预习案"和小组合作讨论，学生先学，教师充当引导者角色，在有限的时间里让学生最大限度地参与课堂教学，确立了学生在课堂教学中的主体地位。

15. "五步三查"课堂教学模式

"五步三查"课堂教学模式是近年来我国一些教育专家在杜郎口中学课堂教学经验的基础上总结形成的一套具有普适性的高效课堂教学模式。它在环节设计、操作流程上力求简单易记、简便易学，尽可能从方法和规律角度指导教师付诸实践，很好地解决了新课程理念"顶天立地"的问题。

"五步"是指课堂环节五个基本步骤："独学""对学、群学""组内小展示""班内大展示""整理学案，达标测评"。"三查"是指课堂上的三次关键性的学情调查：一查是在学生独学时进行；二查是在组内小展示时进行；三查是在整理学案，达标测评时进行（附图5）。

第一步：独学。

"独学"指学生个体学习。在独学环节开始之前，通常要进行对上节课有关知识的反馈检查和新课导入。

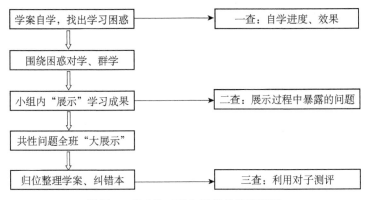

附图5　"五步三查"课堂教学流程图

资料来源：张海晨. 2010-06-30. "五步三查"高效课堂教学模式解读. 中国教师报，B3 版

检查反馈：从检查内容和检查对象上要注意分层次，并重点关注 C 层次学生（即潜能生）。检查最好以爬黑板方式进行。

新课导入：导入是不可缺少的一个环节，其作用主要体现在激发学习动力、调整学习状态、创设学习情境、建构知识系统等方面。导入新课后要明确本节课的学习目标。

独学：所有能有效地促进学生发展的学习，都一定是自主学习，如此学生才会有主动性和创造性。

第二步：对学、群学。

"对学"指两名同等学习程度学生的合作学习；"群学"指小组内不同程度学生的合作学习或"学习对子"间帮扶学习。对学、群学环节以解决问题为主线。

第三步和第四步：组内小展示和班内大展示。

"小展示"指小组内由学习组长组织的展示，组员将学习成果在小组内进行展示汇报；"大展示"指小组在全班进行展示汇报，一般由教师组织，当然也可以由学生代表组织。二者的区别在于展示的范围不同、问题的共性度不同和内容的层次不同。

第五步：整理学案，达标测评。

通过前面的小组学习与展示，学生整理学案而后教师组织达标测评。（张海晨，2010）

"五步三查"课堂教学模式以促进学生的全面发展为宗旨，确立了学生在课堂上的主体地位，以学生的自主学习和展示来调动学生学习的主动性和积极性，在促进学生形成探究意识和合作精神的基础上，又培养了学生解决问题的能力。

16. "1+1" 课堂教学模式

"1+1"课堂教学模式是江苏省泗阳县泗阳中学在2006年创立的课堂教学模式。

为了打破"课堂灌输"的定式，贯彻"以人为本"的改革理念，泗阳中学课堂组开展课堂教学改革的课题研究，产生了一种既关注学生发展需求又强调教师工作创新性的"1+1"课堂教学理念。在借鉴各地名校教改经验的基础上，"1+1"课堂教学理念具体化为"1+1"课堂教学模式。

"1+1"课堂教学模式的"1"是学情，是学生发展过程中的某一状态和水平，包括学生的精神状态、思维方式、生活环境、兴趣、爱好、情感、态度、价值观以及知识水平、学习方法与策略水平等。

"+1"是教师为学生实现新发展所创设的外部环境和条件，是为了达成教学目标的创造活动，包括根据学情设定的新的教学目标、教育学的方法与策略、选用的教学模式等。

"1+1"是学生实现新发展、教师为服务于学生新发展而创造有效外部环境和条件的师生协调互动与共同发展的动态过程。[1]

泗阳中学的成为左校长对"1+1"课堂教学模式的流程作如下阐释：

"1+1"课堂教学基本程序可概括为四个环节。

自主学习：按导学案自主完成学习任务；自主进行概括总结；找出自己解决不了的问题；或提出新问题、新思路、新方法、新观念，使用新观点解释老问题等。做好接受小组互查的准备和大组讨论准备。提出需要讨论的问题，准备小组讨论时发言。

小组互查：检查导学案完成情况，互相检查、讨论、矫正，保证小组全体成员达成学习目标，同时推选代表准备发言。互查的要求：一是组织有序，互相鼓励；二是人人过关，通过互相检查、互相学习、互相帮助、互相讨论与交流，甚至是争论，让小组所有成员都能完成学习任务，达成学习目标；三是有时间保证，不急于求成，耐心等待学生完成自主建构任务；四是善于表达与质疑，推选代表准备大组发言。发言内容包括质疑、提出新问题、新思路、新方法，或对老问题作出新解释。

---

[1]　泗阳中学生物教研室. 2012. 中学"1+1"课堂教学模式. http://www.syzx.net.cn/jxky/xkzy/shengwu/llxx/2012 0105/175636.html［2017-06-12］.

大组讨论：一般由老师主持，各小组代表按自学内容发言，提出需要大组讨论的问题，其他小组质疑、提出不同意见，最终形成明确的答案。教师一要加强对重点、难点问题的引导、概括与总结，形成准确、精炼的文字表述，便于学生理解、记录和记忆；二要善于挖掘和利用来自学生的活的教育资源解决问题，把问题讨论引向深入培养学生创新精神和实践能力；三要详略得当，控制时间，针对共性问题，留有当堂检测时间；四要对小组的学习情况进行评分、积分。……对于习题课，可在复习概念、方法的基础上，先进行例题示范，然后进入自学、互动环节。

当堂检测：通过迁移练习，当堂检测学习效果；通过批改或抽样批改深入了解学情，获取反馈信息，为采取补救措施和制定下一节课教学目标提供依据。对当堂检测情况按小组评分、积分。（成为左，2010）

"1+1"课堂教学模式是泗阳中学在新课程改革的热潮中，立足以学生为本课程教学变革，结合本校的特色和全校教师的探索而形成的高效课堂模式。该模式"将课堂知识学习和任务价值追求充分结合，将教师主导与学生主体有机结合，将应试需求评价与学生发展需要评价密切结合，将规范型的制度文化与师生平等开发的民主文化有效结合"（王雪纯，2010），为新课程改革背景下的课堂教学改革提供了新的参考模式和思维方向。

17. 271 高效课堂模式

271 高效课堂模式是山东省昌乐二中立足学生六个学会（学会知识、学会动手、学会动脑、学会做事、学会生存、学会与别人共同生活）对课堂教学进行的变革，为中小学的教学改革树立了自主、合作、探究学习的典范。

"271"有三层意思：一是学生组成结构的 271 现象，即一个班级由 20%的特优生、70%的优等生和 10%的待优生组成；二是学习内容难易度的 271 现象，即20%的知识是学生自己能够独立掌握的，70%的知识是学生通过集思广益、讨论掌握的，10%的知识需要通过教师的提示、点拨、讲解学生才能掌握；三是课堂教学时间和活动的分配，即 20%的时间为教师讲解、引导、点拨，70%的时间让学生自主学习、合作探究，10%的时间让学生对当堂课所学的内容进行巩固、落实、深化、提高。

"271 高效课堂"教学模式的基本操作程序：预习自学、探究问题—完成学案、训练应用—分组合作、讨论解疑—展示点评、总结升华—清理过关、当堂检测。

预习自学、探究问题。学生以高效导学案为学习路线图，按图索骥，自主学习，主动学习，研究学习。

完成学案、训练应用。学生根据学案完成自学任务后，还要完成导学案上的训练题目，以检验自学效果，找疑难，找不足。

分组合作、讨论解疑。学生完成导学案训练题目后，小组长组织本组成员先一对一进行 AABBCC 分层讨论，然后小组内部交流讨论，交流学习中的收获，讨论学习中的疑惑，讨论跟踪训练中的问题。

展示点评、总结升华。学生在充分讨论的基础上，不仅展示本组学习成果、学习心得，同时也将小组共性的学习困惑提交班级讨论。

清理过关、当堂检测。教师要留出时间让学生对所学内容进行总结梳理，反思学习目标的达成情况，并且及时进行当堂教学效果的检测，以达到对所学内容的巩固、深化。（赵丰平，徐振升，2011）

18."3331"教学模式

"3331"教学模式是河北威县人才学校在新课改的潮流中创生的一种教学模式。

河北威县人才学校是一所地处偏远农村的学校，1996 年办学之初，仅仅有 17 名学生。在校长耿华武的热情感召下，生源逐年增加，但学生辍学现象很严重。他亲自带领班主任老师进行家访调查，了解到学生辍学的原因主要是课堂死气沉沉使学生产生了厌学心理。耿华武由此意识到课堂改革的重要性。之后，他带领学校调研小组去洋思中学等学校学习交流，在杜郎口中学和洋思中学模式的影响下，创建了"3331"教学模式，学生得以在活跃、高效的课堂环境中快乐学习。

"3331"教学模式，即一节课学生要掌握的知识通过自主解决 30%，通过小组交流解决 30%，通过提问展示解决 30%，通过老师归纳总结、点评精讲解决 10%。每节课的时间分配是：自主学习、小组交流占 30%的时间；提问展示、点评精讲占 30%的时间；当堂训练占 30%的时间；补救达标占 10%的时间。

第一，自主学习，让学生成为知识的开拓者和疑难的发现者。首先是教师出示学习目标，即本节课要掌握的知识和要解决的问题，以及通过解决这些问题要达到的效果。学生围绕学习目标和教师学前指导自主学习，认真研读教材，独立思考，查找资料，勾画疑难。教师巡视帮扶，观察动向，了解学生掌握情况。

第二，小组交流，让智慧的思维碰撞出闪亮的火花。对于自主学习解决不了的疑难，组长根据本小组的进展情况，组织讨论交流。

第三，提问展示，张扬个性，各抒己见，各显神通。本环节是承上启下，也是课堂活跃、保证教学进度、刺激学生学习的重要环节。

第四，当堂训练，检查效果，巩固提高。这一环节是学生巩固所学知识的关键一环。

第五，补救达标，清理疑难，升华知识。通过练习检测，发现学生没有掌握好的问题，教师及时安排补救措施。（吴洪群，2011）

"3331"教学模式把学生从沉闷的课堂教学中解放出来，让学生在快乐中学习，在兴趣中学习，在学习知识中寻找乐趣，不仅解决了学生辍学问题，还引领学校走到了课改前沿的行列。

19. "337"高效课堂模式

"337"（"三阶三度七步"）高效课堂模式是重庆市渝北区东和春天实验学校基于基础教育课程改革和本校校情建构起来的。

重庆市渝北区东和春天实验学校是一所包括小学和初中的九年一贯制学校，从 2008 年开始正式招生。该校虽地处城区，但由于办校不久，许多优秀生源还是流向周边老牌、有资历的学校，校内转校生的比例较高。许多学生学习习惯不好，课上不认真听讲，课堂纪律特别差。可想而知，课堂效率是极低的。为了改变教育教学的状况，学校开展了三大课题研究（"依托国学经典研发德育校本教材促进学校育德工作的有效发展"实施研究、"合助互助，先学后导、当堂训练"的数学课题、《快乐快速"双快"》的作文课题研究），初步建构了"337"高效课堂模式。

"三阶"是指将 1~9 年级分为低、中、高三个阶段，即 1~3 年级为低段，4~6 年级为中段，7~9 年级为高段。"三度"是指"共识、共享、共进"，即让学生共同认识、共同参与、共同发展，实现共同进步。"七步"是指"导、学、讲、练、评、研、提"的七位一体。课堂教学的流程如附图 6 所示。

所谓"导"，就是引导学生学习，低段重点引导学生学习兴趣、中段主要是学法指导、高段主要进行高效自学。

所谓"学"，即学生的自学（或者叫预习）。"学"包含"独学"与"对学"两个环节。"独学"是指学生根据教师的指导，自学教材，积累自己对学习内

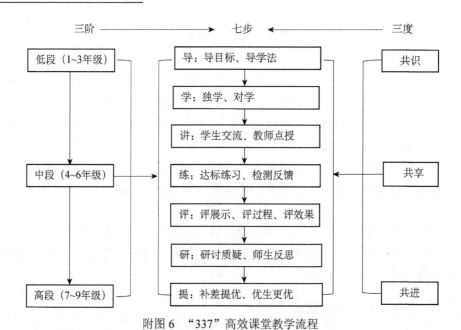

附图 6 "337"高效课堂教学流程

资料来源：艾治武，张跃林.2015. 浅议"337"高效课堂模式. 科学咨询（教育科研），（2）：49-50

容的认识理解，遇到障碍时，做上记号，提交小组内讨论解决。"对学"是指在独学基础上由学科小组长带领组员合作探究，解决独学时没有解决的问题与困难。"对学"时也不能解决的问题同样做上记号，提交全班交流展示时解决。教师在这一环节只能担任组织者、引导者的角色。

所谓"讲"，就是进行"展示交流"。各小组在全班展示交流自学成果，阐述自己的观点和见解，同时提出问题并讨论。教师的主要任务就是对学生的认识、体验、思维的碰撞给予及时点拨、评价和总结。

所谓"练"，就是进行反馈测评。这个环节主要有当堂检测、课后小组内的检测和过关检测三种形式。对于测评中暴露出来的问题，教师既可以利用课余时间给学生提供直接帮扶，也可以指派小组长、课代表、优秀学生等实现对希望生的帮扶。教师也可把学生集中问题整理后，再一次进行自学、讲评等方式来弥补学生"学、讲、练"这三环节中没有弄明白的内容。

所谓"评"，就是对学习全过程的情况进行评价，包含课堂展示的评价、学习过程的评价、小组合作的评价、学习效果的评价等四个方面。评价的方式主要有学生自评、学生互评、教师评价等。

所谓"研"，就是研究问题，进行教与学的反思，包括学生的学习反思和教师的反思两个方面。

所谓"提"，就是拔尖的问题，解决如何培养优生，让优生更优的问题。

"导学讲练评研提"是一个整体。它不是指一节课必须有这七个环节，而是指教学是一个整体，一个序列，七个环节既可融于一节课中，也可各环节单独成课，但这一切，都得依据学生的实际情况和教学内容的具体情况而定。（艾冶武，张跃林，2015）

"337"高效课堂模式是重庆市渝北区东和春天实验学校三大课题研究的成果，既能够为教师实现教学方式的优化提供方向，也能够优化学生的学习方式。它让学习有困难的学生明确了方向，让学习优秀的学生更加优秀，解决了长期以来困扰该校的教育教学问题，并推动学校进入快速、良性发展的轨道。

20. "352"学案制有效教学模式

"352"学案制有效教学模式是广东省佛山市高明区第一中学在 2008 年开始探索，并于 2009 年秋季全面正式推行的教学模式。

佛山市高明区第一中学的"352"学案制有效教学模式是在该校生源数量下降、应试教育无力改变学校发展态势的情况下，校长陈国光带领学校教师探索出的一条适应本校、行之有效的教学改革之路。

"352"中的"3"是指有效教学的三个标准——有价值、有效果和有效益；"5"是指五条有效教学策略——培养和发展学生的自主学习能力，开展合作学习，实施问题驱动的探究学习，教学具有针对性与有效性，采用具有诊断、导向和激励作用的教学评价（小组与个人联动）；"2"是指充分发挥教学的双主体作用（杨穆，2012）。

陈国光对"352"学案制有效教学模式的要求及实施步骤作了具体的阐释。

"352"遵循了教学的"黄金分割率"，对学案制教学的教学时间、内容、难度、目标、测试试题结构按 3∶5∶2 的比例进行数学建模和优化处理。具体有以下几方面的应用：

1）教学时间方面：课堂上，30%教师讲，50%学生学习讨论与展示活动，20%训练与评价；整体上，30%堂前，50%堂上，20%堂后。

2）教学内容方面：30%学生自主学习掌握，50%学习小组合作探究掌握，20%由教师教会。

3）教学难度方面：30%容易题，50%中档题，20%稍难题。

4）达标测试试题结构：30%来自课外，50%来自学案，20%来自教材。

5）教学目标：30%学生达到优秀等级，50%达到良好等级，20%达到合格等级。（陈国光，2012）

学案制教学改革的具体实施过程分为三个阶段：①准备阶段。做好改革前的考察、论证、师资培训工作以及具体实施方案和相关机制的建构工作，提高学案制教学改革的理论水平。②实施阶段。学校用三年时间，从高一到高三年级完成一轮全面系统的学案制教学改革。③总结推广阶段。学校将教学改革的成功经验以科研成果的形式向社会展示（陈国光，2012）。

"352"学案制有效教学模式的实施是根据班级学生的真实情况，充分发挥学生的主观能动性，将课堂结构安排得更加合理，更多的是一种研究式学习。无论是学生自主学习还是小组合作探究学习，都能培养学生的合作、创新意识，对提高学生的综合素质有很大帮助。这样的教学模式能适应新时代的要求，对学生今后的发展也是十分有利的。

21.3D 高效课堂模式

3D 高效课堂模式是天卉中学在临帖杜郎口中学"三三六"自主学习模式、践行"大单元教学"模式（也称"三型六步一论坛"模式）的基础上，对"大单元教学"模式进行优化之后形成的"大展示、大单元、大读写"新高效课堂模式。

"大单元"指的是打破学年界限、课时界限和教材顺序，把 3 年的课程作为一首完整的曲子来弹，跨年级整合教材，重新编排，最大限度地削减重复的知识，实现知识系统的"二度整合"，以 3 年为整体，重新划分"解构单元""系统单元""授课单元"（胡志民，2012）。

"三型六步一论坛"是"大单元"的教学策略。其中的"三型"是指预习展示课、提升展示课、巩固展示课三种课型；"六步"是指课堂的六个环节——明确目标、自主学习、小组讨论、展示拓展、穿插巩固、当堂测验；"一论坛"是三种课型结束之后以论坛形式"精讲点拨"，对本单元中遗存的问题进行有效的"二次作业"。

2012 年之后，天卉中学在"大单元"基础上，扩充了"大展示和大读写"两大板块。"大展示"包括独展、对展、群展三种形式，以及课内小展、校内中展和校外大展三个层次，旨在为学生构筑自我表现的广阔舞台，解决学生不愿学的问题。"大读写"包括提高独学（读学）能力的训练课、提高口语表达能力以及对学和群学效率的朗读课、提高写作能力和书写能力的反思写作，旨在全面提高学生在高效课堂上所需要的能力，解决怎么学的问题。

天卉中学官网上用两个图解释 3D 高效课堂模式（附图 7 和附图 8），从中可以发现 3D 高效课堂模式下的"三型六步"的表述也得到了改进，反映了天卉中学教改的新发展、新升级。

大单元——学什么

大读写——怎样学

大展示——学习兴趣

附图 7　3D 大课堂

资料来源：佚名. 2016. 天卉中学"3D"大课堂建构. http://www.tianhuizhongxue.com/ index. php?m=content&c=index&a=show&catid=9&id=60［2017-08-20］

附图 8　3D 高效课堂模式

资料来源：佚名. 2016. 天卉中学"3D"大课堂建构. http://www.tianhuizhongxue.com/index. php?m=content&c=index&a=show&catid=9&id=60［2017-08-20］

22."423"学导型课堂教学模式

"423"学导型课堂教学模式是湖北省枝江市第一高级中学教学改革与创新的成果。

从 2006 年秋季开始，枝江市第一高级中学集中探讨了"三案导学"，初步形成了学案、教案、练案"三案合一"的编制与应用模式，构建了由注重教材设计转变为满足学生需要的导学案编用体系。经过一年时间的运行，"三案导学"忽视学生"学"的问题浮出水面。为了课改"穿新鞋走新路"，枝江市第一高级中学提出"211 三案导学"教学模式，将 40 分钟课堂切割成三块——教师讲 20 分钟，学生互动 10 分钟，达标检测 10 分钟，规范和约束了教师的教学时间。在实践过程中，该模式也暴露出一些问题："211 三案导学"建立在课前预习基础之上，但学生课后作业多，没有时间预习，学生也不知道怎么预习。2009 年，在中央教育科学研究所韩立福教授的指导下，对接韩教授研究的"先学后导——问题评价"，该校创造性地总结提炼出"423"学导型课堂教学模式（肖昌斌等，2012）。

　　"423"既指课堂的组织形式，同时又包括课堂教学的流程。它的基本内涵是：新知预习分"四步"，课堂推进设"两环"，教学全程分三段（或教学全程用三案）。新知预习分"四步"，即一看二读三填四练：一看，走进文本；二读，精读教辅；三填，填写学案；四练，基础演练。课堂推进设"两环"：第一环是展示交流、方法提炼，实施问题生成；第二环是拓展提高、能力升华，实施问题解决。教学全程分"三段"：第一学习时间段为新知预习，实施问题发现；第二学习时间段为"两环"中的第一环；第三学习时间段为"两环"中的第二环。教学全程用"三案"：学案、练案、教案三案形分神聚，互为补充，形成一个整体，变"教案教学"为教案、学案共举，练案辅助的"三案教学"，丰富了教学载体，使教学重心从研究教法转变到研究学法，促使教师角色由演员变成导演。

　　"423"课堂的灵魂在于：摆正教与学的位置，还学生课堂主体地位，还学生学习主人地位，赋予学生充分的学习自主权；重建课堂教学流程与文化，师生共同打造高效课堂，在和谐民主的教学关系中享受"教"与"学"的乐趣，促进师生共同成长！（王明华，2013）

　　2009年以来，枝江市第一高级中学坚持"不断创新、稳步推进"，实现了"423"学导型课堂教学模式常态化，也为枝江市其他学校的课改提供了样本。在枝江市教研室"不能照搬或复制"的要求下，基于"先学后教""以学定教""以教促学"的基本理念，全市各学校探索和提炼出了一系列适合本校的课堂教学模式。各学校符合实际的课堂模式，为课堂改革的顺利推进提供了保障。

23. "6+1"课堂模式

　　教育专家、衡水中学原校长李金池于2010年出任石家庄精英中学校长后，立足精英中学校情，汲取昌乐二中、洋思中学、杜郎口中学等新课改实验学校的成果，以建构主义和人本主义为理论基础，推出高效"6+1"课堂模式，切实落实课堂中以学生为主体、以教师为主导的精神，调动了学生的学习积极性和主动性。

　　"6+1"课堂模式中的"6"包括"导""思""议""展""评""检"6个环节。其中的"1"，谓之"用"，在课后的自习中进行。

　　导，课堂起点。包括"导入"和"导学"。导入，是一节课的开端，教师要用简洁明快的语言或通过一定的媒介实现旧知向新知的导入。导入之后，便是导学，教师简要告知学生当堂的学习目标、重点难点、需要解决的问题，然后向学生发放《课堂导学提纲》。

思，自读深思。学生在十几分钟内认真看书、独立思考、深入钻研。教师勤于巡视并密切关注每一个学生的自学状况，确保每一个学生精力高度集中。

议，合作学习。一是两两合作，互帮互学；二是问题讨论，解决自学中的疑难问题。学生在合作中产生灵感，在讨论中碰撞出思维火花，相互启迪，加深印象。

展，激情展示。通过问题展示，最大限度地暴露学生自学和讨论中存在的疑点、误点和盲点，然后让学生各出奇招提出解决问题的方法和思路。教师通过诱导和激赏调动学生探究的激情。

评，点评精讲。教师带领学生盘点"战果"，提醒学生有哪些规律性的东西要记住，有哪些方法要把握。

检，检测反馈。在教师引导下，学生对当堂课所学内容进行整体回顾、反刍内化、自我评价。最后，教师对当堂所学效果通过提问等形式进行检测。

用，巩固迁移、学以致用。该环节在课后的自习课上进行，主要让学生联系实际进行习题巩固训练，是学生完成学习任务的最后环节。[①]

"6+1"课堂模式在实施之后取得了显著的成效，提高了学生的学习质量、学习能力。精英中学原来生源质量不高，经过李金池校长的整体改革，一本上线率从 2013 年的 19.21% 提高到 2017 年的 90.06%，学校教学质量快速提升。

24."345 优质高效课堂"教学模式

"345 优质高效课堂"教学模式是山东省潍坊市教育科学研究院提出的教学模式。

潍坊市教育科学研究院把优质高效课堂的研究作为重要突破口，在遵循教育教学规律及学生认知规律的基础上，对教师的教学方式、学生的学习方式、课堂结构及教学策略的有效性进行了探索，提出了基于先学后教、以学定教的"345 优质高效课堂"教学模式。

"345 优质高效课堂"中的"345"是指"三步四环节五课型"。"三步"是指"课前延伸—课内探究—课后提升"三个步骤。"四环节"是指课内探究中的"自主学习—合作探究—精讲点拨—有效训练"四个环节。"五课型"是指每个学科结合各

---

① 石家庄精英中学. 日期不详. 高效课堂：课堂流程. http://www.jingying.com.cn/index.php?m=content&c=index&a=lists&catid=18［2017-05-26］.

自学科的具体特点，设计出五种课型。由于知识结构和知识特点的不同，在不同的课型（如化学学科的新知探索课、实验探究课、知识梳理课、测试讲评课和习题训练课）中，模式的应用是灵活多变的（齐营营，刘先志，2012）。

"345 优质高效课堂"教学模式要求教师从尊重学生出发，调动学生潜在的学习积极性，鼓励学生自主参与学习，在探究中讨论，在讨论中发现，在发现中创新，使教师成为学生学习的合作者、帮助者、激励者（牟元忠等，2012）。

"345 优质高效课堂"以学生为本，以课堂实践为场所，培养学生自主学习的习惯、合作学习的意识、探究学习的精神，使学生的主体性与个体独特性得到了发展，同时提高了教师自身的主体能动性。但其在实践过程中也产生了教学创新少、传统多，教师讲得多、学生活动少，缺乏学生思维激发等问题，这说明该教育模式在理念上做出的探索较多，落实到课堂教学上还有许多问题需要解决。

艾治武，张跃林. 2015. 浅议"337"高效课堂模式. 科学咨询（教育科研），（2）：49-50.

白立娟. 2012. 主观世界范畴探析. 天中学刊，27（1）：45-48.

柏伴雪，曹壮伟. 2011. 引领课堂教学革命 打造河南教育名片：杨文普和他的"三疑三探"教学法. 神州，（21）：68-69.

毕重增. 2001. 青年人格理想与主观世界改造研究. 重庆：西南师范大学出版社.

蔡林森. 2001. 先学后教 当堂训练——课堂教学结构改革的实验与研究. 江苏教育，（Z1）：60-62.

曹正善. 2005. 论教师个人知识的条件与标准. 上海教育科研，（3）：10-12.

车文博. 2001. 当代西方心理学新词典. 长春：吉林人民出版社.

陈国光. 2012. "352"有效教学模式的理论设计与课改实验. 广东教育，（9）：24-25.

陈嘉明. 2007-04-24. "一"与"多"：现代与后现代的知识观. 光明日报，11 版.

陈俊. 2007. 库恩"范式"的本质及认识论意蕴. 自然辩证法研究，23（11）：104-108.

陈康金. 2006. 教学合一 演绎朴素的教育奇迹. 江苏教育研究，（3）：56-58.

陈康金. 2010. 从"讲学稿"到"合融教育"——江苏东庐中学提升学校特色建设水平的经验与反思. 中小学管理，（8）：14-16.

陈向明. 2000. 质的研究方法与社会科学研究. 北京：教育科学出版社.

陈向明. 2003. 实践性知识：教师专业发展的知识基础. 北京大学教育评论，1（1）：104-112.

陈晓端. 2004. 当代教学范式研究. 陕西师范大学学报（哲学社会科学版），（5）：113-118.

成为左. 2010. 让学生真正成为学习的主人——江苏泗阳中学"1+1"高效课堂的实践与探索. 教学与管理，（16）：9-10.

程德祺. 1993. 原始习俗与宗教信仰. 南京：江苏教育出版社.

褚清源. 2010-09-15. 课改原本很简单——专访河北省围场县天卉中学校长胡志民. 中国教师报，B2 版.

辞海编辑委员会. 1999. 辞海. 上海：上海辞书出版社.

丛立新. 1996. 教学论三问. 教育研究，（8）：62-65.

崔高维. 2000a. 周礼. 沈阳：辽宁教育出版社.

崔高维. 2000b. 礼记（表记）. 沈阳：辽宁教育出版社.

崔允漷. 1996. 范式与教学研究. 课程·教材·教法，（8）：52-54.

大卫·格里芬. 1995. 后现代科学——科学魅力的再现. 马季方译. 北京：中央编译出版社.

戴本博，张法琨. 1990. 外国教育史（下）. 北京：人民教育出版社.

戴德. 1985. 大戴礼记（一至二册）. 卢辩注. 北京：中华书局.

道格拉斯·凯尔纳，斯蒂文·贝斯特. 2006. 后现代理论——批判性的质疑. 2 版. 张志斌译. 北京：中央编译出版社.

丁星，余新武. 2017. 农村基础教育改革背景下的小组合作教学模式探索——以大冶市还地桥镇中小学为例. 湖北师范大学学报（哲学社会科学版），37（2）：139-143.

杜殿坤，高文. 2005. 维果茨基教育思想评价//维果茨基. 维果茨基教育论著选. 2 版. 余震球选译. 北京：人民教育出版社：前言 1-25.

杜芳芳. 2010. 思想返归实践的故里——教师个人理论形成的方法论思考. 教育理论与实践，30（9）：38-41.

杜金山. 2012. 循环大课堂是承担素质教育使命的康庄新道. 湖北教育（综合资讯），（3）：60.

杜威. 1965. 人的问题. 傅统先，邱椿译. 上海：上海人民出版社.

杜威. 1981. 杜威教育论著选. 赵祥麟，王承绪编译. 上海：华东师范大学出版社.

杜威. 1990. 民主主义与教育. 王承绪译. 北京：人民教育出版社.

杜威. 1991. 我们怎样思维·经验与教育. 姜文闵译. 北京：人民教育出版社.

杜威. 1994. 学校与社会·明日之学校. 赵祥麟，任钟印，吴志宏译. 北京：人民教育出版社.

杜威. 2001. 民主主义与教育. 王承绪译. 北京：人民教育出版社.

杜威. 2005. 杜威五大讲演. 胡适口译. 合肥：安徽教育出版社.

杜威. 2009. 民主·经验·教育. 彭正梅译. 上海：上海人民出版社.

方腊全. 2016. 教育开拓者的前行与创新. 教育名家，（3）：6-15.

冯国桢. 1994. 论实践的要素. 青海师范大学学报（社会科学版），（4）：15-18.

冯俊. 1997. 从现代主义向后现代主义的哲学转向. 中国人民大学学报，（5）：36-44.

高波. 2016. 我是一株君子兰. 教育，（4）：30-32.

高惠珠，黄福寿. 2003. 马克思主义哲学新论. 上海：上海人民出版社.

高文. 1999. 维果茨基心理发展理论与社会建构主义. 外国教育资料，（4）：10-14.

格雷科. 1991. 介绍让·皮亚杰（Jean Piaget）//左仁侠，李其维. 皮亚杰发生认识论文选. 上海：华东师范大学出版社：544-552.

龚浩然.1985. Л. С. 维果茨基关于高级心理机能的理论. 心理学报,（1）：15-22.

龚孟伟.2008. 后现代主义知识教学观：价值与局限. 课程·教材·教法,28（10）：24-29.

郝苑,孟建伟.2012. 逻各斯与努斯：西方科学文化的两个原点. 中国人民大学学报,（2）：124-131.

何金娥.2017. 美媒：从模仿者到创新者　中国何以很快成为世界技术领袖？http://www.cankaoxiaoxi.com/china/20170918/2231883. Shtml［2017-09-28］.

赫尔曼·诺尔.2002. 不朽的赫尔巴特//赫尔巴特. 教育学讲授纲要. 李其龙译. 杭州：浙江教育出版社：395-405.

胡德海.2006. 教育学原理. 2 版. 兰州：甘肃教育出版社.

胡志民.2012-09-05. "3D"天卉. 中国教师报,6 版.

黄济.2004. 教育哲学通论. 太原：山西教育出版社.

黄继苍.2011. "三环六步"课堂教学模式的实践与探索. 教育研究与评论（中学教育教学）,（4）：23-26.

黄明,李钧.2010. "高效"之巅——兖州一中"循环大课堂"解析. 山东教育,（8）：4-9.

黄小莲,刘力.2009. 我们需要怎样的课程改革——兼评《"新课程理念""概念重建运动"与学习凯洛夫教育学》. 课程·教材·教法,29（7）：10-16.

冀昀.2007. 尚书（舜典）. 北京：线装书局.

江兴玲,江冰.2015. 简约、高效,展现灵动课堂——"三环五步"课堂教学模式的探索与实践. 小学语文教学,（7）：22-25.

姜井水.1993. 论实践的要素结构. 浙江师范大学学报（社会科学版）,（6）：23-27.

姜勇.2004. 论教师的个人知识——教师专业发展的新转向. 教育理论与实践,24（6）：56-60.

金生鈜.2004. 规训与教化. 北京：教育科学出版社.

靳俊良.2016. "三环六步"课堂教学模式探析. 河南教育（基教版）,（10）：56.

鞠玉翠.2003. 教师教育与教师个人实践理论的更新. 教育探索,（3）：92-94.

凯洛夫.1950. 教育学（上册）. 沈颖,南致善,等译. 北京：人民教育出版社.

夸美纽斯.1999. 大教学论. 傅任敢译. 北京：教育科学出版社.

李秉德.1991. 教学论. 北京：人民教育出版社.

李炳亭.2008-05-07. 宁达中学的教育魅力——让学生成为最好的自己. 中国教师报,1-3 版.

李炳亭,洪湖.2010-01-27. 课改"小岗"——安徽铜都双语学校的"五环大课堂". 中国教师报,A2 版.

李长吉.2002. 论教学价值观念的功能. 课程·教材·教法,（6）：21-23.

李长吉,张稚君.2006. 教师的教学反思. 课程·教材·教法,26（2）：85-89.

李定仁.2004. 教学思想发展史略. 兰州：甘肃教育出版社.

李定仁，罗儒国. 2007. 论教学生活. 西北师大学报（社会科学版），44（7）：72-76.

李定仁，徐继存. 2001. 教学论研究二十年. 北京：人民教育出版社.

李赋宁. 1997. 朗文当代英语词典. 北京：外语教学与研究出版社.

李海林. 2009. 走出高原期，实现二次专业成长. 上海教育，（10B）：57-58.

李海云，张莉. 2012. 小学语文教科书价值取向比较研究——以20世纪80年代教科书与当前教科书（人教版）为例. 思想理论教育，（18）：36-40.

李化树，蒋曦，周道春. 2005. 论中小学教师继续教育的制度创新. 中国教育学刊，（6）：43-47.

李小红. 2002. 教师个人理论刍议. 高等师范教育研究，（6）：38-43.

梁健敏，黄淑仪. 2017. 省实校长全汉炎："没有分数就没有今天，只有分数就没有明天". http://www.sohu.com/a/128360843_391260 ［2017-05-22］.

林润生. 2001. 认识学科性质　把握教改方向——谈《语文课程标准》对学科性质的把握. 小学语文教学，（11）：21-22.

刘成坤. 2000. 学案导学教学模式. 中学化学教学参考，（Z2）：91-92.

刘加霞，申继亮. 2003. 国外教学反思内涵研究述评. 比较教育研究，161（10）：30-34.

刘洁，李爱华. 2013. 教师实践性知识的生成机制及其职前培养机制. 社会科学战线，（8）：281-282.

刘金玉，曹伟林，吴长华，等. 2008. 洋思：一个朴素的教育奇迹. 上海教育科研，（1）：84-86.

刘堂江. 2010-04-14. 高效课堂九大"教学范式". 中国教师报，B2版.

刘永风. 2017. 教师个人知识的内涵、构成与发展. 教育研究，（6）：101-106.

柳海民. 1988. 试论教学模式. 中国教育学刊，（5）：34-37.

鲁洁. 1998. 教育：人之自我建构的实践活动. 教育研究，（9）：13.

鲁洁，梁廉玉. 1988. 教育学. 南京：河海大学出版社.

罗红. 2005. 个人实践理论与叙事研究——解释学视野中的教师专业化发展. 广西师范大学学报（哲学社会科学版），41（2）：100-105.

罗慧生. 1981. 现代科学哲学的"历史学派". 哲学研究，（11）：44.

罗晓杰. 2006. 国内外教师专业发展阶段研究述评. 教育科学研究，（7）：53-56.

马端临. 1986. 文献通考（上册）（学校考）. 北京：中华书局.

马捷莎. 2004. 创新与改造主观世界的统一性. 理论视野，（3）：37-38.

马克思. 1960. 关于费尔巴哈的提纲//马克思，恩格斯. 马克思恩格斯全集（第3卷）. 中共中央马克思恩格斯列宁斯大林著作编译局译. 北京：人民出版社：3-8.

马克思. 2000. 1844年经济学哲学手稿. 中共中央马克思恩格斯列宁斯大林著作编译局译. 北京：人民出版社.

马克思，恩格斯. 1965. 马克思恩格斯全集（第21卷）. 中共中央马克思恩格斯列宁斯大林著作编译局译. 北京：人民出版社.

马克思，恩格斯. 1979a. 马克思恩格斯全集（第 23 卷）. 中共中央马克思恩格斯列宁斯大林著作编译局译. 北京：人民出版社.

马克思，恩格斯. 1979b. 马克思恩格斯全集（第 42 卷）. 中共中央马克思恩格斯列宁斯大林著作编译局译. 北京：人民出版社.

马克思，恩格斯. 1995a. 马克思恩格斯选集（第 4 卷）. 中共中央马克思恩格斯列宁斯大林著作编译局译. 北京：人民出版社.

马克思，恩格斯. 1995b. 马克思恩格斯选集（第 1 卷）. 中共中央马克思恩格斯列宁斯大林著作编译局译. 北京：人民出版社.

毛礼锐，沈灌群. 1995. 中国教育通史（第一卷）. 济南：山东教育出版社.

毛泽东. 1967. 实践论　矛盾论. 上海：上海人民出版社.

牟元忠，孙德兵，冯希莲. 2012. 新课改下"345 优质高效课堂教学模式"初探. 中国校外教育，（13）：86.

倪军健. 2013. 博雅教育的理论与实践. 北京：北京大学出版社.

欧阳国亮，杨梅，陈碧宇. 2011. "三环五步"课堂教学模式的构建与运用. 教育导刊，（6）：80-82.

潘振嵘. 2003. 新旧教材的比较与研究——《全日制普通高级中学教科书（试验修订本·必修）数学第一册（上）》教材研究. 中小学教材教学，（3）：11-12.

裴娣娜. 2004. 主体教育理论研究的范畴及基本问题. 教育研究，（6）：13-15.

彭正梅. 2009. 民主社会的教育：通过经验和为了经验//杜威. 民主·经验·教育. 彭正梅译. 上海：上海人民出版社：前言 1-47.

皮亚杰. 1981. 发生认识论原理. 五宪钿，等译. 北京：商务印书馆.

皮亚杰. 1989. 生物学与认识. 尚新建，杜丽燕，李渐生译. 北京：生活·读书·新知三联书店.

皮亚杰. 1991. 皮亚杰的理论//左仁侠，李其维. 皮亚杰发生认识论文选. 上海：华东师范大学出版社：1-52.

皮亚杰，海尔德. 1980. 儿童心理学. 吴福元译. 北京：商务印书馆.

齐健. 2009. 教师成长追溯生命轨迹. 济南：山东教育出版社.

齐营营，刘先志. 2012. "345 优质高效课堂"教学模式解析. 中国校外教育，（13）：121.

乔伊斯，韦尔，卡尔康. 2002. 教学模式. 7 版. 荆建华，宋富钢，花清亮译. 北京：中国轻工业出版社.

秦光涛. 1998. 意义世界. 长春：吉林教育出版社.

邱耕田. 1992. 关于改造主观世界的几个问题. 广西大学学报（哲学社会科学版），41（2）：

42-46.

桑明国. 2012. 普通高中分层走班教学管理的个案研究——以潍坊中学为例. 烟台：鲁东大学.

桑志达. 1984. 主观世界范畴初探. 福建论坛（文史哲版），（5）：11-13，28.

商务印书馆编辑部. 1988. 辞源（修订本）. 北京：商务印书馆.

申继亮. 2006. 新世纪教师角色重塑：教师发展之本. 北京：北京师范大学出版社.

申继亮，刘加霞. 2004. 论教师的教学反思. 华东师范大学学报（教育科学版），22（3）：44-49.

申永贞. 2001. 论主观世界的改造. 现代哲学，66（4）：140-143.

石中英. 2001a. 知识性质的转变与教育改革. 清华大学教育研究，（2）：29-36.

石中英. 2001b. 知识转型与教育变革. 北京：教育科学出版社.

石中英. 2001c. 知识增长方式的转变与教育变革. 教育研究与实验，（4）：1-7.

石中英. 2001d. 波兰尼的知识理论及其教育意义. 华东师范大学学报（教育科学版），（6）：36-45.

石中英. 2001e. 缄默知识与师范教育. 高等师范教育研究，（3）：36-40.

时晓玲. 2013. 中小学课堂教学模式改革的省思与多元创新——基于洋思、杜郎口、东庐等校课堂教学实践的思考. 教育研究，（5）：129-133.

司马迁. 1994. 史记. 郑州：中州古籍出版社.

斯米尔诺夫. 1984. 苏联心理科学的发展与现状. 李沂，等译. 北京：人民教育出版社.

斯坦托姆. 1983. 怎样成为优秀教师. 汪琛译. 外国教育动态，（1）：16-18.

宋宝和，王坦，孟昭星，等. 2006. 农村中学课堂焕发着生命活力——山东省茌平县杜郎口中学课堂教学改革探析. 中国教育学刊，（5）：57-60.

宋剑. 2011. 我国主体教育理论发展的历史进路. 教育研究与实验，（1）：30-34.

宋玉君. 2014. "五环三位"教学模式研究. http://www.doc88.com/p-3465551584485.html ［2017-05-26］.

"素质教育的概念、内涵及相关理论"课题组. 2006. 素质教育的概念、内涵及相关理论. 教育研究，（2）：3-10.

唐玉光. 1999. 教师专业发展的研究. 外国教育资料，（6）：39-43.

田慧生. 1996. 教学环境论. 南昌：江西教育出版社.

涂荼. 1988. 杜威的教学认识论述评. 教育研究与实验，（1）：55-59.

托马斯·库恩. 2003. 科学革命的结构. 金吾伦，胡新和译. 北京：北京大学出版社.

托马斯·库恩. 2004. 必要的张力——科学的传统和变革论文集. 范岱年，纪树立，等译. 北京：北京大学出版社.

王春光. 2005. 反思型教师个人实践理论探究. 东北师大学报（哲学社会科学版），（1）：

138-143.

王建军. 2004. 课程变革与教师专业发展. 成都：四川教育出版社.

王鉴. 2002. 实践教学论. 兰州：甘肃教育出版社.

王鉴, 王俊. 2013. 课堂生活及其变革研究. 课程·教材·教法, 33（4）：26-32.

王鉴, 王明娣. 2016. 课堂教学范式变革：从"适教课堂"到"适学课堂". 山西大学学报（哲学社会科学版）, 39（2）：93-100.

王立霞, 刘伟, 瞿月. 2003. 建构主义理论在指导教学实践中亟待解决的问题及其对策研究. 辽宁教育研究,（4）：65-66.

王明华. 2013. 屹立于课改潮头——"423"学导型课堂教学模式探索. 湖北教育（教育教学）,（11）：8-9.

王森龙. 2004. 现代教师自主发展导航. 上海：上海科学技术文献出版社.

王思源. 2013. 一位农村初中教师教学生活叙事研究. 哈尔滨：哈尔滨师范大学.

王伟. 2011. 为了每个学生的成长——山东潍坊中学关于教育改革的探索. 中国德育,（6）：90-92.

王文丽. 2017. 试论教学范式及其变革研究. 东北师大学报（哲学社会科学版）,（1）：179-183.

王雪纯. 2010-12-29. "1+1"高效课堂 让师生生命精彩飞扬. 中国教师报, D2 版.

王跃红, 王工一. 2006. 教师实践性知识辨析及启示. 内蒙古师范大学学报（教育科学版）, 19（4）：86-89.

威廉·F. 派纳, 威廉·M. 雷诺兹, 帕特里克·斯莱特里, 等. 2003. 理解课程：历史与当代课程话语研究导论（下册）. 张华, 等译. 北京：教育科学出版社：580.

维果茨基. 1997. 思维与语言. 李维译. 杭州：浙江教育出版社.

维果茨基. 2003. 教育心理学. 龚浩然, 许高渝, 潘绍典, 等译. 杭州：浙江教育出版社.

吴洪群. 2011. "3331"农村学校课堂教学新模式. 基础教育参考,（13）：75.

吴式颖, 李明德, 单中惠. 1999. 外国教育史教程. 北京：人民教育出版社.

吴亚萍, 王芳. 2007. 备课的变革. 北京：教育科学出版社：11-13.

武思敏. 2000. 主体教育的理论与实验——访北京师范大学裴娣娜教授. 教育研究,（5）：50-54.

习近平. 2017-10-28. 决胜全面建成小康社会 夺取新时代中国特色社会主义伟大胜利——在中国共产党第十九次全国代表大会上的报告. 人民日报, 1-5 版.

象山小学课题组. 1998. "小学生主体性品质培养实验"研究报告. 教育改革,（4）：38-43.

肖昌斌, 曾宪波, 安子. 2012. 把课堂还给学生——枝江市全面推进课堂教学改革纪实. 湖北教育（综合资讯）,（6）：4-7.

肖前. 1980. 论实践的形式. 哲学研究,（7）：6-9.

小威廉姆·E. 多尔. 2000. 后现代课程观. 王红宇译. 北京：教育科学出版社.

辛自强. 2006. 知识建构研究：从主义到实证. 北京：教育科学出版社.

新华社. 2016. 习近平在二十国集团工商峰会开幕式上的主旨演讲. http://www.xinhuanet.com/world/2016-09/03/c_129268346.htm［2018-06-08］.

徐翔. 2013. "自学·交流"课堂学习模式简论. 上海教育科研，（7）：78-79.

杨穆. 2012. "中国当代特色学校"人物展示——陈国光与他的"352"教学模式. 中国德育，（4）：34-35.

杨瑞芬，刘旭东，闫祯. 2011. 由规训到生命的自觉——西北地区某小学教师教学生活的叙事研究. 天水师范学院学报，31（5）：114-117.

杨文普. 2008-10-10. 如何正确运用"三疑三探"教学模式. 中国教育报，5 版.

杨小微. 2010. 现代教学论. 太原：山西教育出版社.

杨小微，旷习模. 1987. 加强教学理论与实践的结合，深化普教改革——全国教学论第二届学术年会综述. 教育研究与实验，（4）：42-46.

叶澜. 1989. 试论当代中国教育价值取向之偏差. 教育研究，（8）：28-32.

叶澜. 1994. 时代精神与新教育理想的构建——关于我国基础教育改革的跨世纪思考. 教育研究，（10）：3-8.

叶澜. 1997. 让课堂焕发出生命活力——论中小学教学改革的深化. 教育研究，（9）：3-8.

叶澜. 1999. "新基础教育"探索性研究报告集. 上海：上海三联书店.

叶澜. 2004. "新基础教育"发展性研究报告集. 北京：中国轻工业出版社.

叶澜，白益民，王枬，等. 2001. 教师角色与教师发展新探. 北京：教育科学出版社.

叶澜，吴亚萍. 2003. 改革课堂教学与课堂教学评价改革——"新基础教育"课堂教学改革的理论与实践探索之三. 教育研究，（8）：42-49.

叶增. 2007. 教学范式的科学主义与人文主义. 白城师范学院学报，21（2）：95-98.

义乌市教育局. 2016. 浙江师范大学附属义乌小学章程. http://www.yw.gov.cn/zwgk/jyjzwgk/12/jydd/201801/t20180125_1342082.shtml［2018-06-09］.

佚名. 2011. 郑州市第 102 中学：网络环境下的自主课堂改革探索. 基础教育课程，（5）：20.

英昌. 2009. 柳湖小学探索少儿文化艺术教育纪实. http://jhwcw.zjol.com.cn/wcnews/system/2009/05/26/011142825.shtml［2017-05-23］.

于海波，马云鹏. 2006. 论教学反思的内涵、向度和策略. 教育研究与实验，（6）：12-16.

于淼. 2010. 志在名校　旨在育人——沈阳市立人学校课改侧记. 辽宁教育，（5）：23-26.

余凯. 1997. 后现代主义与当代教育思潮引论. 比较教育研究，（6）：9-13.

余文森. 2005. 新课程教学改革的成绩与问题反思. 课程·教材·教法，25（5）：3-9.

张桂春. 2002. 激进建构主义教学思想研究. 大连：辽宁师范大学出版社.

张国福.1986. 皮亚杰的"图式"学说浅探. 北京师范大学学报（社会科学版），（5）：90-96.

张海晨.2010-06-30."五步三查"高效课堂教学模式解读. 中国教师报，B3 版.

张华龙.2009. 体悟教育研究. 北京：教育科学出版社.

张华龙. 2010a. 基于实践观的教学认识论——教学认识论核心概念与范畴体系的反思. 教育研究，（5）：85-88.

张华龙.2010b. 体悟的教育学意义. 浙江师范大学学报（社会科学版），35（4）：84-89.

张华龙. 2016. 美国大学转化教学的兴起与启示. 高等教育研究，（9）：95-100.

张立昌. 2002."教师个人知识"：涵义、特征及其自我更新的构想. 教育理论与实践，22（10）：30-33.

张立新. 2006. 当代西方学校变革理论评述. 吉林省教育学院学报，（7）：4-8.

张世英.2007."后现代主义"对"现代性"的批判与超越. 北京大学学报（哲学社会科学版），44（1）：43-48.

赵昌木. 2006. 教师的教学生活及追求. 当代教育科学，（6）：33-35.

赵丰平，徐振升.2011. 不唯模式唯高效——详解"271 高效课堂"教学模式. 湖北教育（综合资讯），（2）：20-21.

赵凤平. 1999. 论实践的基本要素. 大连教育学院学报，15（3）：40-45.

赵厚勰，陈竞蓉. 2012. 外国教育史教程. 武汉：华中科技大学出版社.

郑深.2003. 建构主义：从结构主义到后结构主义的演变. 集美大学学报，4（1）：36-40.

郑太年. 2006. 知识观·学习观·教学观——建构主义教育思想的三个层面. 全球教育展望，（5）：31-36.

郑有训.2005. 教师专业成长中"高原现象"的成因及对策//王铁军. 名校长名教师成功与发展. 南京：江苏人民出版社：225-229.

中国社会科学院语言研究所词典编辑室.2012. 现代汉语词典. 北京：商务印书馆.

中华人民共和国国务院. 2001. 国务院关于基础教育改革与发展的决定. http://old. moe. gov. cn/publicfiles/business/htmlfiles/moe/moe_16/200105/132. html ［2018-06-09］.

中华人民共和国教育部. 2000. 关于印发《中小学教师继续教育工程方案（1999—2002 年）》及其实施意见的通知. 中小学教师培训，4：3-10.

中华人民共和国教育部. 2001. 基础教育课程改革纲要（试行）. http://old.moe.gov.cn//publicfiles/business/htmlfiles/moe/moe_309/200412/4672. html ［2018-06-06］.

中华人民共和国教育部. 2016. 2015 年全国教育事业发展统计公报. http://www.moe.edu.cn/srcsite/A03/s180/moe_633/201607/t20160706_270976.html ［2017-05-20］.

钟发全，张朝全.2009. 教师笑着教书. 长春：吉林大学出版社.

钟启泉. 1988. 现代教学论发展. 北京：教育科学出版社.

钟启泉. 2001. 教师"专业化": 理念、制度、课题. 教育研究,(12): 12-16.

钟启泉. 2002. 教学范式与课程文化——与日本佐藤学教授的对话. 全球教育展望,31(7): 3-6.

周国萍. 2003. 建构主义教学观评析. 集美大学学报,4(4): 45-49.

周如俊. 2010. 对课改视域下"三案·六环节"教学模式的思考. 中小学教师培训,(2): 28-31.

朱永新. 2005. "新教育实验"的基本理论与实践探索. 课程·教材·教法,(9): 18-24.

朱永新. 2016. 过一种幸福完整的教育生活——新教育实验的缘起、发展与愿景. 中国教育学刊,(5): 1-5.

左丘明. 2015. 国语(郑语). 韦昭注. 上海: 上海古籍出版社.

佐滕学. 2003. 静悄悄的革命. 李季湄译. 长春: 长春出版社.

Beauchamp M R, Morton K L. 2011. Transformational teaching and physical activity engagement among adolescents. Exercise and Sport Sciences Reviews, 39: 133-139.

Boyatzis R E, Akrivou K. 2006. The ideal self as the driver of intentional change. Journal of Management Development, 25: 624-642.

Christensen L M, Aldridge J. 2013. Critical Pedagogy for Early Childhood and Elementary Educators. New York: Springer.

Dewey J. 1933. How We Think. Aschersleben: D. C. Heath and Company.

Elbaz F. 1983. Teacher Thinking: A Study of Practical Knowledge. London: Croom Helm.

Hall D L, Ames R T. 1988. Thinking from the Han: Self, Truth and Transcendence in Chinese and Western Culture. AIbany: State University of New York Press.

Handal G, Lauvas P. 1987. Promoting Reflective Teaching: Supervision in Practice. Milton Keynes: SRHE and Open University Educational Enterprises.

Lyotard J F. 1984. The Post-modern Condition: A Report on Knowledge. Manchester: Manchester University Press.

Mexirow J. 1996. Contemporary paradigms of learning. Adult Education Quarterly, 46: 158-172.

Morgan T J H, Uomini N, Rendell L E, et al. 2015. Experimental evidence for the co-evolution of hominin tool-making teaching and language. Nature Communications, 6: 6029.

Rosebrough T R, Leverett R G. 2011. Transformational Teaching in the Information Age. Alexandria: ASCD.

Schon D A. 1983. The Reflective Practitioner: How Professionals Think in Action. New York: Basic Books.

Slavich G M. 2015. Transformational teaching. Essays from E-xcellence in Teaching, 5: 55-59.

Slavich G M, Zimbardo P G. 2012. Transformational teaching: Theoretical underpinnings, basic principles, and core methods. Educational Psychology Review, 24(4): 565-608.

我对教学实践自主变革的关注，源于课程与教学理论的困境以及新课程改革以来学校教学实践的变化。

2010 年以来，浙江省基础教育研究中心承接了浙江省深化普通高中课程改革的前期调研任务。作为该中心的成员之一，我参与了浙江、上海地区 20 多所中学的调研工作；在推进"大学与中小学合作项目"过程中，作为课程与教学论学术团队的成员，我参与了多所中小学校自主变革的研讨；在承担在职教育硕士"基础教育改革研究"课程的教学工作中，我体会到青年教师成长的困惑和烦恼。这些经历让我深切感受到学校之间教学实践变革的差异：部分学校有自主变革理论，形成了特色鲜明的教学实践范式；有些学校正在探索学校发展的道路，提炼教学改革的经验；很多学校还停留在领会课改理念、执行课程标准、落实相关要求的阶段。为此，基于深化基础教育课程改革的认识，我申报了教育部人文社会科学规划基金项目"教学实践自主变革的关键问题研究"，本书就是这一项目的研究成果之一。

项目研究的课题组成员有浙江师范大学教师教育学院周晓燕副教授、浙江师范大学教育科学研究院吴惠青教授、浙江师范大学行知学院金锦萍副研究员、衢州学院副校长李长吉教授、浙江省金华市柳湖小学特级教师倪军健校长、浙江省武义县第一中学党总支书记张子明（中教高级）、西北师范大学教育学院王等等副教授。课题研究得到了浙江师范大学附属丁惠实验小学、浙江师范大学附属义乌小学和浙江师范大学附属小学（金华市柳湖小学）的大力支持，为学校自主变革理论、教学实践范式的建设提供了丰富、翔实的原始资料。在书稿初步完成之际，浙江师范大学教师教育学院小学教育专业硕士研究生徐媛媛、郭曼曼、张洁、陈洋、赵爽、沈瑶、李佳芸等参与了附录部分的编撰及校稿工作；课程与教学论专业硕士研究生周明敏、陆晨程、孙其鑫等参与了书稿第二轮的校对工作；我指导的课程与教学论专业硕士研究生张雷、闫瑞丽结合本项目研究，把"学校教学自主变革的实践范式研究"和"教学实践自主变革视域下教师专业发展的高原期研究"作为硕士学位论文的选题，目前还在进一步深入研究之中。

他们的工作都是本项目研究的有机组成部分，在此，一并感谢参与本项目研究的课题组成员、中小学校和硕士研究生。

感谢本书编辑人员，他们认真、严谨的工作态度给我留下了非常深刻的印象。没有他们的大力支持和辛勤的工作，本书不能这么快得以出版。

张华龙

2018 年元月

于浙江师范大学丽泽花园